Printed in the United States
By Bookmasters

أسواق الأوراق المالية

بين المضاربة والاستثمار وتجارة المشتقات
وتحرير الأسواق

دراسة واقعية للأزمة المالية العالمية

بسم الله الرحمن الرحيم

أسواق الأوراق المالية

بين المضاربة والاستثمار وتجارة المشتقات
وتحرير الأسواق

دراسة واقعية للأزمة المالية العالمية

دكتور

سمير عبد الحميد رضوان

الخبير في شئون البورصات المحلية والعالمية

أستاذ الاقتصاد والاقتصاد الإسلامي

جامعة الأزهر

بطاقة فهرسة

فهرسة أثناء النشر إعداد الهيئة العامة لدار الكتب والوثائق القومية

إدارة الشئون الفنية

رضوان، سمير عبد الحميد

أسواق الأوراق المالية بين المضاربة والاستثمار وتجارة المشتقات وتحرير الأسواق: دراسة واقعية للأزمة المالية العالمية/د. سمير عبد الحميد رضوان. ط١

- القاهرة: دار النشر للجامعات، ٢٠٠٩,

٢٠٨ص، ٢٤سم.

تدمك ٤ ٢٩٧ ٣١٦ ٩٧٧

١- الأوراق المالية

أ- العنوان

٣٣٢,٤٠٤٤

تـاريخ الإصـدار: ١٤٣٠هـ - ٢٠٠٩م

حقوق الطبع: محفوظة

رقـــم الإيـــداع: ٢٠٠٩/١٦٧٩

الترقـــيم الـــدولي: ISBN: ٩٧٧ - ٣١٦ - ٢٩٧ - ٤

الكـــــــــود: ٢/٢٨٦

دار النشر للجامعات

ص.ب (١٣٠ محمد فريد) القاهرة ١١٥١٨

ت: ٢٦٣٤٧٩٧٦ - ٢٦٣٢١٧٥٣ ف: ٢٦٤٤٠٠٩٤

E-mail: darannshr@link.net

محتويات الكتاب

* * *

مقدمة

قبل أن يستيقظ العالم على واحدة من أعظم الكوارث المالية التي لم يشهد لها التاريخ مثيلا منذ أزمة الكساد الكبير عام ١٩٢٩م The Great Depression التي روعت العالم نتائجها حينذاك , وانهارت معها اقتصاديات الدول الكبرى بما فيها الولايات المتحدة الأمريكية زعيمة النظام الرأسمالي، التي اضطرت بعض ولاياتها إلى العودة إلى نظام المقايضة التي عرفتها النظم البدائية , وذلك بعد أن شحت النقود بضياع أموال الودائع لدى البنوك , ولم يكن ذلك أمرًا مستغربًا مع إعلان إفلاس نحو تسعة آلاف بنك في ذلك الحين منها ٧٢٤ بنكا في الولايات المتحدة وحدها , وقبل أن تبث وسائل الإعلام المسموعة والمرئية شرقا وغربا أنباء الأزمة المالية العالمية التي اجتاحت العالم في خريف عام ٢٠٠٨ م , وانتابت معها الدول الرأسمالية حالة من الذعر عجزت حتى الآن عن احتواء آثارها , قبل هذا وذاك وأنا أحمل همًّا ثقيلا تئن بحمله الجبال، وأنا أرى بعين الخبير بأسواق المال كيف انحرفت أسواق الأوراق المالية المحلية والعالمية شرقا وغربا عن مسارها , وتلاشت الأسباب التي دعت إلى وجودها لتتحول هذه الأسواق إلى ساحة للمراهنات , ومنتديات عملاقة لممارسة القمار .

قدَّمَت مراكز البحث والابتكار في الدول الغربية العديد من الأدوات التي يصعب حصرها للتعامل عليها في بورصات الأوراق المالية , ووصفت تلك الأدوات بأنها علمية , إلا أنها - كما يقول بيتر درا كر- الكاتب الاقتصادي الأمريكي الشهير -"لم تكن أكثر علمية من أدوات القمار المتعامل عليها في مونت كارلو ولاس فيجاس " .

ومن هذه المعاملات الشراء الهامشي Trading on Margin الذي كان أحد الأسباب الرئيسية في جميع الأزمات التي انهارت معها أسواق المال العالمية , فبوسعك أن تشتري أسهما وليس لديك المال الذي تبذله في الشراء , شأنه في ذلك شأن البيع على المكشوف Short Sale فمن خلاله أيضا بوسعك أن تبيع أي مقدار من أي نوع من الأسهم دون أن تكون مالكا لها أو حائزا لها , أو حتى في مقدورك تسليمها , ناهيك عن المشتقات الماليـــــــة Financial Derivatives التي تمثل أعلى درجات القمار في كافة الأسواق المالية العالمية , فهي تقوم على شراء المخاطر وبيعها , ومنها عقود الخيار Option Contracts والتي وصفها اتحاد المصارف العربية بأنها قمار له فنونه ولاعبوه .

فهذه العقود عقود صورية يترقب كل طرف أن يتربح من خلالها على حساب الطرف الآخر , فمكسب أحد الأطراف يمثل خسارة الطرف الآخر , وهو الأمر الذي لا يتحقق إلا في ساحات المراهنات وعلى موائد القمار .

والغريب في الأمر أن ذلك لم يكن قصرًا على الدول الغربية , فلم تتخلف عن مسايرة الركب الدول العربية تحت عباءة التواصل الحضاري والدعوة إلى القرية الكونية , تحت ضغوط الإمبريالية الثقافية التي تسعى إلى تهجين العالم وتجريده من خصوصياته , وفرض النموذج الغربي على شعوب العالم.

لقد حلت صناعة النقود Money Making محل صناعة السلع , وتحول التداول الإنتاجي للأصول الحقيقية وهي السلع والخدمات إلى التداول غير الإنتاجي وهي الأصول المالية . وساعتها قمت بإصدار كتابي الثاني " موسوعة المشتقات المالية ودورها في إدارة المخاطر" والتي تفضلت بنشرها دار النشر للجامعات إدراكا منها لأهمية الموضوع وخطورته , وأن الشعوب جميعها تتجه نحو نفق مظلم وخطر داهم .

ومع تفجر الأزمة المالية المزمنة التي طحنت عظام النظام الرأسمالي , وكشفت عن زيف آلياته وعن أسطورة اليد الخفية التي بشر بها آدم سميث, ومع انهيار أسواق الأوراق المحلية والعالمية , وإعلان إفلاس عدد كبير من الشركات والبنوك المقيدة في هذه الأسواق والتي أطاحت بها الأزمة المالية , لم يكن لي خيار سوى إلقاء الضوء على الأزمة المالية العالمية مع التصدي لمفاهيم وصيغ المعاملات في أسواق الأوراق المالية وأسباب انهيارها.

أسأل اللـه العظيم الذي بنعمته تتم الصالحات

أن يجعل عملنا هذا صالحاً ولوجهه خالصًا

القاهرة في التاسع من ذي الحجة ١٤٢٩هـ

الموافق ٧ ديسمبر ٢٠٠٨م

المؤلف

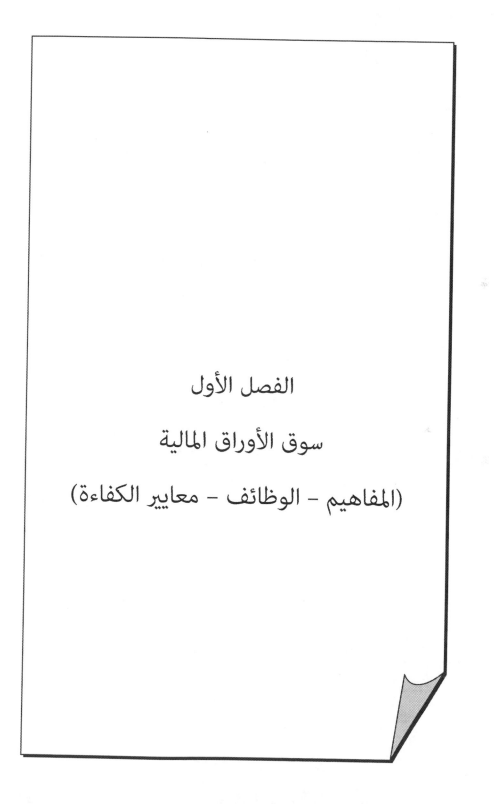

الفصل الأول

سوق الأوراق المالية

(المفاهيم – الوظائف – معايير الكفاءة)

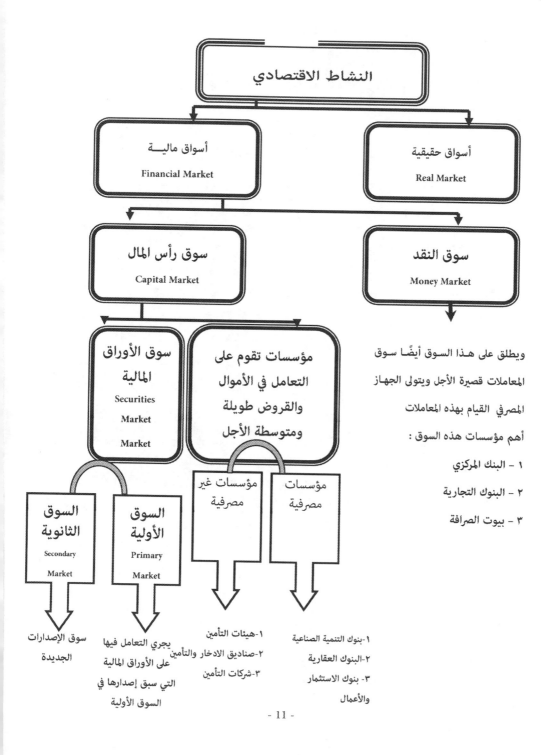

النشاط الاقتصادي

أسواق ماليــة
Financial Market

أسواق حقيقية
Real Market

سوق رأس المال
Capital Market

سوق النقد
Money Market

سوق الأوراق المالية
Securities Market Market

مؤسسات تقوم على التعامل في الأموال والقروض طويلة ومتوسطة الأجل

ويطلق على هـذا السـوق أيضًـا سـوق المعاملات قصيرة الأجل ويتولى الجهـاز المصرفي القيام بهذه المعاملات
أهم مؤسسات هذه السوق :

١ – البنك المركزي
٢ – البنوك التجارية
٣ – بيوت الصرافة

مؤسسات غير مصرفية

مؤسسات مصرفية

السوق الثانوية
Secondary Market

السوق الأولية
Primary Market

سوق الإصدارات الجديدة

يجري التعامل فيها على الأوراق المالية التي سبق إصدارها في السوق الأولية

١-هيئات التأمين
٢-صناديق الادخار والتأمين
٣-شركات التأمين

١-بنوك التنمية الصناعية
٢-البنوك العقارية
٣- بنوك الاستثمار والأعمال

موقع سوق المال على خريطة النشاط الاقتصادي

يدور النشاط الاقتصادي لأي مجتمع في دائرتين، إحداهما مادية تتعلق بالتدفقات العينية والأنشطة الخدمية في صورة إنتاج وتداول السلع والخدمات ، ومستلزمات الإنتاج، والأخرى مالية وتتعلق بحركة التدفقات النقدية Cash Flows وتداول الأصول المالية Financial Assets .

وترتيبًا على ما تقدم فإن المعاملات التي تصدر عن أية وحدة اقتصادية تنقسم إلى معاملات خاصة بالسلع والخدمات ، وهي تلك التي تقترن بالإنتاج والاستهلاك والاستثمار ، وعمليات أخرى دخلية ويترتب عليها دخل لأصحاب عناصر الإنتاج نتيجة الاشتراك في العملية الإنتاجية ، وعمليات مالية يترتب عليها نقل الموارد المالية من قطاع لآخر .

ويستفاد مما تقدم أن النشاط الاقتصادي يتم من خلال نوعين من الأسواق [1]:

١ – أسواق حقيقة Real Markets .

٢ – أسواق مالية Financial Markets .

أولاً : الأسواق الحقيقية :

يتم من خلالها التعامل في أصول مادية ملموسة Tangible Assets تمثل أصل الثروة المملوكة للمجتمع ، وذلك كالعقارات Real Estates ، والأراضي ، والمباني ، والآلات والمعدات Tools & Equipment ، والمعادن النفيسة Precious Metals كالذهب والفضة ، والأحجار الكريمة Precious Stones كالماس والجواهر

---

(1) Jack Clark Francis, Management of Investment. P 708.

وأيضًا :

د . منى عيسى العيوطي ، رسالة دكتوراه عن التدفقات المالية ودور قطاع الوسطاء الماليين في الاقتصاد المصري عام ٨٥ ص ١١٢ .

د . كامل فهمي بشاي ، دور الجهاز المصرفي في التوازن المالي ، دراسة خاصة بالاقتصاد المصري ، الهيئة المصرية العامة للكتاب ص ٢ .

Diamonds & Rubies ، وكذلك الحبوب والفاكهة وسائر السلع المادية والملموسة محل البيع والشراء سواء كانت استهلاكية أم استثمارية ، فضلًا عن خدمات عناصر الإنتاج كالنقل والتخزين والاستشارات المالية وجميعها غير ملموسة Intangibles [١].

وتكشف بعض الدراسات الاقتصادية عن حقيقة مؤداها أن الأصول الحقيقية تزيد قيمتها في حالات التضخم وبمعدل أسرع عن مستوى الزيادة العامة خلال فترة التضخم [٢].

ثانيًا : الأسواق المالية :

تظهر سوق المال نتيجة لتحقيق بعض الوحدات الاقتصادية في مجتمع ما لبعض الفوائض المالية التي قد لا تحتاج إليها في زمن معين ، وقد ترغب في استثمار هذا الفائض بدلا من الاحتفاظ به في صورة سيولة نقدية تمثل رأس مال عاطل Idle capital في حين توجد على الجانب الآخر وحدات اقتصادية أخرى تعاني عجزًا في مواردها المالية ، وتسعى في طلب هذه الفوائض لمواصلة نشاطها الاقتصادي خلال فترة زمنية معينة . ولذلك تلجأ تلك الوحدات ذات العجز والتي تمثل جانب الطلب إلى المجموعة الأولى ذات الفائض التي تمثل جانب العرض ، ويترتب على ذلك انتقال الموارد المالية من قطاع لآخر من خلال السوق المالية [٣].

---

(١) وقد تناولت العديد من المصادر الأجنبية مفهوم الأسواق الحقيقية واتفقت جميعها في المضمون، وإن تميز بعضها بالإيجاز الشديد والبعض الآخر بالإسهاب والتطويل فذهب Madura إلى تعريفها بالآتي :
" Phisical asset markets (also called "tangible" or " real" asset markets) are those for such products as wheat, autos, real estate, computers and machinery ". Introduction to Financial Management p.108.
بينما ذهب Don M. Chance إلى تعريف هذه الأسواق بالآتي :
" real assets are tangibles, services are intangible. There are markets for tangibles such as food, clothing, and shelter, and markets for intangibles such as haircuts, auto repairs and financial advice. These assets are derived from the economics natural and human resources. (Option & Futers op. cit P2).
بينما ذهب Charles N. Henning إلى تعريفها بالآتي :
" When referring to " real" investment, the analyst always has in mind the creation of productive tools or inventories of goods and materials that will be used in the production of consumer goods or other investment goods . (Financial Markets and the Economy P.23.)
(2) Economic studies reveal that real assets tend to be good inflation hedges. An asset that is good inflation hedge will rise in price faster than the general level rises during periods of inflation. (Jack Clark Francis, op.cit P 708.)
(٣) د . منى عيسى العيوطي . مرجع سابق ص ١١٢ .

ومن المعروف أن المدخرين ليسوا بالضرورة هم المستثمرين، فالذي يقوم بالاستثمار في الاقتصاديات الحديثة مجموعة من الأفراد والمؤسسات، هم المنتجون ، بينما الذي يقوم بالجانب الأكبر من الادخار مجموعة أخرى هم غالبا المستهلكون (١).

ولذلك فإن أحد الوظائف الهامة لسوق المال هي تحويل الأموال من المقرضين إلى المقترضين ، ومن الوحدات ذات الطاقة التمويلية الفائضة إلى الوحدات ذات العجز في الموارد المالية ، وهي بذلك تؤدي خدمة عظيمة للاقتصاد الوطني وتساهم في رفاهية الإنسان (٢).

ماهية السوق المالية:

لم يقف الباحث خلال رحلته الطويلة مع الأسفار العلمية المتخصصة على تعريف جامع مانع لماهية الأسواق المالية، رغم ما لهذه السوق من خصوصية يترتب على عدم الإلمام بها الخلط بينها وبين غيرها من الأسواق .وتفصيلا لذلك ، ذهب البعض إلى تعريف أسواق المال Financial Markets بأنها الأسواق التي تتعامل في الأصول المالية.

"Financial Markets are markets for financial assets"(3)

- والتعريف المتقدم -كما نرى- لم يفصل مجملًا ، ولم يقيد مطلقًا ، ولم يوضِّح مبهمًا ، بل افتقر إلى التوضيح وخلا من التبيين، وشابه القصور.

- وعرفه آخرون بالآتي:

سوق المال هي هيكل مؤسسي منظم ، وإن شئت فقل: هي آلية لخلق وتداول الأصول المالية.

A Financial Market is an organized institutional structure, or a mechanism for creating and exchanging financial assets. (4)

---

(1) " In a modern economy, investment is carried out by one group of individuals and institutions, while much of the saving is done by another group. Financial institutions mediate between savers and producers who invest. " Charles N. Henning. William Pigott, Financial Markets and The Economy. 3rd ed. P. 21.

(2) Financial Markets perform an economic function. They facilitate the transfer of real economic resources from lenders to borrowers. Thus financial markets serve the nations economy and the welfare of its citizens " IBID P.21 ".

(3) Don M. Chance, Options & Futures, sec. ed. P 3.

(4) Glossary of Finance prepared by Midland Bank, year 85.

والتعريف المتقدم وإن لم يكن جامعًا إلا أنه كان أكثر إفصاحًا من سابقه .

أما التعريف التالي، فقد أبرز أهم وظائف سوق المال وأسهب في الإفصاح عنها، إلا أنه أغفل جوانب أخرى تمس جوهر السوق . حيث عرف سوق المال بالآتي :

" سوق المال هي آلية انتقال الأموال بين المقرضين أصحاب المدخرات والمقترضين الراغبين في توظيف هذه الأموال. فمن خلال هذه السوق يتم تجميع مدخرات الملايين من البشر ، وتحويلها إلى أيدي المقترضين والذين تتجاوز احتياجاتهم للأموال مقدار ما يملكونه منها . وهي قنوات يستطيع من خلالها أولئك الذين لا ينفقون كل دخولهم وضعها تحت تصرف أولئك الذين يتجاوز إنفاقهم حجم دخولهم ".

Financial markets are the transmission mechanism between savers – lenders and borrowers-spenders. Through a wide variety of techniques, instruments, and institutions, Financial markets mobilize the savings of millions and channel them into the hands of borrowers-spenders who need more funds than they have on hand. Financial markets are conduits through which those who do not spend all their income can make their excess funds available to those who want to spend more than their income." (1)

أما التعريف الذي وقع عليه اختيارنا فهو الذي يجمع بين كافة التعريفات المتقدمة في نسق جامع مانع بما يفصح عن كينونة هذه السوق ودورها في النشاط الاقتصادي :

" سوق المال Financial Market هي السوق الأم لكافة الأسواق التي تتعامل في الأصول والأدوات المالية قصيرة الأجل ، كالأوراق التجارية و أذون الخزانة ، وطويلة الأجل كالأسهم والسندات . وتعد سوق النقد وسوق رأس المال الرافدين الأساسيين لهذه السوق (٢). وتمارس هذه السوق من خلال بعض مؤسساتها القائدة دورًا بالغ الأهمية في إحداث التوازن المالي والاقتصادي والحفاظ على الاستقرار النقدي ، فضلا عن كونها آلية هامة في تعبئة واستقطاب المدخرات وتحريك رءوس الأموال من القطاعات ذات الطاقة التمويلية الفائضة إلى القطاعات ذات العجز في الموارد المالية".

---

(1) Lawrence S. Ritter - William L. Silber, Principles of Money, Banking and Financial Markets, Fifth Edition - Ch. 6 P.67.

(2) The Financial Markets usually are broken down into two sub markets, Money Markets and Capital Markets. (Don M. Chance. op. cit. P.2.)

ووفقا للتعريف المتقدم فإن سوق المال ينقسم قسمين هي :

- **سوق النقد**   Money Market .

- **سوق رأس المال**   Capital Market .

أولا : سوق النقد :

عرفها البعض بأنها السوق التي تتعامل في أدوات الدَّين قصيرة الأجل[1] ، ويعد هذا التعريف أكثر التعريفات إيجازًا وأوسعها انتشارًا . بينما عرفها آخرون بقولهم :

" سوق النقد هي السوق التي تتخصص في الأدوات قصيرة الأجل والتي تتمتع بقدر عال من السيولة ، ويمكن تسييلها فور عرضها للبيع وبأدنى قد من الخسائر"[2].

وتجدر الإشارة هنا إلى أن المقصود بالأدوات قصيرة الأجل تلك التي تستحق في خلال فترة لا تزيد على سنة كأذون الخزانة Treasury Bills وكذا الأوراق التجارية Commercial Paper وشهادات الإيداع Certificates of Deposit CD's ، وتعتبر هذه الأدوات الأقرب إلى الاحتياطيات النقدية Near Cash Reserves ، فأذون الخزانة تتراوح مدتها ما بين ٩١ يوما ، ٣٦٤ يوما ، بينما الأوراق التجارية في المجتمعات الغربية لا تتجاوز ٢٧٠ يومًا ، أما شهادات الإيداع فلا تزيد على عام.

وتحرص الشركات الكبرى ذات الفوائض الكبيرة على توظيف جزء من أموالها في تلك الأصول المالية عالية السيولة ، للحفاظ على نسب السيولة لديها من جهة ، وضمان الحصول على عائد مجز في ذات الوقت على الأموال التي يجري توظيفها في هذه الأصول من جهة أخرى.

والأمر لا يختلف بالنسبة للبنوك عن تلك الشركات ، فإذا ما كانت كافة المؤسسات المصرفية تحرص على دعم نسب السيولة لديها، وهو الأمر الذي يتلاءم مع طبيعة أنشطتها، فإن توظيف جزء من أموالها في أصول مالية قصيرة الأجل يسهل تحويلها إلى نقدية في غضون فترة قصيرة للغاية تزيد من قدرة البنك على مواجهة طلبات الدفع أو أية

---

(1) The Money Market is the market for short-term debt instruments, Don M. chance op. cit P2.

(2)The money market specializes in short-term instruments, by definition, are highly liquid readily marketable with little possibility of loss. (Lawrence Ritter. op. cit p 67).

مسحوبات من قبل أصحاب الودائع . وتعد الاستثمارات في الأصول المالية بالنسبة للبنوك من قبيل الاحتياطي الوقائي للسيولة وفقا لما اصطلح وتعارف عليه المحللون الماليون Financial Analysts

والتعريف التالي يعد أكثر شمولا لنوعية الأدوات المتعامل عليها في سوق النقد ، وفي الدول الغربية على وجه الخصوص :

"سوق النقد هي السوق التي تتعامل في القروض قصيرة الأجل ، والسلعة التي يتم التعامل عليها في هذه السوق هي الائتمان "*CREDIT*" وأما المشترون فهم وسطاء الأوراق التجارية "Bill Brokers" (١) ، وبيوت القبول والخصم ، وأما البائعون فهم البنوك " (٢).

بينما ذهب صاحب كتاب "Financial Markets" إلى القول: " إن أسواق النقد تشير إلى الأسواق التي يجري التعامل فيها على الأدوات قصيرة الأجل ، وعادة ما يجري تعريف الأداة قصيرة الأجل بأنها تلك التي تستحق في خلال عام أو أقل"(٣).

وفي نفس المعنى وبنفس الإيجاز ذهب صاحب كتاب أصول الإدارة المالية إلى القول :

" أسواق النقد هي أسواق لأوراق المديونية ذات استحقاقات تقل عن عام "(٤).

وتعتبر أذون الخزانة Treasury Bills أهم أدوات سوق النقد في مختلف بلدان العالم بما فيها مصر نظرًا لقصر أجلها حيث تتراوح مدتها ما بين ٩١ يومًا وهو حدها الأدنى ، و٣٦٤ يومًا وهو حدها الأقصى ، وتعد من أقل أدوات السوق مخاطرة وأعظمها سيولة . وبلغ من أهمية هذه الأداة في الولايات المتحدة الأمريكية أن بلغ المصدر منها ما يمثل

---

(١) يقصد بوسطاء الأوراق التجارية أولئك الذين يقومون بشراء الكمبيالات من التجار بغرض بيعها لأحد بيوت الخصم ، واستبقائها لديه حتى تاريخ الاستحقاق.

(2) Money Market is the market for short-term loans in which the commodity is credit, the buyers are bill brokers, discount and acceptance houses and the sellers are the banks. (J. H. Adam. DIC of business Eng. P. 295)

(3) " Money Markets refer to markets in which short term instruments are traded. Usually we define short term instrument as one that has one year or less remaining until its maturity ". (Charles, N.Henning, op. Cit. p11.)

(4) Money Markets are the markets for debt securities with maturities of less than one year. (Eugene F. Brigham, fundamentals of Financial Management p.109)

خمس الدين الحكومي لها[١]. ولهذه الأداة من الصفات والمزايا ما يجعلها تتفوق على سائر الأدوات الأخرى في أسواق النقد[٢].

ثانيًا : أسواق رأس المال : Capital Markets

عرفها Don Chance بأنها " السوق التي تتعامل في أدوات الدين طويلة الأجل وكذا الأسهم التي تصدرها الشركات " .

The capital Market is the market for long term debt instruments and stock issued by companies[3].

وإلى نفس المعنى ذهب "Eugene Brigham" في تعريفه لسوق رأس المال حتى بدا وكأن التعريفين شيء واحد :

" أسواق رأس المال هي أسواق الدين طويلة الأجل وأسهم الشركات "

"Capital Markets are the markets for long term debt and corporate stock"[4].

إلا أن بعض الكتاب تناولوا تعريف سوق رأس المال بمزيد من الإفصاح والتبيين والإجمال والتفصيل فذهبوا إلى القول :

" أسواق رأس المال هي الأسواق التي تتعامل في أدوات الدين طويلة الأجل وكذا الأسهم . والغرض الأساسي منها هو تحويل المدخرات إلى استثمارات؛ لذلك فإن

---

(1) Charles N. Henning. William Pigott, op. cit. P.12

(٢) تلعب أذون الخزانة دورًا مهمًّا تبرزه النظرية المالية؛ حيث تنعدم مخاطرة التوقف عن الدفع من قبل الجهة المصدرة Risk of default ، ولقصر أجلها حيث تستحق خلال فترة قصيرة ، ولأن لها عائدًا معروفًا مسبقًا ، ولأنه يجري التعامل عليها في أسواق نشطة ، ولأنه يمكن خصمها والاقتراض بضمانها . ولأنها أحد الأدوات غير المباشرة للسياسة النقدية ، ولأنه يجري استخدامها في تنفيذ عمليات إعادة الشراء Repurchase agreements أو ما يعرف بعمليات (Repos) والتي تعد في ذاتها أحد أدوات سوق النقد ، وهي اتفاقية بين مقترض ومقرض على أن يبيع الأول ورقة مالية حكومية إلى الثاني على أن يشتري مرة أخرى ما باع.
(محاضرتنا بعنوان إدارة محافظ الأوراق المالية - معهد الدراسات المصرفية وكذا Charles, Henning مرجع سابق ص ١٣).

(3) Don M. Chance, op. cit. p 2.

(4) Eugen F. Brigham.,op. Cit.,p109.

الأوراق المالية المتعامل عليها في هذه الأسواق هي تلك التي تستحق بعد مدة تزيد على عام ، أو

تلك التي ليس لها تاريخ استحقاق كما هو الحال بالنسبة للأسهم . وتضم هذه السوق الأوراق الماليـة

الحكومية طويلة الأجل والتي يمكن تسييلها بسهولة ، وكذا سندات الشركات وأسهمها وسندات البلدية

التي تصدرها الدولة أو الحكومات المحلية فضلا عن سندات الخزانة وسندات الرهن العقاري "[1].

ويرى أصحاب الفكر الغربي أن أسواق سندات الشركات تعد مصدرا مهمًّا لتمويل الشركات بما

تحتاج إليه من أموال ، وأن المنشآت المقترضة يزيد ميلها نحو الاقتراض من خلال إصدار السندات عن

التمويل من خلال إصدار الأسهم على أساس أن التمويل بالقرض من وجهة نظرهم أرخص نسبيًّا عن

التمويل من خلال زيادة رأس مال الأسهم:

Debt financing is relatively cheaper than equity financing because interest is tax deductible
[2]

فحجتهم في ذلك أن الفائدة على الدين يتم استقطاعها من الفائض أو الربح الذي حققته

المنشأة، الأمر الذي يؤدي إلى انخفاض أعباء الضريبة وبالتالي زيادة ربحية السهم Earning per share

في حين أن زيادة عدد الأسهم من شأنه على النقيض من ذلك انخفاض ربحية السهم .

إلا أن أصحاب نظرية الرافعة المالية قد أغفلوا عن عمد مثالب توسع المنشآت في استخدام

الرافعة المالية Financial Leverage والمخاطر التي قد تتعرض لها المنشأة . فمن المسائل محل الاتفاق

بين الأكاديميين والممارسين للإدارة المالية أنه كلما زادت نسبة الرافعة المالية زادت مخاطر الإفلاس ،

وكلما زادت مخاطر الإفلاس ارتفعت نسبة العائد المطلوب تحقيقه من جانب المستثمر ، وكلما زادت

نسبة العائد المطلوب تحقيقه من جانب المستثمر The required rate of return انخفضت القيمة

الذاتية لأسهم المنشأة The intrinsic value أو ما يسمى بالقيمة الحقيقية True value . فإذا ما كانت

السوق

---

(1) Capital Markets are those for longer- terms debt instruments and stocks. The primary purpose of the capital market is to channel savings into investments. The capital market securities are therefore that mature in more than one year or that have no maturity date as in the case of stocks. Capital Markets include those for long-term marketable government securities, corporate bonds, stock, municipal bonds, treasury notes and treasury bonds. (Charles Henning., op., cit, pp. 11-14.)

(2) David K. Eiteman & Arther Stone Lull, Multinational business finance, ed. 1973, p.220.

على درجة عالية من الكفاءة Efficient Market استتبع انخفاض القيمة الذاتية انخفاض القيمة السوقية .

The higher the financial leverage ratio, the higher the risk of bankruptcy, and therefore the higher will be the extra required premium[1]

لذلك لم يكن مستغربا أن تتعرض نظرية الرافعة المالية للنقد العنيف وأن توصف بأنها غير واقعية لتجاهلها حقائق من غير المتصور تجاهلها، وخاصة من قبل أشد الكتاب تحمسًا لهذه النظرية والذين وصفهم البعض بالتطرف والانحياز .

"The unrealistic results among other things the fact that the M&M analysis ignores bankruptcy. In practice a firm is confronted with steeply rising interest rates beyond fairly low levels of the debt equity ratio, since lenders and borrowers are sensitive to the possibility of 'Gambelers' ruin on bankruptcy" [2]

ومجمل القول: إن سوق رأس المال Capital Market تؤدي دورا بالغ الأهمية في الحياة الاقتصادية ، وإن أحد رافدي هذه السوق هي سوق الأوراق المالية والتي تحتل موقعا هاما على خريطة سوق المال ، وليس بوسع أحد مهما ذهب به الخيال أن يتصور غياب هذه السوق عن ساحة النشاط الاقتصادي في عالمنا المعاصر .

سوق الأوراق المالية:

وسوق الأوراق المالية هي سوق مثل سائر الأسواق؛ تلتقي من خلالها قوى العرض والطلب وتتحدد على أساسهما الأثمان ، (ذلك أن العرض والطلب - كما يقول مارشال - مثل نصلي المقص لا يقطع أحدهما دون الآخر) إلا أنها تختلف عن غيرها من الأسواق من حيث أنه يجري في غيرها من الأسواق السلعية التعامل على الثروة ذاتها ، بينما يجري التعامل في أسواق الأوراق المالية في حقوق على هذه الثروة وهي الأسهم التي في حوزة المساهمين ، وكذلك السندات التي تصدرها الحكومات والشركات . ولأن حقوق أصحاب المشروع تتمثل في أصول يتعذر تسييلها أو تصفيتها Liquidating لحساب أحد المستثمرين إذا ما رغب في الخروج من الشركة ، ظهرت الحاجة إلى هذه الأسواق حيث

(1) Haim, Levy & Marshall Sarnat, capital investment and finance decisions p 214.

(2) Madura, Introduction to Financial Management, pp. 363-364.

تُباع الحقوق وتُشترى دون مساس بأصل الثروة المتمثلة في أصول المشروع [1].

وتتميز هذه السوق عن غيرها من الأسواق أن التعامل فيها غير شخصي Impersonal حيث لا يلتقي البائعون والمشترون بعضهم البعض ، بل ولا يعرف بعضهم بعضًا ، بل ويحظر عليهم دخول المقصورة (قاعة التداول) وإنما يتم التعامل من خلال شركات الوساطة المالية بوصفهم وكلاء بالعمولة عن البائعين والمشترين .

وتنقسم سوق الأوراق المالية قسمين:

١ – السوق الأولية Primary Market .

٢ – السوق الثانوية Secondary Market .

١ - السوق الأولية :

أما السوق الأولية، فهي سوق الإصدار لأول مرة ، ويطلق عليها أيضا سوق الإصدار الجديد New Issue Market ، فإذا ما قامت إحدى الشركات بطرح أسهمها للاكتتاب العام من خلال البنوك أو إحدى الشركات المتخصصة ، أو قام البنك المركزي بطرح سندات حكومية للاكتتاب العام بصفته وكيلًا عن وزارة المالية أو نيابة عن بنك الاستثمار القومي ، فإننا نكون بصدد سوق أولية .

وتعد السوق الأولية ركيزة هامة من ركائز النشاط الاقتصادي للاعتبارات الآتية :

١ – أنها إحدى الآليات الهامة في تجميع المدخرات الوطنية ، وتحريك رءوس الأموال من القطاعات ذات الطاقة التمويلية الفائضة إلى القطاعات ذات العجز في الموارد المالية .

٢ – تمارس السوق الأولية تأثيرًا محسوسًا على مصادر الادخار في مراحل التجميع ، وعلى تخصيصية في مرحلة التوظيف .

٣ – تعد السوق الأولية مصدرًا أصيلًا لضمان تدفق الأموال بغير انقطاع إلى الوحدات الإنتاجية.

٤ – أن من أهم المشاكل التي تواجه معظم الدول النامية ليس مسألة تجميع

---

(١) مرجعنا ، أسواق الأوراق المالية ودورها في تمويل التنمية الاقتصادية، الطبعة الأولى ص ٣٦،مكتبة دار النهار.

المدخرات فحسب ، وإنما تواجهها أيضا مشكلة سوء توجيه المدخرات؛ حيث يستثمر جزء كبير منها فيما يعرف بالاستثمارات السلبية ، والتي تتمثل في شراء الأراضي و تشييد المباني وشراء الذهب ، وما إلى ذلك ، في حين أن السوق الأولية تضمن من جانبها توجيه المدخرات في مسارها الصحيح إلى المشروعات في مرحلة التكوين ، أو تلك القائمة والراغبة في التوسع أو التطوير.

٥ - أن شركات المساهمة ما كان لها أن تقوم ولا أن يظهر لها وجود في غيبة السوق الأولية التي مولتها . وما قامت هذه السوق إلا حينما عجز الأفراد - بإمكاناتهم المحدودة - والشركات الصغيرة بمواردها المتاحة - عن تمويل المشروعات العملاقة خاصة بعد حركة الاستكشافات الجغرافية في القرن الخامس عشر وظهور الثورة الصناعية وعصر البخار وتقدم الفن الإنتاجي ، وظهور الشركات العابرة للقارات ومتعدية الجنسيات .

٦ - أن الشركات القائمة والتي ترغب في زيادة مواردها المالية بغرض التوسع والتطور، أو لمواجهة عمليات الإحلال والتجديد أو لرأب الصدع في هياكلها التمويلية- ليس أمامها من سبيل سوى اللجوء إلى أحد مصدرين ؛ الأول هو سوق النقد مع تحمل هذه الشركات لتكلفة الاقتراض، والتي قد تؤدي إلى زيادة الخلل في الهياكل التمويلية المتصدعة مما قد يعرض هذه الشركات لمخاطر الإفلاس [(١)] أو أن تلجأ إلى السوق الأولية لتمويلها باحتياجاتها من الموارد المالية من خلال إصدار أسهم لزيادة رأس المال.

٢ - السوق الثانوية : Secondary Market

أما السوق الثانوية، فهي التي يجري من خلالها تداول الأوراق المالية التي سبق

(١) تنظر المحاكم الأوروبية الدعوى التي أقامها عدد من رجال الأعمال اليونانيين ، شكلوا فيما بينهم اتحاد ضحايا الفوائد البنكية للطعن على مبالغات البنوك اليونانية في إقرار أو تحديد نسبة الفوائد على القروض . وقال إيفانجلوسي رئيس اتحاد ضحايا البنوك: إنهم اضطروا إلى إقامة هذه الدعوى أملًا في تدخل المحكمة الأوروبية لإجبار البنوك اليونانية على رد مليارات الدراخمات لملايين اليونانيين . وقد أرفق رئيس الاتحاد دعواه ما يفيد تعرض رجال الأعمال من أصحاب الشركات للإفلاس بسبب الفوائد المركبة التي اضطروا إلى سدادها للبنوك، والتي تجاوزت في أحيان كثيرة أضعاف قيمة القرض الذي حصلوا عليه .(انظر جريدة الأهرام القاهرية في ٣١ أكتوبر ١٩٩٨ تحت عنوان " البنوك وراء القضبان ").

إصدارها من خلال السوق الأولية. ويطلق عليها أيضا سوق التداول. والسوق الثانوية قد تكون رسمية كما قد تكون غير رسمية ، فإذا كانت سوقًا رسمية أطلق عليها لفظ البورصة The Stock Exchange أو السوق المنظمة Organized Market وإذا كانت غير رسمية فهي السوق الموازية أو غير الرسمية Over – the – counter market وهذه السوق الأخيرة ليس لها وجود في مصر رغم عظم الحاجة إليها.

وتعرف السوق غير الرسمية أو كما يطلق عليها البعض السوق الموازية أو غير المنظمة بأنها سوق للمفاوضة Negotiation Market غير رسمية Informal وغير مركزية ، ويجري التعامل في هذه السوق على الأوراق المالية غير المقيدة في السوق الرسمية وأصبحت تتعامل حاليًا في الكثير من أدوات المشتقات المالية كالعقود الآجلة Forward Contracts، وهذه العقود يقابلها في الأسواق الرسمية العقود المستقبلية Future Contracts كما تتعامل في عقود الاختيار شأنها في ذلك شأن السوق الرسمية ، كما تتعامل بلا منافس في بعض الأدوات التي صارت تحظى بأهمية كبيرة في الأسواق الدولية كعقود تثبيت أسعار الفائدة وهي عقود الحد الأقصى لسعر الفائدة Caps ، وعقود الحد الأدنى أو (القاع) Floors وعقود الطوق Collars التي تجمع بين النوعين السالفين. وفضلًا عن هذا وذاك فهي تتعامل في عقود واتفاقيات المبادلات Swap Contracts وبلا منافس لها مطلقًا.

أما عن كون هذه السوق سوقًا للمفاوضة، فلأن الأسعار فيها تخضع للتفاوض مع المشتغلين بالمتاجرة في هذه الأسواق من المحترفين وهم طائفة الديلرز "Dealers" وهي غير مركزية لأن عمليات البيع والشراء لا تتم في مكان واحد معد خصيصًا لهذا الغرض كما هو الحال في بورصات الأوراق المالية .

وأعظم هذه الأسواق شأنًا في زماننا المعاصر والتي ينقل عنها الباحثون والدارسون وأيضًا الممارسون - هي السوق غير الرسمية Over – The – Counter Market في الولايات المتحدة الأمريكية .

أما عن سر تسميتها Over – The – Counter Market فمن الثابت أن هذه السوق قد اكتسبت اسمها من الطريقة التي كانت تمارس بها عمليات المتاجرة في الأوراق المالية في مكاتب بيوت الصيارفة في القرون الوسطى . ورغم أن الأسلوب الذي كان

يجري التعامل به لم يعد له ثمة وجود ، وصار اسم هذه السوق فاقدًا للمعنى والمضمون إلا أن هذه السوق احتفظت باسمها التاريخي من قبيل التمييز بينها وبين السوق الرسمية من ناحية وكسوق موازية ، ومنافسة لتلك السوق من ناحية أخرى ، وهذه السوق تشبه إلى حد كبير شركات الصرافة في بلادنا.

ونظرًا لشيوع الخلط والالتباس فيما بين المتخصصين وعامة الناس بين سوق المال Financial Market ، وسوق رأس المال Capital Market ، وسوق الأوراق المالية securities Market ، والبورصة The Stock Exchange، والسوق الرسمية أو السوق المنظمة Organized Market، والأسواق غير الرسمية، فقد تم التعامل مع هذه المصطلحات على أنها شيء واحد حتى فيما بين أهل الاختصاص في الدول الغربية التي نشأت البورصات في أحضان بلادهم لذا وجب التنويه [1] لما أدى إليه ذلك من جهالة بهذه الأسواق وفساد المعاني ووجوه الاستدلال.

* * *

---

(١) يشير صاحب موسوعة المشتقات المالية Don M. Chance (An Introduction to Derivatives P.4) إلى وجوه الاختلاف بين العقود الآجلة والمستقبلية.

" futures contracts made on organized exchanges called futures markets."

والحقيقة أنه ليست هناك بورصات منظمة، فالبورصة لا تكون إلا منظمة ويفرق بينها وبين غير المنظمة بأنها over-the-counter Market ، وذهب أيضًا Robert Brook's إلى القول:

Futures contracts are traded on organized commodity exchanges، وغير هؤلاء كثيرون ممن قالوا بالبورصات المنظمة مع أن البورصة لا تكون إلا منظمة.

(Robert brook's , Interest rate Risk management p 257).

السوق المالية

وموقع سوق الأوراق المالية منه

Finanacial market

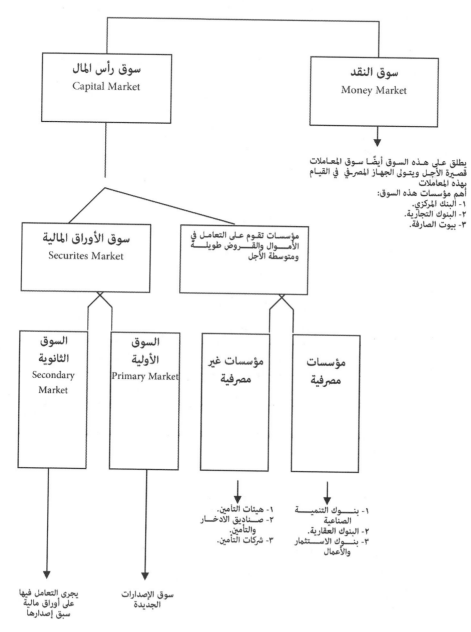

سوق رأس المال
Capital Market

سوق النقد
Money Market

يطلق على هـذه السـوق أيضًا سـوق المعـاملات
قصيرة الأجـل ويتـولى الجهـاز المصـرفي في القيـام
بهذه المعاملات
أهم مؤسسات هذه السوق:
١- البنك المركزي.
٢- البنوك التجارية.
٣- بيوت الصارفة.

سوق الأوراق المالية
Securites Market

مؤسسـات تقـوم على التعامـل في
الأمـوال والقـروض طويلــة
ومتوسطة الأجل

السوق
الثانوية
Secondary
Market

السوق
الأولية
Primary Market

مؤسسات غير
مصرفية

مؤسسات
مصرفية

١- هيئات التأمين.
٢- صناديق الادخار
والتأمين.
٣- شركات التأمين.

١- بنـوك التنميـة
الصناعية
٢- البنوك العقارية.
٣- بنـوك الاسـتثمار
والأعمال

يجرى التعامل فيها
على أوراق مالية
سبق إصدارها

سوق الإصدارات
الجديدة

تعريف السوق:

السوق لغة هي موضع البياعات، وسميت بذلك لأن التجارة تُجلب إليها وتُساق نحوها المبيعات، وفي التنزيل العزيز ﴿ إلا إنهم ليأكلون الطعام ويمشون في الأسواق ﴾(١). والسوق بمعناها الحرفي الذي استقر في الأذهان وسيطر على الأفهام هي المكان الذي تباع فيه السلع وتشترى (٢).

ونظرًا لأن تعريف السوق على الوجه المتقدم ينطوي على جعل المكان أحد أركانه وشرطًا أساسيًا لقيامه، بينما لا يصدق هذا المفهوم إلا على المجتمعات البدائية التي عرفت نظم المقايضة (٣) منذ أقدم العصور ومارست التجارة منذ فجر التاريخ (٤) بعد أن أحاطتها

---

(١) لسان العرب ـ لابن المنظور ـ طبعة دار المعارف ـ والآية من سورة الفرقان رقم (٢٠).

(2) Encyclopedia Britannica vol.11

(٣) المقايضة هي أسبق أشكال المبادلة تاريخيا، ومن الثابت أن الجماعات البدائية لم تعرف البيوع في الأسواق حتى القرن الثامن قبل الميلاد، ومع هذا فما زالت المقايضة قائمة في كثير من المجتمعات حتى وقتنا هذا (الموسوعة العربية الميسرة) والمقايضة هي مبادلة المرء غيره ما يفيض عن حاجته بما هو في حاجة إليه، ويحدثنا التاريخ أن بابل كانت في القرن السادس قبل الميلاد مستودعًا عالميًا، تجري فيها المقايضات بالسلع التي كانت تحملها القوافل (جورج لوفران ـ تاريخ التجارة منذ أقدم العصور حتى العصر الحديث - ترجمة هاشم الحسيني - مكتبة الحياة-بيروت) وطيلة القرون الوسطى كانت السفن العربية تمخر المحيط الهندي من الموزمبيق التي احتلتها البرتغال في القرن السادس عشر إلى ملبار وهي ساحل هام غرب الهند (ابن بطوطه - تحفة النظار في غرائب الأمصار وعجائب الأسفار) هذا وتتميز المقايضة عن البيع أن بديليها ليسا من النقود؛ ولذا يعتبر كل مقايض بائعًا ومشتريًا في وقت واحد، فهو بائع للشيء الذي قايض به، ومشتريا للشيء قايض عليه (د. أنور سلطان ـ العقود المسماة - طبعة ١٩٥١).

(٤) ويرى أستاذنا الدكتور عبد الحميد الغزالي أنه بظهور نوع من التخصص في الإنتاج ودرجة من تقسيم العمل الجماعي انتقلت المجتمعات البشرية البدائية -نتيجة لذلك- من مرحلة الاقتصاد الذاتي حيث كان الفرد ينتج ما يكفي بالكاد لبقائه على قيد الحياة إلى مرحلة ظهور الفائض الإنتاجي وبالتالي قيام الاقتصاد التبادلي ومن ثم ظهر نظام المقايضة كأول نظام للتبادل عرفته البشرية (أ.د. عبد الحميد الغزالي - مقدمة في الاقتصاديات الكلية ط٨٧ص١٤٠).

ولعل أبرز أشكال المقايضة ما يسمى: التجارة الصامتة Silent trade والتي لا يحدث من خلالها التقاء بين الأطراف الراغبين في التبادل.

=

بطقوس دقيقة مازال علماء الاجتماع يسعون في ولوجها، فلاغرو أن تبدلت المفاهيم، فمع تفسخ النظام البدائي، وتبدل حياة المجتمعات، وتقدم الفن الإنتاجي، ونمو قوى الإنتاج، وانتشار وسائل المواصلات وخاصة السكك الحديدية. والسفن التجارية، وسبل الاتصال وخاصة الهاتفية والبريدية، اتسع مفهوم السوق ليشمل كل النطاق الجغرافي الذي يتنافس فيه البائعون، ويحصل الاتصال من خلاله بين البائعين والمشترين بوسيلة أو بأخرى، وتتحدد الأسعار فتميل إلى التساوي بالنسبة للسلع المتماثلة في الأزمان والمواقيت الواحدة [(١)] . ولا غرابة أن امتد مفهوم السوق ليشمل الأسواق المستقبلية Future markets والتي يجري من خلالها التعاقد على بيع وشراء سلع لم تنتج بعد، بل إن أغلب عمليات البيع والشراء التي يتم التعاقد عليها من خلال هذه الأسواق لا يترتب عليها تمليك ولا تملك ولا تسليم ولا تسلم لأن أغلبها عمليات صورية.

ويستفاد مما تقدم أن وحدة المكان ليست شرطًا وأن تشتت التجار ليس قيدًا فقد أصبحت المعمورة كلها سوقًا واحدة [(٢)] .

= وتتم هذه المبادلات عندما يقوم أحد الأطراف أو الجماعات بترك سلعهم في مكان معين مخصص لهذا الغرض، وتذهب مجموعات أخرى لذات المكان ومعها السلع التي ترغب في مبادلتها، فإذا ما توافقت الرغبات تركت ما معها من سلع في ذات المكان ومعها السلع التي ترغب في مبادلتها، فإذا ما توافقت الرغبات تركت ما معها من سلع في ذات المكان وأخذت السلع الأخرى محلها. وميزة هذا النوع أن التبادل يتم حتى بين الجماعات المتنافرة والتي لا يتصور قيام تبادل بينهما بالطرق العادية المألوفة (الموسوعة الأمريكية مجلد ٣ ص٢٧٦).

(١)وقد عبر السيد ألفريد مارشال عن ذلك يقول:

Ac courant says, Ecumenists understand by the term market not any particular Marketplace in which things are bought and sold, but the whole of the geographical area in which buyers and the sellers in such free intercourse with one another, that the prices of the same foods tend to equality easily and quickly.

Alfred marshall-principles of economics-eigth edition p.270

ولعله من المثير حقا أن بعض الشعوب غير البدائية مازالت تمارس المقايضة حتى الآن، ومن هذه الدول التي تمارس أشكالا متقدمة للمقايضة الولايات المتحدة الأمريكية، ونحيل إلى الموسوعة الأمريكية الجزء الثالث من يبتغي المزيد من التفصيل في هذا الصدد.

(٢) وقد عبر السيد Alfred marshall في عبارة جزيلة من المعنى المتقدم بقوله:

The distinction of locality is not necessary. The traders may be spread over a whole town or region of a country, and yet make a market if they are, by means of fairs, meetings, published price lists, the post office, or otherwise in close = communication with each other.

تاريخ الأسواق:

تاريخ الجماعة البشرية يستدل به على أن الأسواق قد مرت بعدة أطوار متعاقبة منذ نشأتها إلى وقتنا هذا، وأول هذه الأطوار هو ما عرف بالنظام العائلي؛ حيث كان الناس حينذاك منقسمين إلى جماعات وعشائر، فاستقلت كل جماعة بنظامها الاقتصادي، فكانت تكفي حاجاتها بنفسها دون أن تلجأ لغيرها، حيث كانت الحاجات قليلة والروابط بين الجماعات تكاد تكون معدودة لقلة وسائل النقل وتأخرها، ومن ثم لم يكن هناك حاجة إلى التبادل ولم يظهر بالتالي تقسيم العمل، وبزيادة الحاجات بدأ ظهور النظام الطائفي الذي انتشر في القرون الوسطى وصار المنتج ينتج لنفسه ولغيره وفقًا للطلب ولكن في حدود قريته، وبزيادة عدد السكان وانتشار العمران أخذ التجار يجتمعون في أوقات معينة وأماكن مخصصة لتبادل السلع وسائر العروض، وتكررت هذه الاجتماعات من وقت لآخر فكانت تعقد مرة أو مرتين كل عام [١] ثم بدأت هذه الأشكال تتطور وتأخذ صورًا متعددة فظهرت الأسواق الدائمة والموسمية والأسبوعية [٢] . واتخذت أسماء لها [٣] ، وكل

= وأضاف أنه كلما اقترب السوق إلى السوق الكاملة قوي الاتجاه نحو تساوي الثمن المدفوع لذات السلعة في ذات الزمن في كل أنحاء السوق وهو ما عبر عنه بقوله:

The more nearly perfect a market is, the stronger is the tendency for the same price to be paid for the same thing. at the same tine in all parts of the market.
principles of Economics, eigth ed, op.cit p.270

(١) د. عبد العزيز مهنا: الأسواق وتصريف المنتجات.

(٢) الأسواق الدائمة هي أماكن معينة منتشرة داخل القرى، حيث توجد الحوانيت التجارية ويتخذ البائعون من هذه الأماكن مواقع ثابتة لعرض ما لديهم من سلع ويتجمع الناس في هذه الأماكن بل ويتوافدون إليها من القرى المجاورة التي لا تتوفر لديها مثل هذه السلع، وأما الأسواق الموسمية فهي التي ترتبط بزمن معين ومكان محدد ففي الموالد والأعياد التي تقام في بعض القرى وخاصة لذوي الكرامة من الأولياء يتوافد الخلق من القرى المجاورة لتبادل شتى السلع والمنتجات وأما الأسواق الأسبوعية فهي التي تقام في القرى وضواحي المدن في أيام محدودة من أيام من أيام الأسبوع ويأتي إليها الناس من القرى المجاورة والتي تقام فيها أيضا أسواق مماثلة وتؤلف هذه القرى مجتمعة نسقًا واحدًا تكون القرية وحدته ويماثل هذا النمط النظام الشمسي حيث يتوسط سوق القرية الدائم الأسواق الصغيرة للقرى المحيطة انظر:

Eric Wolf - peasants - prentice Hall inc, 1966 p.40 Nash - Premetive and peasant Economic Systems-Chandler Publishing Co, California 1966. p.60

(٣) وتتسمى السوق باسم السلع التي اشتهرت بها، ومن الأمثلة على ذلك سوق السلاح وسوق الليمون وسوق الخضر وسوق البلح وسوق الغلال وكلها في مصر- كما قد تتسمى السوق بأسماء=

هذه الأنماط لا تخرج عن نطاق الأسواق التقليدية والتي يعتبر المكان أحد أركانها وشرطًا أساسيًا لقيامها.

ومع تفسخ النظام الإقطاعي وظهور الرأسمالية التجارية [١] في القرن الثالث عشر الميلادي تبوأت التجارة مركز الصدارة بين سائر الأنشطة الاقتصادية، الأمر الذي أدى إلى الاهتمام بالأسواق ونموها واتساعها وانتشارها ورعاية الدولة لها [٢]؛ وإذ سعت الرأسمالية التجارية لفتح مزيد من الأسواق لتصريف منتجاتها وفتح منافذ وقنوات جديدة لصادراتها وكان سبيلها إلى ذلك التوسع في المستعمرات فيما وراء البحار [٣]. فإن الكشوف البحرية الكبرى التي بدأت قبل أفول القرن الخامس عشر بسنوات قليلة وبعد، مقدم القرن السادس بسنوات مماثلة تقريبًا - تمخضت أيضًا عن ضم كثير من المستعمرات إلى أسبانيا والبرتغال ثم إلى الدول الأكثر نشاطًا وهي هولندا وإنجلترا وأمريكا [٤] وصارت هذه المستعمرات المترامية الأطراف أسواقًا مفتوحة تجلب إليها المنتجات، وتجتلب منها المواد الأولية والخامات، وساحة لصيد ذوي البشرة السوداء الذين كان يتم ترحيلهم إلى هذه البلاد ليدفنوا تحت المناجم أحياء. كما كان للثورة الصناعية التي بدأت في إنجلترا في النصف الثاني من القرن الثامن عشر، وفي أمريكا في بداية القرن التاسع عشر أعظم الأثر على التجارة والأسواق [٥]؛ إذ زاد التعامل وتوطد العلاقات التجارية بين

= بعض البلاد التي وجدت فيها كسوق الفسطاط وكفر الدوار في مصر، وسوق حضرموت في اليمن، وعكاظ وجن وذو المجاز في المملكة العربية السعودية، ويعتبر سوق عكاظ من أشهر الأسواق التقليدية وأعظمها في تاريخ العرب في العصر الجاهلي إذ كانت معرضًا للإنتاج المادي والفكري ومنتدى لتبادل العلوم والفنون ووسيلة اتصال وإعلام.

(١) الرأسمالية التجارية Commercial Capitalism هي وريث النظام الإقطاعي وقد اصطلح الاقتصاديون على تسميتها Mercantilism ورغم أن مسماها موضع خلاف بين بعض الاقتصاديين إلا أن الثابت أن أصل هذه التسمية كما ورد في الموسوعة الأمريكية ج١٨:

Mercantile The name applied to a set of economic Views prevailing in Europe from the 16 th to the 18 th centuries
Adam smith called it merecantile system and the term mercantilism is derived from that.

(2) George Daltom: Economic system & society-(Politicul Economy), B.T. Mecormic.P.30.

(٣) الموسوعة الأمريكية - مرجع سابق.

(٤) د. أحمد جامع - الرأسمالية الناشئة.

(٥) حسين تيمور بك - البورصة وتجارة القطن طبعة سنة ١٩١٧.

- 29 -

الدول بعضها البعض وبين الدول ومستعمراتها وأسست شركات النقل [1] وحل الإنتاج الكبير محل الإنتاج الصغير وتعاظمت كمية المواد الخام التي تحتاج إليها الصناعات، وعدل التاجر من عاداته القديمة وهي السفر بتجارته، فلم يعد ثمة ضرورة لأن يحمل التجار بضائعهم بأنفسهم وأن يسافروا في قوافل مسلحة [2] فاستعملت العقود وأصبحت المدن الكبرى ملتقى التجار والعلماء؛ حيث يجتمعون في أماكن مخصوصة أطلق عليها البورصات، وترتب على ذلك زوال الطابع الشخصي للعلاقات الاقتصادية بظهور البورصات السلعية وهي أقدم وأسبق إلى الظهور من بورصات الأوراق المالية؛ حيث لم تكن شركات المساهمة قد عرفت قبل القرن السابع عشر.

* * *

(١) د. عيسى عبده – حسن لبيب –سامي وهبة- البورصات المطبعة الأميرية – سنة ١٩٤٧.
(2)Money Banking and Credit in Medieval Bruges A study in thd origns of BNanking (Rymond De Roover,ph.D.-
Mediaeal Academy of America.1984.

المبحث الأول

ماهية بورصة الأوراق المالية، ووجه الشبه
والاختلاف بينها وبين غيرها من الأسواق

البورصة سوق منظمة تقام في مكان ثابت، يتولى إداراتها والإشراف عليها هيئة لها نظامها الخاص، تحكمها لوائح وقوانين وأعراف وتقاليد، يؤمها المتعاملون في الأسهم والسندات من الراغبين في الاستثمار، والناشدون الاستفادة من تقلبات الأسعار. تنعقد جلساتها في المقصورة يوميًا حيث يقوم الوسطاء الماليون بتنفيذ أوامر البائعين والمشترين(1).

التأصيل التاريخي للفظ البورصة: The Origin of the Term "Bourse"

بالنسبة لأصل كلمة «بورصة» لم يقطع فيها السابقون برأي يطمئن إليه المحققون ويستوثق به الباحثون والدارسون، وإن تقاربت أقوالهم وتشابهت آراؤهم، ونعرض هنا لأهم ما ورد في كتب المتخصصين وأسفار العلماء والمؤرخين: يقول الدكتور أحمد زكي موسى هيكل: اختلف المؤرخون في الأصل الذي اشتقت منه كلمة بورصة فمنهم من يقول: إن سبب استعمال كلمة بورصة هو ما حدث في مدينة بروج "Bruges" البلجيكية حيث كان التجار يجتمعون في منزل أحد أعيانهم وهو «فان دير بورس» وكان ذلك هو السبب في استعمال اصطلاح البورصة. وأردف قائلا: وهناك رأي آخر يقول: إن هذه العائلة كان لها فندق خاص اشتهر باسمها حيث كان التجار الفلورانتيون يجتمعون، بينما يقول البعض الآخر: إن اجتماعات البورصة كانت تعقد في منزل أحد صيارفة المدينة، وكان يضع ثلاثة أكياس من النقود على واجهة المنزل، وإن كلمة بورصة "Bourse" الفرنسية تعني بالعربية كيسًا. واستطرد قائلًا: والظاهر إن هذا المعنى هو الذي يحمل

---

(1) The stock market is a place where such investments are bought and sold at prices dependent upon the relation of supply and (demand charles Amos Dice-the stock market-Mc graw Hill Book co lnc 1952.

-The Security market is a place where buyers and sellers come together to trade in securities (fredrick Amling-investment –Fourth edition-prentice Hall lnc. New jersey).

- The stock Market is an organization which provides a market place and facilitates for the purchase and corporate securities,Americam peoples Encyclopaedia Vol 17.p.319.

- A stock excahange is an organized market for dealing in securities of businesses and governmemts (Encyclopaedia Britanica Vol. 16.)

المعنى الدقيق؛ إذ إن هذه المنطقة التي يعزى إليها هذا الرأي بجانب الحدود الفرنسية؛ حيث يتكلم أهل الإقليم اللغة الفرنسية [١].

بينما يرى د. مقبل جميعي أن السبب في استعمال لفظ بورصة في القرن السادس عشر هو ما قيل أن بعض التجار الفلورانتيين كانوا ينزلون بفندق لعائلة تسمى Van Der Bourse بمدينة بروج، وكان عمل أفراد هذه العائلة هو الوساطة بين هؤلاء التجار. قال: وقيل: إن التجار كانوا يجتمعون في منزل لأحد الصيارفة الذي نقش على واجهة منزله ما يدل على حرفته وهو ثلاثة أكياس من النقود. ووفق البعض بين هذين الفكرين فقالوا: إن رب الدار كان صيرفيًا، ونقشه الأكياس على واجهة منزله دلالة على حرفته، وسميت العائلة بهذا الاسم "Bourse" الذي اشتق منه اسم البورصة [٢]. بينما يقول جول خلاط: «كان تجار مدينة بروج عاصمة بلاد الفلمنك الغربية في بلجيكا في القرن السادس عشر الميلادي يجتمعون في قصر تاجر غني يدعى Van Der Bourse لذلك أطلق اسم صاحب القصر على كل مكان أو اجتماع تكون غايته تداول الأعمال التجارية. وأردف قائلًا: ولما كانت مدينة بروج على جانب عظيم من الرخاء والنفوذ في ذلك العصر جاز ألا تكون هذه الحكاية أقصوصة» [٣].

ومجمل القول: إن كافة الروايات التي تناقلها الدارسون والباحثون والكتاب المتخصصون تفتقر إلى الدليل، ويشق على الباحث التمييز من خلالها بين الخبر الصحيح والسقيم، فالروايات جميعًا محمولة على عدد من الاحتمالات ليست إحداها أظهر ولا أوثق من الأخرى، وهو الأمر الذي يبين من عباراتهم الرخوة والتي لا تقطع في أمر ولا تحسمه، وحسبنا إبراز سياق العبارات التي تناولوها:

اختلف المؤرخون في الأصل ... فمنهم من يقول ... وهناك رأي يقول .. وآخر يقول «قيل إن بعض التجار الفلورانتيين ... وقيل إن التجار ... ووفق البعض بين هذين الفكرين بقوله ...

(١) د. أحمد زكي هيكل - عمليات البورصة في مصر طبعة أولى سنة ١٩٤٩.
(٢) د. مقبل جميعي- الأسواق والبورصات.
(٣) رئيس بورصة البضائع في مصر (سابقًا) نقلا عن كتابه أعمال البورصة في مصر مطبعة البصير بالإسكندرية سنة ١٩٣٨.

وآخر يقول: ولما كانت مدينة بروج ... جاز ألا تكون هذه الرواية أقصوصة.

وإذ من الثابت على الوجه المتقدم أن رواياتهم جميعا ظنية وليس فيها خبر قطعي الثبوت يمكن التعويل عليه والنقل عنه، فلم يكن هناك بد لمن أراد التحقيق إلا أن يبذل غاية جهده بالبحث والتمحيص، وخروجا من دائرة الظن إلى عين اليقين، لذلك هممت بمراسلة إحدى بلاد الفرنجة والتي نشأت أول بورصة في حضانتها وهي «بلجيكا» فوقفت على الحقيقة الغائبة.

تشير الوثائق التي وافاني بها سعادة السفير البلجيكي في مصر بأنه في نهاية القرن الثالث عشر الميلادي بدأت بيوت التجارة والصرافة الإيطالية في الهجرة إلى بلاد الفلندر الشهيرة ببلاد الفلمنك، وما إن وطد الإيطاليون أقدامهم في هذه البلاد حتى شرعوا في إقامة مستعمراتهم في واحدة من أشهر المدن والمراكز التجارية العالمية في ذلك الحين، وهي مدينة بروج "Bourse " البلجيكية، واتخذت القنصليات الإيطالية الثلاث لكل من جنوة والبندقية وفلورنسا مقرًا دائمًا لكل منها في قلب حي الأعمال في هذه المدينة، وكان لتجمع هذه القنصليات في مكان واحد أن أصبح هذا المكان مرغوبًا من جانب الإيطاليين، وصار مهبط التجار ورجال الأعمال. ولما كان من الثابت تاريخيًا أن المقر الدائم لقنصلية البندقية كان في سابق عهده فندقًا مملوكًا لعائلة «فان دير بيرس» البلجيكية "Van Der Beurse" والتي اشتهر عن أفرادها من الأجداد إلى الأحفاد اشتغالهم بأعمال الوساطة والسمسرة لنزلاء الفنادق الوافدين على المدينة "Broker - innkeepers" وذلك طيلة القرن الرابع عشر والنصف الأول من القرن الخامس عشر، فلم يكن مستغربًا أن يتسمى الميدان - الذي تحيطه القنصليات الثلاث وصار ملتقى التجار الذين يتعاملون في مختلف أنواع السلع وتجمع رجال الأعمال - باسم هذه العائلة، نقصد عائلة فان دير بيرس. وقد دعت هذه الظروف إلى إطلاق لفظ البورصة فيما بعد على ذلك المكان المتسع الذي كانت تحيطه الأروقة وتتوسطه الأعمدة في مدينة أنترب Antwerb الفلندرية المعروفة بأنفرس (١) ، حيث أقيمت هذه البورصة على أنقاض بورصة بروج التي احتفظت لنفسها بمركز الصدارة في المال والتجارة خلال الفترة من سنة ١٣٠٠ إلى ١٤٥٠ ، وقد دشنت أنفرس بورصتها التجارية سنة ١٤٨٥ بعد أن أزاحت بروج من طريقها وقامت بتوسيعها سنة

---

(١) مدينة أنفرس باللغة الفلندرية Antwerp والإنجليزية Antorp وهي ولاية في بلجيكا لغة العامة فيها فلمنكية ومعظم صادرات بلجيكا تمر بها.

١٥٣٠فاستوعبت التجارة من كل صوب وحدب [1].

ولكن يظل السؤال مطروحا: إذا كان لفظ البورصة قد اشتق من اسم عائلة Van Der Beurse فإن ثمة اختلافًا بين الاسم الذي أطلق عليه المكان أو الميدان الذي يتلقي فيه التجار Bourse وبين لقب هذه العائلة الذي اشتق منه لفظ البورصة وهو Bourse وحقيقة الأمر أنه لا خلاف ولا اختلاف؛ فمن الثابت أن هذه العائلة قد اكتسبت هذا الاسم من أكياس النقود الثلاثة التي كانت تعتلي باب الفندق الذي كانت تملكه قبل أن يصبح مقرًا دائمًا لقنصلية البندقية وكلمة Bourse باللغة الجرمانية [2] ، تعني كيس النقود وهي بالألمانية وبالفرنسية Bourse وبالإنجليزية Purse وباللاتينية Bursea وبالإيطالية Borsa [3].

وجه الشبه والاختلاف بين البورصات والأسواق:

البورصة وليدة السوق ووجه الشبه بينهما عظيم، فكل منهما محل للبيع والشراء والأخذ والعطاء. إلا أن البورصة تتميز عن السوق بكونها سوقًا منظمة تحكمها لوائح وقوانين وأعراف وتقاليد؛ ولذلك تنسحب كلمة السوق على البورصة بينما لا تنسحب كلمة البورصة على السوق؛ لأن البورصة سليلة السوق والفرع ينسب إلى أصله، والعكس ليس صحيحا، ولذلك فلا تثريب على من استخدم أيًا من اللفظين الشائعين «السوق أو البورصة» عند الإشارة إلى هذا الكيان الذي عرف منذ القرون الوسطى بالبورصات، وصار هذا اللفظ عند الناس مألوفا، ولدى الخاصة والعامة في الحياة العملية أكثر شيوعا، ومن المعلوم أنه لم يكن فيما مضى حد يفصل بين بورصات التجارة والبورصات المالية، ولم يحدث هذا التمييز إلا بمرور الزمن واتساع دائرة الأعمال ووضوح التخصص، ولا يزال قيامهما في مكان واحد في بعض المدن كمدينة الإسكندرية

---

(١) جورج لوفران – مرجع سابق.
(٢) اللغة الجرمانية هي: لغة بلاد الفلاندر وهي تتصل اتصالا وثيقا بالهولاندية.
(٣) (أ) الموسوعة الألمانية: Meyers kleines lexliken frster BNrand1931 (دار الكتب)
(ب) الموسوعة الفرنسية : Clopedique quiliet pasis Raoul-Dictionaire Ency Mortier (دار الكتب)
(ج) دار الكتب: The New Colombia Encyclopedia1915
(د) Websters, third new international Dic.

أثرًا للخلط بينهما في الماضي [١].

* وتختلف بورصات التجارة عن الأسواق من عدة وجوه:

١- يحصل التعامل في الأسواق على سلع موجودة بأعيانها، بينما تعقد الصفات في بورصات التجارة على عينات.

٢- انعقاد الأسواق يكون في مواعيد متباينة وأماكن مختلفة، في حين تعقد الصفقات بالبورصات يوميًا وفي أماكن ثابتة.

٣- قد لا يتم الإعلان عن السعر للجمهور في الأسواق، بيد أن السعر في البورصة يتم الإعلان عنه رسميًّا ويوميًّا لما له من أهمية في الحياة الاقتصادية [٢].

٤- في الأسواق يستطيع المشتري الحصول على السلعة بنفسه ودفع ثمنها، في حين أن العلميات في البورصة تتم عن طريق الوسطاء المعتمدين لديها، الأمر الذي يعكس انتفاء الطابع الشخصي في هذه المعاملات حيث لا يلتقي البائعون بالمشترين ولا يعرف بعضهم بعضا [٣].

٥- يقتضي التعامل في الأسواق تسليم البضاعة في الحال ودفع ثمنها فورًا، أو بعد أجل معين، بينما لا يتم التسليم في البورصات فور عقد الصفات إذا كانت البيوع فورية، بل وليس هناك ثمة ما يمكن تسليمه إذا كانت البيوع آجلة.

٦- يحصل التعامل في الأسواق على كل أنواع السلع خلافًا للبورصة؛ إذ يتعين حتى تكون هذه السلع محلًا للتعامل توفر بعض الشروط نذكر منها:

(أ) أن تكون السلعة من المثليات التي يقوم بعضها مقام بعض عند الوفاء، أي تكون متجانسة الوحدات معروفة الأوصاف؛ بحيث يسهل فرزها وتحديد نوعها ورتبتها وبالتالي بيعها وشراؤها دون حاجة إلى معاينة.

(ب) أن تكون السلعة غير قابلة للتلف أو سريعة العطب كالخضر والفاكهة حتى

---

(1) جول خلاط - مراجع سابق (بشيء من التصرف).

(٢) فايق كامل - طرق التجارة في أعمال البورصات وتجارة القطن.

(3) Securitied Markets are impersonal or open markets, Buyers and sellers of securitied are usually unknown to each other, and usually trade through brokers or dealers.

" Financial Markets and the economy charles N.Henning, wiliam pigott 3rd ed (Ain shams university)"

يمكن تخزينها، ولذلك يلحظ العامة أن هناك سوقا للخضر والفاكهة، ولكن ما سمع أحد قط عن وجود بورصة لأي منهما.

(ج) تتميز السلع التي يجرى عليها عقد الصفات في البورصات بكونها من السلع التي تستغرق وقتا في إنتاجها وبضخامة حجم صفقاتها وتكرارها، ولذلك تتأثر أسعارها بفعل هذه العوامل تأثرًا واضحًا.

وجه الشبه والاختلاف بين سوق الأوراق المالية وغيرها من الأسواق:

سوق الأوراق المالية شأنها شأن سائر الأسواق تلتقي فيها قوى العرض والطلب وتتحدد على أساسهما الأثمان، إلا أنها تختلف عن غيرها من الأسواق من حيث إنه يجري في تلك الأسواق التعامل على الثروة ذاتها، بينما في أسواق الأوراق المالية يجرى التعامل في حقوق على هذه الثروة وهي الأسهم التي في حوزة المتعاملين، ولأن حقوق أصحاب المشروع تتمثل في أصول يتعذر تصفيتها لحساب أحد المستثمرين، ظهرت الحاجة إلى هذه الأسواق حيث تباع الحقوق وتشترى دون مساس بأصل الثروة المتمثلة في أصول المشروع.

وإذا كنا قد عرضنا لوجه الشبه والاختلاف بين الأسواق والبورصات، وأبرزنا كذلك وجه الاختلاف بين سوق الأوراق المالية وغيرها من الأسواق، فقد يكون من المناسب استكمال هذه العلاقات بعلاقة أخرى لا تقل عن سابقتيها أهمية وهي:

العلاقة بين البورصات السلعية وبورصات الأوراق المالية:

يمكن تصوير العلاقة بين البورصات السلعية وبورصات الأوراق المالية على أنها ذات العلاقة بين الأصول العينية التي يجرى التعامل عليها في البورصات السلعية، والأصول المالية متمثلة في أسهم هذه الشركات والتي يجرى التعامل عليها في أسواق الأوراق المالية، وتفصيل ذلك أن الشركات التجارية والصناعية التي تقوم بتوفير احتياجاتها أو تصريف منتجاتها من خلال بورصات التجارة عن طريق عقد الصفقات وتنفيذ عقود البيع والشراء، يتم في ذات الوقت التعامل على أسهمها في بورصات الأوراق المالية، لذلك فإن تقلبات الأسعار صعودا وهبوطا في البورصات التجارية تنعكس في الحال على أسعار التداول لأسهم هذه الشركات في بورصات الأوراق المالية ولذلك فالعلاقة بينهما هي علاقة متغير تابع وهي أسواق الأوراق المالية بمتغير مستقل

وهي البورصات السلعية، والأمر على النحو المتقدم يكشف عن طبيعة العلاقة بين البورصتين وحساسية حركة التعامل واتجاهات الأسعار في بورصات الأوراق المالية لاتجاهات الأسعار في البورصات السلعية.

* * *

المبحث الثاني

وظائف سوق الأوراق المالية

والتقسيم الوظيفي والتنظيم لها

ما قامت البورصة إلا حينما اقتضت الضرورة قيامها، ولتقوم بوظائف معينة ما كان من المتصور القيام بها في غيابها. ولذلك فإن قيامها كان لازمة من لوازم النماء الاقتصادي وإحداث التنمية [1].

وبورصة الأوراق المالية بمثابة العمود الفقري لسوق رأس المال، وهي في أدائها أشبه ما تكون بالجهاز العصبي الذي تنعكس من خلاله كافة المؤثرات السياسية والقرارات الإدارية والسياسات الاقتصادية. ويمكن تقسيم وظائف البورصة إلى قسمين رئيسيين: وظائف رئيسية ووظائف مكملة.

أ- **الوظائف الرئيسية للبورصة:** هي تلك الوظائف التي إذا عجزت البورصة عن أدائها فقدت أهم مقوماتها وأسباب وجودها والتي يمكن إجمالها في الآتي:

١- لما كانت حقوق أصحاب المشروع تتمثل في أصول يتعذر تصفيتها لحساب أحد المستثمرين – إذا ما رغب في الانسحاب من الشركة التي يمتلك جزءًا من أسهمها – ظهرت الحاجة إلى هذه الأسواق لتؤدي أهم الوظائف التي دعت إلى وجودها وهي بيع الحقوق وشراؤها، دون مساس بأصل الثروة المتمثلة في أصول المشروع من أراض ومبان وآلات ومعدات، إلخ.

٢- خلق سوق مستمرة لأدوات الاستثمار المتاحة؛ بحيث يكون بوسع المستثمر في أي وقت تسييل أصوله المالية أو جزء منها بسرعة وسهولة وبأفضل سعر ممكن وبأدنى تكلفة ممكنة، وتتحقق السوق هنا من خلال وجود عدد كبير من البائعين والمشترين الراغبين في استثمار أموالهم أو تصفية استثماراتهم، سواء كان الدافع إلى تصفية استثماراتهم هو الحاجة إلى السيولة المطلقة Absolute Liquidity المتمثلة في النقدية، أو الانتقال من قطاع استثماري إلى آخر تتعاظم فيه معدلات الربحية، أو لإيثار المستثمر الخروج من سوق رأس المال كمستثمر ليلج سوق النقد كمدخر إذا ما ارتفعت أسعار الفائدة في السوق الأخيرة .

(1) Organised securities markets and stock Exchanges are a product of economic development, Britanica vol 16 op. cit.p.449.

ومن المعروف أن رءوس الأموال تنجذب دائما نحو الاستثمارات ذات العوائد المرتفعة، وتحجب نفسها عن الاستثمارات ذات العوائد المنخفضة [1].

---

(١) أضاف بعض الكتاب ومنهم (حسن لبيب - عيسى عبده - سامي وهبة) في كتاب البورصات - شرطًا ثانيًا لضمان استمرارية السوق والذي بدونه تفقد البورصة من وجهة نظرهم أحد مقوماتها، وهو أن تسمح قواعد البورصة بالبيع على المكشوف ، أي السماح للبائع أن يبيع ما لا يملكه من أوراق اعتمادًا على أنه سوف يكون باستطاعته الحصول على ما كان محلًا للتعاقد فيما بعد بفضل السوق المستمرة ليسلمها للمشتري، وإذا كان اعتبار هذا الشرط أمرًا مستغربا ولكن الأكثر غرابة حقًا أن ينقل جمهرة من الكتاب هذا الرأي عن هذا المرجع دون تمحيص لما ينطوي عليه من إفساد البيوع وكأنه أحد المسلمات التي يتعين التسليم بها، ومن المراجع التي تناولت هذا الرأي عن هذا المرجع التي تناولت هذا الرأي- وإن شئت فقل هذا الشرط - مذكرة معهد التخطيط القومي رقم ١٣٣١ لسنة ١٩٨٢تحت عنوان تطور سوق الأوراق المالية في مصر إعداد المستشار محمود فهمي رئيس هيئة سوق المال في مصر سابقًا ، وكذلك الموسوعة العلمية والعملية لاتحاد البنوك الإسلامية الجزء الخامس ص٣٩٣ ، ولعلنا لا نحتاج إلى جهد كبير لإثبات عدم سداد هذا الرأي وإن شئت فقل عدم قبول هذا الشرط، فقد تكفل المؤلف الذي نقلوا عنه بهدم الرأي الذي تناوله من قبل وأظهر عيوبه ومثالبه وذلك من خلال تصديه لمسألة المضاربة بقول : «أن من يبيع على المكشوف لتوقعه هبوط الأسعار يعد مقامرًا لا مضاربا» ولم يقع بخلد أحد من قبل ولا خطر على باله أن المقامرة شرط لاستمرار السوق ويستأنف ذات المرجع الحديث عن مثالب البيع على المكشوف بقوله: إن ثمة وسائل ممقوتة وغير مشروعة للتأثير على الأسعار ومنها محاولة احتكار السلعة للتحكم في البائعين على المكشوف. ومقصود الكاتب هنا هو بيان المخاطر الجسيمة التي يتعرض لها البائع على المكشوف فيما اصطلح المتخصصون على تسميته The Corner والكورنر هو الإحراج الناتج عن الاحتكار ويخلص في اتفاق مجموعة من السماسرة على اتخاذ هذه البيوع وسيلة لشراء كل ما يعرض في السوق من هذه الأسهم، ومتى حل ميعاد الاستحقاق يصر المشترون على تسلم الكميات التي تعاقدوا عليها ويعجز البائعون على المكشوف من تسليمها لندرة هذه الورقة فيضطرون إلى طلبها من المشترين أنفسهم وبالسعر الذي يفرضونه (علي شلبي - البورصات مرجع سابق) وتسمى هذه الحالة Cornerning the shorts أي خنق المكشوف، ومن أشهر هذه العمليات ما شهدته مصر في موسم ١٩٤٩-١٩٥٠ إذ ارتفع سعر القطن متوسط التيلة إلى ما يقرب من ضعف ثمن القطن طويل التيلة إثر قيام بيتين كبيرين من بيوت التصدير بشراء كميات كبيرة من القطن متوسط التيلة في بورصتي العقود والبضاعة الحاضرة وبذا تمكنا من التحكم في السوق إذا كانت كميات القطن متوسط التيلة محدودة للغاية في ذات الوقت وقد تأثر المضاربون على المكشوف وهم البائعون لأقطان لا يقابلها أقطان حاضرة بارتفاع الأسعار مما اضطرهم إلى تصفية مراكزهم=

٣- تسجيل حركة الأسعار لجميع الصفقات وعروض البيع وطلبات الشراء في سوق للمزايدة Auction Market يتزاحم فيه المتنافسون من البائعين والمشترين وتتحدد الأثمان من خلال تفاعل قُوى العرض والطلب، وإن كانت هذه الأسعار لا تمثل بالضرورة الثمن العادل Fair Price لأسباب عديدة منها ما يتعلق بكفاءة السوق Market Efficiency وعمقها واتساعها Depth and Breadth ومنها ما يتعلق بعمليات المضاربة (المتاجرة) والتي يشتد أُوَارها في بعض الأسواق فيطلق عليها المتخصصون «حمى المضاربة Over heated speculation أو Wild Cat Speculation .

٤- توفر البورصة مؤشرًا يوميًا عن ظروف الاستثمار واتجاهات الأسعار، ويرى بعض علماء التمويل والاستثمار وخبراء البورصات أن حجم العلميات والمستوى النسبي للأسعار يعتبر مؤشرًا لقوة الاقتصاد الوطني وضعفه أو لقطاع من قطاعاته [١] .

٥- مع أن تداول الأسهم بالبورصة لا يعني استثمارًا جديدًا إلى أنه ينعكس وبصورة واضحة على الإصدارات الجديدة.

٦- المساهمة في تنشيط الأعمال وذلك بتوفير السيولة اللازمة لتمويل النشاط الجاري للمشروع دون تفريط في الأوراق المالية المملوكة والاكتفاء باستخدامها كضمان مقبول للحصول على القروض اعتمادًا على الأسعار المعلنة من قبل سوق الأوراق المالية، مع تحوُّط مؤسسات الإقراض بخصم نسبة من قيمتها السوقية لمواجهة التقلبات في أسعار الأسهم والسندات في بورصات الأوراق المالية، ويصطلح على قوة الضمان هنا بالتعبير المقابل Colateral Value .

وهناك وظيفتان أخريان أضافهما الباحثون والمتخصصون في شئون البورصات، وهما من وجهة نظرنا ليستا من وظيفة البورصة، ولكنهما من مثالب المعاملات التي تتم خلالها وهما:

الأولى: أن البورصة أداة للتأمين التجاري التي يقوم بها المضارب بفضل عملية التحوط Hedging التي يقوم بها في البورصة، بغية تأمين مركزه ضد تقلبات الأسعار،

= أو تغطية عملياتهم في سوق ضيقة وتحملوا نتيجة لذلك خسائر(الأسواق والبورصات، وكذا نبيه غطاس-معجم مصطلحات الاقتصاد والمال وإدارة الأعمال-لبنان).

(1) American peoples Encyclopedia vol.17, p/319.

فالمضارب في البورصة الذي يشتري سلعة ليبيعها فيما بعد إذا ارتفع سعرها، فإنه يحتاط لنفسه فيبيع في نفس الوقت كمية مماثلة لما اشتراه، فإذا هبط السعر فإنه يشتري ما سبق أن باعه فيعوض بالشراء ما سبق أن خسره (١) .

الثانية: ذهب خبراء البورصات الغربية إلى اعتبار المضاربة «بمفهومها الغربي» أحد الوظائف الهامة للبورصة، بمعنى أنها ليست من مثالب وعيوب التطبيق لفئة من محترفي المضاربة والمقامرين ولكن باعتبارها وظيفة أساسية من وظائف البورصة (٢) . وذهب البعض إلى أن المضاربة يمكن أن تكون ظاهرة صحية تفيد الاقتصاد طالما كانت في حدود معقولة، ويرون أنه في عالم تسوده التوقعات وعدم اليقين يكون من المفيد وجود مجموعة من الأفراد المتخصصين في عمليات التحوط ضد المخاطر وعدم اليقين (٣) .

وذهب جول خلاط إلى القول بأنه إذا بطلت المضاربة بطلت البورصة وأن البائع على المكشوف يضغط وقتيًا على السوق إلا أنه عنصر من عناصر الثبات المقبل، ونقل عن برودون ما يثير الدهشة في شأن المضاربة (٤) .

وظائف مكملة تابعة:

١- تمثل البورصة سلطة رقابية خارجية وغير رسمية على أداء الشركات، إذ تنعكس كافة القرارات المؤثرة التي تتخذها الشركة على أسعار تداولها فَوْر تطاير أية أنباء عنها إلى البورصة، فترتفع أسعارها ثوابًا أو تنخفض عقابًا، فيكون تقلب السعر هنا بمثابة تقويم

---

(١) الموسوعة العلمية والعملية للبنوك الإسلامية ج٥- مرجع سابق ص٣٩٣

(2) The fourth function of the stock change is to provide facilities for legitimate speculation in stocks and bonds, The American Peoples Encyclopedia vol.17 p.319.

(3) Hazem El Beblawi, The Kuwaiti stock markets.

(٤) جول خلاط، أعما ل البورصة في مصر، ومن أعجب ما نقله وأغرب ما يسمعه المرء ولا يكاد يصدقه ما نقله عن برودون في شأن المضاربة قوله:
المضاربة في الوضع الصحيح هي عبقرية الاستكشاف فهي التي تبتدع وتجدد وتسد الحاجة وتحل المعضل وهي كالروح اللانهائي تخلق كل شيء من لا شيء وهي الملكة الاقتصادية الأصلية لأنها دائمة اليقظة لا تفنى مواردها، مسيئة الظن في الرخاء عظيمة الجرأة في الشدائد، ترى الرأي وتتصور الصورة وتضع الحدود وتجادل وتنظم وتأمر وتشرع وليس على العمل رأس المال والتجارة سوى التنفيذ ، فتلك الرأس وهذه الأعضاء تمشي أميرة وتتبعها إماء (برودون).

فوري للأداء.

وغني عن البيان أن القيم السوقية لأسهم شركة ما تمثل قيمة الشركة من وجهة نظر المجتمع.

٢- توفر هذه السوق مجموعة من الأدوات المالية التي تهيئ للمستثمر فرصًا أوسع للاختيار في شتى مجالات الاستثمار، مما يجنب المدخرين مشقة البحث عن وجوه الاستثمار التي تناسب كلًّا منهم وتتلاءم مع ميولهم ومعتقداتهم، ولا يضطر المدخر لتوظيف أمواله في مجالات لا تحوز قناعته.

٣- وجهت الاتجاهات التضخمية الأنظار إلى بورصات الأوراق المالية استنادًا إلى أن الاستثمار في أوراق الشركات يقلل من مخاطر التضخم المالي وتآكل القوى الشرائية، ويعد وسيلة تعويضية عن ارتفاع الأسعار [١].

ب- التقسيم الوظيفي والتنظيمي لأسواق الأوراق المالية:

وقد يكون من المفيد قبل أن نشرع في عرض التقسيم الوظيفي والتنظيمي لسوق الأوراق المالية أن نحدد مسبقا موقع سوق الأوراق المالية على خريطة السوق المالية بمعناها الواسع، خاصة وقد شاع الخلط والالتباس في المراجع والأبحاث بين السوق المالية وسوق الأوراق المالية.

من المعلوم أن السوق المالية هي مجموعة القنوات التي تتدفق من خلالها الأموال من الأفراد والهيئات والمؤسسات وكفاءة قطاعات لمجتمع إلى مثيلاتها في شكل تيار نقدي أو مالي مستمر.

وبالتالي فإذا تحدثنا عن أي من القنوات التي تتدفق من خلالها الأموال، فإنها تتناول رافدًا واحدًا من روافد السوق المالية، وليست الأسواق المالية ذاتها.

والخريطة التالية توضح موقع الأوراق المالية على خريطة السوق المالية.

* * *

(1) Inflationary tendencies have directed attention to stock exchanges as a means of offsetting prices (Encyclopedia Bitanica v.16p.542).

أولا: التقسيم الوظيفي لسوق الأوراق المالية:

تنقسم السوق من حيث وظائفها قسمين:

١- السوق الأولية Primary Market .

٢- السوق الثانوية Secondary Market .

وكلا السوقين على درجة كبيرة من الأهمية ويتوقف كل منهما على الآخر. فالسوق الأولية لن تقوم لها قائمة في غياب السوق الثانوية، والسوق الثانوية – التي يجري من خلالها تداول الأوراق التي تصدر في السوق الأولية – لن تدعو الحاجة إلى وجودها في غياب السوق الأولية.

السوق الأولية: تعرف السوق الأولية بأنها سوق الإصدارات الجديدة.

The Primary market is a market for newly issued financial securities [1]

ويستفاد من التعريف المتقدم – وهو أكثر التعاريف شمولا وأحظاها قبولًا – أن الإصدار الجديد له ثلاثة أحوال.

١- أن الإصدار الجديد يتعلق بشركات تحت التأسيس والتي تقوم بطرح أسهم للاكتتاب العام لأول مرة.

٢- أن الإصدار الجديد يمثل زيادة في رأس المال للشركات القائمة بالفعل من شركات الاكتتاب العام أو سندات بغرض زيادة مواردها المالية.

٣- أن الإصدار الجديد يمثل زيادة في رأس المال لشركات قائمة بالفعل من شركات الاكتتاب المغلق.

والمقصود بالاكتتاب المغلق أن شركة المساهمة قد لا تطرح أسهمها للاكتتاب العام، وإنما يقتصر الاكتتاب فيها على مؤسسي الشركة، ولذلك تسمى شركة ذات اكتتاب مغلق.

وقد تباينت الآراء في مسألة زيادة رأس المال الشركات المقفلة عن طريق الإصدارات الجديدة التي يتم طرحها للاكتتاب العام بين مؤيد ومعارض [٢] .

---

(1) Archer Choate, Financial Management, An introduction.p.99.johm wiley sons & jons Nes York.

(٢) وقد أجازت التشريعات الأخرى شأنها في ذلك شأن التشريع المصري- إذا ما غضضنا الطرف عن رأي بعض فقهاء القانون وشراحه – زيادة رأس مال شركات المساهمة ذات الاكتتاب المغلق. =

الأهمية المالية والاقتصادية للسوق الأولية:

السوق الأولية ركيزة هامة من ركائز النشاط الاقتصادي، ودعامة فورية من دعاماته، وليس من المتصور - في ظل النظم الاقتصادية المعاصرة غير الشمولية - إحداث التنمية في غيبتها، فهي تمثل وبحق إحدى الآليات الهامة في تجميع المدخرات الوطنية وتوجيهها نحو المشروعات الإنتاجية، وهي تقوم على هذا النحو بعدة وظائف هامة نجملها فيما يلي:

١- تجميع المدخرات الوطنية من القطاعات ذات الفائض وتحويلها مباشرة إلى قطاعات الاستثمار ذات العجز في الموارد المالية.

٢- أنها مصدر أصيل لضمان استمرار التدفقات النقدية، الأمر الذي يشجع الوحدات الإنتاجية على إعادة تقدير احتياجاتها التمويلية لتصحيح الخلل في هياكلها

= " Inflationary banker distributions may also involve securites previously issued and outstanding but not publicly distributed. (Archer choate op,cil 122).

وقد تصدى أحد فقهاء القانون لهذه المسألة بقوله: وكثيراً ما يثور التساؤل حول مكنة هذه الشركات الالتجاء إلى الاكتتاب العام لزيادة رأس مالها ، خصوصًا أنه لا توجد نصوص تشريعية (في القانون المصري) تحرم ذلك كما أن هذه الزيادة تجيء في الغالب في وقت تكون الشركة قد استقرت ومارست نشاطها، بحيث يمكن القول بالسماح لها بزيادة رأس مالها عن طريق التوجه إلى الجمهور بشرط اتباع الأحكام المقررة للاكتتاب العام، وأضاف قائلا: غير أننا لا نعتقد بجواز التجاء هذه الشركات إلى الاكتتاب العام كوسيلة لزيادة رأس مالها لأن القول بغير ذلك يؤدي بالضرورة إلى التحايل أو الالتفاف حول ضرورة اعتماد الوزير المختص لطلب الترخيص بإنشاء هذه الشركات، الأمر الذي يعطل الرقابة الوقائية للسلطات الحكومية (د.أبو زيد رضوان -مرجع سابق ص٨٦-٨٧) ونحن لا نتفق مع ما انتهى إليه هذا الرأي، وحجتنا في ذلك أنه سيكون بوسع أي من المؤسسين أن يتنازل فيما بعد عن كل أو جزء من الأسهم التي يمتلكها من خلال السوق الثانوية (سوق التداول) وهو ما يعني أن رأس مال الأسهم التي يمتلكها لن تكون وقفاً على المؤسسين وإنما ستنتقل الملكية من خلال التداول إلى سائر المستثمرين المحتملين شأنها في ذلك شأن شركات الاكتتاب العام.

وفضلًا عما تقدم فإن التضييق على هذه الشركات إذا ما رغبت في زيادة رءوس أموالها قد يؤدي إلى إحداث خلل في هياكلها التمويلية وتعجيزها عن التوسع والتحديث أو المساهمة في عمليات الإحلال والتجديد، وهو ما يعني وضع العراقيل التمويلية أمامها مما يؤدي إلى تعثرها وتعطيل مسيرتها.

التمويلية وتمكين هذه الشركات من إجراء عمليات الإحلال والتجديد أو التوسع والتحديث، دونما حاجة تضطرها إلى الالتجاء إلى الاقتراض الذي غالبًا ما يؤدي إلى إرهاقها واستنزاف أموالها والتهام عوائد إنتاجها وتراكم الديون وأعبائها.

٣- أنها تؤدي وظيفة هامة تتضاءل بجانبها كافة مزايا المصادر التمويلية الأخرى وهي توجيه المدخرات الوطنية والتدفقات النقدية في مسارها الصحيح.

٤- أنها تولد عند المواطن العادي الشعور بالانتماء بمشاركته الفعلية في تمويل التنمية الاقتصادية.

لذلك فلا غرو أن تتجه التشريعات الحديثة ومها التشريع المصري إلى تحفيز الأفراد على التعامل في هذه السوق من خلال الإعفاءات الضريبية التي يتمتع بها حائزو الأوراق المالية المشتراة من السوق الأولية.

كيفية تنفيذ البيع في الأسواق الأولية:

يتم التعامل في السوق بأحد أسلوبين:

١- التعامل المباشر.　　　　　٢- التعامل غير المباشر.

١- التعامل المباشر: **Direct transaction**

وهذا النوع من التعامل يتم من خلال الاتصال بالمشترين مباشرة، وفي الحياة العملية تلجأ بعض الجهات المصدرة للسندات إلى هذا الأسلوب إذا لم يكن حجم الإصدار بالضخامة التي تقتضي الاستعانة ببيوت الخبرة والوساطة المالية المتخصصة في عمليات تغطية الاكتتاب وتسويق الأسهم والسندات. وتقوم الجهات المصدرة في هذه الحالة بجهد تسويقي يعتمد على العلاقات الشخصية في ظاهره وإن كان يصطبغ بالصبغة الرسمية من ناحية أخرى للتأثير على الجهات التي يتم الاتصال بها؛ كالبنوك التجارية وشركات التأمين وصناديق الادخار والمعاشات. وقد تغطي مشتريات هذه الجهات أو بعضها الإصدار بكامله وقد تخفق أيضًا[1].

---

(١) وليس بمستغرب في الدول النامية أن تقوم بعض الجهات الحكومية – في غيبة من بيوت الخبرة المتخصصة- بإصدار سندات حكومية يتم طرحها للاكتتاب العام على غير تحرز أو تخوف من عواقب الأمور، حتى إذا ما أخفقت في تغطية إصداراها راحت كل جهة تلقي باللوم على الجهة=

٢- التعامل غير المباشر: **Indirect transaction**

يعتمد هذا الأسلوب على استخدام الوسطاء الذين يقومون بدورهم بتولي مسئولية الإصدار وتغطية الاكتتاب وتحمل مخاطر تقلب الأسعار. ويطلق على الوسطاء الذين يقومون بأداء هذه الوظيفة "underwriters" وقد يكون من المفيد أن ننبه هنا أنه ليس من المتصور أن تنصرف كل الجهود التسويقية إلى ضمان تغطية الاكتتاب. ذلك أن الوسطاء - وهم بنوك وشركات الاستثمار - قد يرفضون شراء إصدار ما بأي ثمن يعرض عليهم؛ لما ينطوي عليه الأمر من مخاطر جسيمة. وكم من بنوك وشركات متخصصة في شئون الاستثمار قد أخفقت وتوارت عن الأنظار بسبب سوء تقديرها وفداحة حجم خسائرها! لذلك لا تقتصر وظيفة بنوك وشركات الاستثمار على ضمان تغطية الاكتتاب، وإنما تقوم أيضا بتسويق الأوراق المالية وإعداد الدراسات الاستقصائية والتحليلية والتي تسبق دائمًا أي جهد تسويقي، فضلا عن إسداء النصح وتقديم المشورة لمن يطلبها من العملاء.

وتفصيلًا لما تقدم فإن الشركة التي تقرر طرح أسهمها للاكتتاب العام سوف تستفيد غالبا من خدمة أحد بنوك الاستثمار، وسوف تقوم بالتفاوض مع أحد هذه البنوك وتطلب إليه ضمان تغطية الاكتتاب، ويتم الاتفاق بينهما على السعر وشروط الإصدار.

وسيقوم البنك بشراء الأوراق المصدرة من الشركة على أمل إعادة بيعها بسعر أعلى إلى الجمهور، ويتحمل حينئذ مخاطر السوق، فإذا ما كان حجم الإصدار كبيرًا، فإن بنك الاستثمار the orginirator قد يدعو بعض بيوت الاستثمار الأخرى لتكوين رابطة لتغطية الإصدار Underwriting syndicate بهدف اقتسام المخاطرة.

وقد يقوم البنك بتغطية الإصدار بمفرده إذا بدا له أن ظروف السوق مواتية وملائمة؛ أملا في تحقيق أرباح مجزية تتناسب مع حجم المخاطر التي يتحملها، وقد يقوم بدعوة بعض بيوت السمسرة للمعاونة فقط في عملية البيع Selling Group. وقد يقوم بدون الوكيل Agent ويتقاضى عمولة Commission على الكمية المبيعة. وقد يقوم بدور المستشار المالي Financial counsel ويتلقى الأتعاب مقابل إسداء النصح والمشورة.

= الأخرى وغالبا ما ينتهي الأمر إلى فك الاشتباك وإلقاء التبعة على وسائل الإعلام التي أخفقت في استقطاب المدخرين وعجزت حملتها الإعلانية عن إخراج المدخرات من جحورها.

المشروعات الصغيرة ومشكلات الإصدار:

معظم المشروعات الصغيرة تجد صعوبات كثيرة وتتحمل تكاليف باهظة عند إصدار أسهمها وطرحها على الجمهور للاكتتاب العام، فإذا لجأت إلى أحد بنوك الاستثمار فلن يقدم لها ضمانا ولكنه غالبا ما يعد أن يبذل أقصى ما في الوسع لبيع الأوراق المصدرة.

إلا أن المبيعات الناتجة عن هذا الجهد ليست ثمرة أو نتاج نفس الحماس والإلحاح لمن يقوم بتغطية الاكتتاب.

لذلك فإن سياسة أفضل مجهود Best effort ينبغي أن تتبناها الشركة المصدرة نفسها.

وفي الولايات المتحدة الأمريكية، قدمت إدارة المشروعات الصغيرة – Small Business Administration وهي وكالة فيدرالية أمريكية – كافة التسهيلات لقيام شركة استثمارات للمشروعات الصغيرة Small Business Investment لتوفير رأس مال الأسهم Equity Capital لهذه الشركات، ويتم تمويل هذه الشركة عن طريق الوكالة الفيدرالية سالفة الذكر فضلا عن مصادرها الداخلية.

إن زيادة رأس مال الشركات الصغيرة يعد مشكلة من وجوه عديد، أهمها: الافتقار إلى سوق للأوراق المالية على درجة عالية من الكفاءة، بحيث يتمكن المستثمر من تسييل أمواله في الوقت المناسب وبالسعر المناسب، ويرى بعض الكتاب أن هذه المشكلة من الممكن التغلب عليها بعرض الاشتراك في إدارة المنشأة على المساهمين الجدد، على الرغم من امتعاض المساهمين القدامى من هذا الأسلوب[1].

نشرة الاكتتاب : Prospectus

من البداهة أن يكون التخاطب مع الجمهور – من قبل الجهات المصدرة للأسهم والسندات – بوسيلة مكتوبة ومقبولة تحمل إليهم نبأ تكوين الشركات أو الرغبة في زيادة رءوس الأموال، ويفصح هذا الإعلان عن كافة البيانات والمعلومات اللازمة للتعريف

---

(1) The problem might be overcome in some cases by offering participation in the management of to new shareholders. Yet the original are usually loath to introduce a new managing owners. Archer Choate op. cit p.157.

بتلك المنشآت والتي يعتبر إغفال بعضها سببًا وجيهًا لإعراض الجمهور عنها. ولهذا تشترط معظم التشريعات أن يكون التوجه إلى الجمهور عن طريق إعلان يوضح فيه البيانات الواردة في عقد إنشاء الشركة ونظامها الأساسي وأسماء مؤسسيها، وكذا بيانات أخرى تختلف في درجة أهميتها وتفصيلها من تشريع لآخر، وهذا الإعلان هو ما يعرف بنشرة الاكتتاب.

وفي مصر أشار القانون رقم ١٥٩ لسنة ١٩٨١ إلى نشرة الاكتتاب بما قررته المادة ٢/٣٦ من هذا القانون:

«بأن تكون دعوة الجمهور إلى الاكتتاب العام في الأسهم بنشرة تشتمل على البيانات بالطريقة التي تحددها اللائحة التنفيذية».

كذلك يوجب التشريع الأردني على أية شركة سواء كانت حديثة التأسيس أم مؤسسة قائمة بالفعل تطرح أسهمًا أو سندات قرض للاكتتاب العام - أن تقوم بإعداد نشرة إصدار وفق النموذج المقرر من قبل سوق عمان المالي. ويحتوي هذا النموذج على كافة الإيضاحات التي تمكن المستثمر من اتخاذ قرار معلل للإقدام على الاستثمار أو الإحجام عنه.

ونورد فيما يلي أهم البيانات التي تحتويها نشرة الاكتتاب في عدد من الدول لأهميتها، أربع منها لدول عربية هي: مصر والأردن وتونس والمغرب. ودولتان غربيتان هما الولايات المتحدة الأمريكية والسويد.

بيانات نشرة الاكتتاب في الأسهم التي نص عليها القانون المصري:

اسم الشركة - الشكل القانوني - تاريخ العقد الابتدائي - أسماء المؤسسين وحرفهم وجنسياتهم ومَحالُّ إقامتهم - غرض الشركة - مركزها - مدتها - رأس مال المصدر عند التأسيس - رأس المال المرخص به - القيمة الاسمية للسهم - عدد الأسهم - تاريخ بدء الاكتتاب - التاريخ المحدد لإغلاق الاكتتاب - البنك (أو الشركة) الذي سيتم الاكتتاب بواسطته - مصاريف الإصدار - أسماء أعضاء مجلس الإدارة وصفاتهم وعناوينهم - أسماء مراقبي الحسابات وعناوينهم ومؤهلاتهم - بيان تقريبي مفصل بعناصر مصروفات التأسيس - تاريخ بداية السنة المالية وانتهائها - بيان عن طريقة توزيع الربح الصافي للشركة - طريقة تخصيص الأسهم والسندات إذا بلغت طلبات الاكتتاب أكثر من

المعروض للاكتتاب [1].

نشرة الاكتتاب في السندات:

ومن بين البيانات الوفيرة التي أوجبتها ذات اللائحة التنفيذية لقانون الشركات في مصر فيما يتعلق بالسندات:

إقرار من مجلس الإدارة بأن السندات المصدرة لا تتجاوز قيمة أصول الشركة - أن رأس المال مصدر بالكامل - مقدار القرض - عدد السندات - القيمة الاسمية لكل سند - سعر الفائدة - مدة القرض - طريقة سداد القرض - ضمان القرض - ملخص عن المركز المالي للشركة - تقرير المراقبين عن السنتين الأخيرتين السابقتين على زيادة رأس المال - مقدار الاحتياطيات في كل من السنوات الخمس السابقة - الأرباح أو الخسائر المحققة خلال السنوات الخمس السابقة - توقيع مراقب الحسابات على النشرة.

بيانات نشرة الاكتتاب المنصوص عليها قانونا في المملكة الأردنية الهاشمية:

اسم الشركة وتسجيلها وغاياتها - وصف الأسهم المطروحة - الغاية من الإصدار - وصف لنشاط الشركة وأعمالها - بيان عن إدارة الشركة - توزيع ملكية الأسهم - إجراءات الاكتتاب - التغيرات التي طرأت على حركة الأسهم بالنسبة للشركات القائمة - القوائم - الميزانية العمومية والحسابات الختامية للسنوات السابقة ولأقرب فترة لسنة الطرح - ملخص لدراسة الجدوى الاقتصادية في حال كون الشركة حديثة التأسيس.

كما يوجب القانون نشر أية معلومات هامة تؤثر على أسعار الأوراق المالية للشركة المصدرة والتي طرأت خلال الفترة الممتدة ما بين تاريخ الموافقة على نشرة الإصدار وحتى نهاية اليوم الأخير المحدد لانتهاء فترة الاكتتاب العام[2].

بيانات نشرة الاكتتاب في تونس:

اسم الشركة - مركزها - موضوعها - مدة الشركة - رأس مال الشركة - قيمة كل صنف من أصناف الأسهم - مقدار رأس المال غير المدفوع - آخر موازنة مشهود بمطابقتها للأصل.

---

(١) اللائحة التنفيذية للقانون رقم ١٥٩ لسنة ١٩٨١ قانون شركات المساهمة.
(٢) صندوق النقد العربي- أسواق رأس المال في الدولة العربية ص١٧٥.

ويضيف القانون أن النشرة يجب أن تتضمن ذكر المزايا المشترطة للمؤسسين وأعضاء مجلس الإدارة - والمكافآت - كما تبين النشرة إجراءات دعوة الجمعية العمومية للانعقاد، ومكان اجتماعها، وتقدم ملخصا للبيانات التي تم تنشر بالرائد الرسمي «الجريدة الرسمية للجمهورية التونسية» مع ذكر عدد ذلك الرائد (١).

نشرة الاكتتاب والتشريع المغربي:

انشغل المشرع المغربي منذ سنين طويلة بالمعلومات التي يجب أن تنشر من طرف شركات رءوس الأموال وذلك لما تكتسبه من أهمية بالغة بالنسبة للمساهمين والعموم، وفي هذا النطاق ويظهر (تشريع) ١١ غشت سنة ١٩٩٢ فرض على كل شركات المساهمة المغربية أن تقوم بنشر ورقة معلومات بالجريدة الرسمية، وذلك عند كل مناسبة إصدار أسهم أو سندات طبقا لشروط قانونية محددة، وأبرز هذه البيانات: النوع القانوني للشركة - تاريخ التأسيس - نوع النشاط - السنة المالية - حق الأسهم الجديدة - تاريخ الاستفادة من الربح - مدة الاكتتاب - تعيين مكان الاكتتاب - عنوان الموثق - موازنة السنة الأخيرة (٢).

والهدف من نشر هذه المعلومات في جريدة رسمية هو إعلان المكتتبين بصفة شاملة عن كل مميزات الشركة: من حيث الجانب الأساسي والقانوني والحسابي حتى يتسنى للعموم الاطلاع على وضعية الشركة وممارسة حق الاكتتاب بطريقة واقعية (٣).

ومن الملاحظ أن هذه البيانات جاءت خُلوا من ذكر رأس مال الشركة، وعدد الأسهم أو السندات - القيمة الاسمية للسهم أو السند - وسعر الفائدة بالنسبة للسندات - وأسماء المؤسسين والتعريف بهم وهذه البيانات جميعها على درجة بالغة من الأهمية وإغفالها يقلل من قيمة البيانات المنشورة.

---

(١) الاتحاد العربي للبورصات - ندوة أهمية المعلومات والإفصاح عنها في البوصات العربية - نوفمبر ١٩٨٧ القاهرة.
(٢) الاتحاد العربي لبورصات الأوراق المالية مرجع سابق- البحث المتقدم ..السيد بلمليح عبد الإله نائب مدير بورصة القيم بالدار البيضاء عن طريق وأساليب نشر المعلومات والإفصاح عنها في بورصة القيم بالدار البيضاء.
(٣) المرجع السابق.

الولايات المتحدة الأمريكية:

في جميع الولايات الأمريكية باستثناء ولاية Delware الأمريكية روعي في جميع التشريعات حماية المستثمرين من عروض الاحتيال والغش Fraudlent Offerings فصدر لديهم ما يسمى بقوانين السماء الزرقاء واصطلح البعض على تسميتها بقوانين تنظيم أسهم المجازفة. وبمقتضى هذه القوانين فإن من حق لجنة التداول والأوراق المالية The Securities & exchange Commission (Sec) وهي الوكالة المنظمة على المستوى الفيدرالي - إيقاف بيع الإصدارات الجديدة أو تأخيرها.

ويقضي قانون الأوراق المالية لسنة ١٩٣٣ بالإفصاح الكامل full Disclosure عن المعلومات للمستثمرين في أوراق مالية جديدة هذا فيما يتعلق بالشركات تحت التأسيس، وأما بالنسبة للشركات القائمة فعلا، فقد نظم قانون الأوراق المالية لسنة ١٩٣٤ عمليات بيع أوراقها المصدرة [١] .

ويرجع الأصل في تسمية هذه القوانين بقوانين السماء الزرقاء إلى الاعتقاد الشائع بأن مروجي المشاريع الاستثمارية يؤملون المستثمرين من زبائنهم بالحصول على «السماء الزرقاء» إذا اشتروا أسهمهم وذلك كناية عن تحقيق أرباح خيالية لا حدود لها [٢] .

السويد:

تنفيذًا لقانون التعامل في الأوراق المالية والبورصات الصادرة في ١٩٤٤/٢/١٧ يتعين أن تتضمن نشرة الاكتتاب البيانات المالية:

أولا: بالنسبة للشركات تحت التأسيس:

١- بيانات عن الأساس القانوني والغرض من استخدام حصيلة الإصدار.

٢- قيمة الإصدار.

٣- خصائص الورقة المصدرة من حيث نوع الورقة، القيمة الاسمية، الفئات، الكوبونات، بيانات عن الورقة من حيث صدورها في شهادات اسمية أو لحامله. وفي حالة إصدار سندات يتعين ذكر سعر الفائدة وشروط الاستهلاك قبل ميعاد الاستحقاق،

(1) Archer Choate op. Cit.p.124.

(٢) معجم مصطلحات الاقتصاد والمال وإدارة الأعمال لنبيه غطاس .بيروت.

ومواعيد الاستحقاق، والقيمة الاسمية، وبيان ما إذا كانت الأسهم مدفوعة بالكامل أم جزئيًا، وكذلك اسم الوكيل الذي سيقوم بالدفع وذكر أنواع الضمان في حالة إصدارات القرض.

وفيما يتعلق بإصدارات الولايات والبلديات فإن النشرات يتعين أن تتضمن البيانات المناسبة التي تتعلق بالحالة المالية وإيرادات ومصروفات الجهة المختصة.

Appropriate data concerninig Financial status, revenues and expenditures by the Public body concerned [1]

ثانيا: بالنسبة لشركات المساهمة المسجلة والقائمة بالفعل:

١- اسم الشركة، المقر الدائم، والغرض.

٢- تاريخ القيد في السجل التجاري.

٣- مدة الشركة وبيان أي امتياز على وجه التفصيل من حيث المدة والشروط.

٤- مقدار رأس المال ومكوناته وكذا الاحتياطيات وأية حقوق تفضيلية كحصص التأسيس.

٥- بيان حقوق التصويت.

٦- أعضاء مجلس الإدارة والمراجعين وأسمائهم وقت النشر.

٧- التوزيعات العادية "Normal Diidends" خلال السنوات الخمس السابقة أو منذ تكوين الشركة.

٨- مقدار السندات المصدرة من قبل الشركة وضماناتها والفائدة وإمكانية استهلاك السندات والقيمة الاستهلاكية وتواريخ الاستحقاق وأية رهونات للديون.

٩- السنة المالية للشركة والقواعد التي تحكم إعداد القوائم المالية وتكوين الاحتياطيات والاستهلاك والتصرف في الأرباح.

١٠- نسخة من القوائم المالية وكذا الأرباح عن سنة مالية سابقة.

١١- بيان عن تطور الأعمال الجارية للشركة [٢].

---

(1) Chamber of The Basle stock Exchange Regulations Governing The admission of securities for listing The Basle Stock Exchange.

(2) Chamber of The Basle Stock Exchange.

ومن البيانات المتقدمة حرص المشروع على توفير كافة المعلومات، والتي تمثل في مجموعها سياجًا قويًا لحماية المستثمر.

٢- السوق الثانوية «سوق التداول» : **Secondary Market**

يقصد بالسوق الثانوية تلك السوق التي يجري التعامل فيها على الأوراق المالية التي سبق إصدارها.

أهمية السوق الثانوية:

لما كانت حقوق أصحاب المشروع في شركات المساهمة تتمثل في أصول يتعذر تصفيتها لحساب أحد المستثمرين ظهرت الحاجة إلى هذه الأسواق، حيث تباع فيها الحقوق وتشترى دون مساس بأصل الثروة المتمثلة في أصول المشروع.

وللوقوف على أهمية الدور الذي تؤديه هذه السوق فلنتصور غياب هذه الأسواق عن ساحة الواقع الاقتصادي المعاصر - والذي أضحت شركات المساهمة أبرز علاماته.

فلو افترضنا أن أحد مساهمي إحدى الشركات يمتلك مائة سهم ويرغب في تسييل هذه الأوراق لسبب أو لآخر، فليس أمام هذا المستثمر سوى أن يشرع في إجراء سلسلة من الاتصالات بدءًا بالمعارف والأقارب والأصدقاء، وانتهاءً بطَرق أبواب المصارف وبيوت رجال الأعمال، لعله يجد بين هؤلاء جميعًا من يقبل شراءها.

ولو افترضنا جدلًا أن أثمرت جهود هذا المستثمر واتصالاته، أو ساقت إليه الأقدار على غير ترتيب مسبق - من يقبل شراء هذه الأوراق فور عرضها عليه، فلن تنتهي مشكلة المستثمر عند هذا الحد، بل ستنهض أمامه مشكلة أخرى، إذ عليه أن يقدر السعر الذي يطلبه وأدنى سعر يمكن أن يقبله.

ويستفاد مما تقدم أن هذا المستثمر قد يحتفظ بما لديه من صكوك الأسهم فترة طويلة دون أن يصادفه من يقبل شراءها، وبالتالي تقل حتى تكاد تنعدم فرص تسييلها. وإذا وجد من يقبل شراءها فإن الأمر سيخضع للمساومة واستغلال الفرص السانحة وخاصة من قِبل أولئك الذين تتوفر لديهم المعلومات المتفوقة وقوة المساومة Super Power Knowledge and bargaining وليس هناك موضع لشك أن عجز المساهمين عن تسييل Liquidating ما في حوزتهم من أصول مالية يعني تضاؤل فرص تحويلها بسرعة وسهولة إلى نقدية، ومؤدى ذلك استحالة قيام شركات مساهمة جديدة. فمن غير التصور أن يُقبل

المستثمرون على شراء أسهم يتعذر إعادة بيعها، كما يؤدي ذات الوضع إلى وأد أية محاولة من قِبل الشركات لزيادة رءوس أموالها بهدف زيادة الإنتاج أو تنويعه أو تحسينه وتطويره، وفضلا عما تقدم فإن الأوراق المالية التي تتضاءل فرص بيعها تنخفض قيمتها وترتفع درجة مخاطرتها [(١)] .

وإذا كنا قد تناولنا على أساس افتراضي مثالب غياب هذه الأسواق عن حياتنا المعاصرة، فعلى النقيض من ذلك تبدو أهمية وجود هذه الأسواق والتي يمكن الوقوف عليها من خلال هذه الأسواق.

وظيفة السوق الثانوية:

(أ) تسييل الأصول المالية المتمثلة في الأسهم والسندات بسرعة وسهولة، حيث يصبح بوسع المستثمر الاستعانة بخدمات بيوت السمسرة في الحصول على قيمة هذه الأوراق دون حاجة لتكبد مشقة البحث عن مشترٍ فيما لو اعتمد البائع على جهوده الذاتية من خلال التعامل المباشر، وليس معنى ذلك أن البائع سيحصل دائمًا على الثمن الذي يأمله أو حتى ذلك الذي يتوقعه وإنما سيتمكن من بيع الأوراق التي في حيازته بالسعر الناتج عن تفاعل قوى العرض والطلب.

(ب) أن الأصول المالية المتمثلة في الأسهم والسندات تكتسب مزيدًا من السيولة من خلال تقويم السوق المستمر لها، حيث يصبح بوسع المستثمر الحصول على قروض بضمانها وبنسبة معينة من القيم السوقية المعلنة، وهي تتباين باختلاف درجة المخاطرة سواء كانت مالية أم اقتصادية، وقد اصطلح علماء التمويل والاستثمار على تسمية الأوراق المالية التي تستخدم كضمان للحصول على قروض، شأنها شأن باقي الأصول بأنها Collateral assets .

(ج) أن تسهيل تسييل الأوراق المالية في أسواق التداول يؤدي إلى زيادة قيمة الأوراق المالية المقدمة كضمان للحصول على القروض.

(د) نظرا لقيام السوق بتلك الخدمات، فإن المستثمرين يصبحون أكثر استعدادًا لشراء الأسهم والسندات واثقين من إمكانية تصفيتها بسرعة وبسهولة وبأدنى تكلفة

---

(1) The more marketable a security is The higher the price purchasers are wiling to pay. Financial Management, op. cit, p 10.

ممكنة وأفضل سعر ممكن، ومؤدى ذلك أن السوق الثانوية تؤدي خدمة عظيمة القدر للسوق الأولية، حيث يصبح بمقدور أي من الشركات التي ترغب في زيادة رءوس أموالها أن تطرح إصدارتها للاكتتاب العام.

(هـ) بفضل الرقابة المستمرة من جانب السوق على الشركات من خلال عمليات تقويم الأداء، بل وتقويم الشركات باعتبار أن القيم السوقية لأسهم إحدى الشركات في تاريخ معين تمثل قيمة الشركات من وجهة نظر المجتمع، وكذا تسجيل وتسهيل نشر الأسعار بمعرفة السوق - فإن تلك الأسواق تؤدي إحدى أهم الخدمات في تمويل التنمية الاقتصادية بتوجيه التدفقات النقدية في مسارها الصحيح هذا فضلًا عن الوظائف الأخرى التي تعرضنا لها في المبحث الأول عن وظائف بورصة الأوراق المالية.

وإذا كنا عرضنا لأهم الوظائف التي تقوم بها السوق الثانوية فلا يفوتنا أن ننوه على بعض الأخطاء الشائعة التي تتعلق بوظائف السوق الثانوية.

يذكر بعض الكتاب «أن البورصة هي الجهاز الذي يحدد ثمن الأوراق المالية التي يتم تداولها فيها»[١] .

وحقيقة الأمر أن البورصة ذاتها لا تبيع ولا تشتري ولا تمتلك ولا تشارك في تحديد الأسعار بالنسبة للأسهم أو السندات، ووظيفة البورصة هنا لا تتجاوز توفير المكان الملائم لالتقاء البائعين بالمشترين من خلال الوسطاء والأعضاء المقيدين (Listed) والإعلان عن الأسعار الناتجة عن تفاعل قوى العرض والطلب في سوق للمزايدة.

وتعضيدًا لما سقناه وتفنيدًا لما أورده غيرنا وتثبيتا للحقيقة العلمية فقد يكون من المناسب أن نعرض في صلب هذا البحث لما ذكره علماء التمويل والاستثمار.

The stock exchange it-self neither buys nor sells securities nor does it participate in the determination of stock or bond prices. It Merely Providies the place where buyers and sellers from all over the country and perhaps the world are brought together to effect exchanges, Where the forces of supply and demand determine Prices in a free aucticn market [2].

ويقول آخر:

---

(١) مذكرة معهد التخطيط القومي رقم ١٣٣١ - جمهورية مصر العربية أكتوبر سنة ١٩٨٣ إعداد المستشار محمود فهمي رئيس الهيئة العامة لسوق المال (سابقًا).

(2) Robert H. Wessel op. Cit p.227.

The exchange itself neither bus, owns, nor sets the Prices of securities. All these are activites of members of the exchange initiated by investors who can express their investment needs quickly and economically through the members [1].

ثانيا: التقسيم التنظيمي:

ليست سوق التداول هي السوق الرسمية أي «البورصة» فقط كما قد يتصور البعض، ولكنها تشمل كافة الأسواق التي يجري التعامل من خلالها على الأوراق المالية السابق إصدارها سواء كانت هذه الأوراق مقيدة في السوق الرسمية أم غير مقيدة ويجري التعامل عليها في السوق الرسمية، وسواء تم التعامل عليها بطريقة مباشرة أي دون استعانة بالوسطاء أم بطريقة غير مباشرة.

ولمزيد من التوضيح يمكننا تحديد هيكل السوق الثانوية Market structure من خلال تصوير الخريطة التنظيمية التالية لها.

(1) Fredrick Ambling, Investment, Fourth Edition An Introduction Analysis and Management p.234.

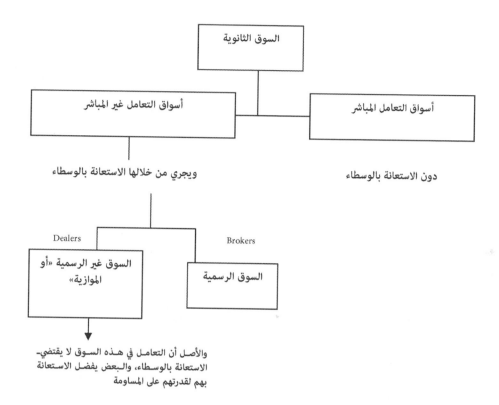

ويجري من خلالها الاستعانة بالوسطاء
دون الاستعانة بالوسطاء
والأصل أن التعامل في هذه السوق لا يقتضي الاستعانة بالوسطاء، والبعض يفضل الاستعانة بهم لقدرتهم على المساومة

ومن الممكن التمييز بين أسواق الأوراق المالية وفقًا للأسلوب الذي يقع عليه اختيار المستثمرين لعقد الصفقات على الأوراق المالية المعروضة للبيع أو المطلوبة للشراء.

فقد يعتمد المستثمرون على جهودهم الذاتية في البحث عمن يبيع لهم أو يشتري منهم أورقًا مالية وذلك ما يعرف بالتعامل المباشر Direct transaction ، وتسمى السوق في هذه الحالة Direct search market ، وقد يلجأ المستثمر إلى أحد بيوت السمسرة Brokerage house التي تشتغل ببيع وشراء الأوراق المالية، بما يغنيه عن تكبد مشقة البحث عمن يشتري منه أو يبيع إليه، ويتمكن بالتالي - خاصة إذا ما كانت السوق تتمتع بدرجة عالية من الكفاءة - من الحصول على أفضل الأسعار من خلال سوق للمزايدة، ولذلك تعرف هذه الأسواق بأنها Auction Markets.

وقد يجد المستثمر من مصلحته اللجوء لأحد المشتغلين بالمتاجرة في الأوراق المالية

وهم الذين اصطُلح على تسميتهم في الدول الرأسمالية بلفظ Dealers وهو الأمر الذي يمكّن المستثمر من تسييل أصوله بسرعة وبسهولة.

أولاً: أسواق التعامل المباشر: **Direct search markets**

على الرغم من إمكانية قيام الأفراد بالتعامل مع بعضهم البعض تعاملًا مباشرًا في شراء وبيع الأوراق المالية دون الاستعانة بالوسطاء المتخصصين، إلا أن بعض التشريعات ومنها التشريع المصري لا يجيز التعامل في الأوراق المالية تعاملًا مباشرًا[١] .

ويرى علماء الاستثمار أن أبعد الأسواق عن تحقيق أمثل الأسعار هي تلك الأسواق التي يتعين فيها على كل من البائع والمشتري أن يبحث كل منهما عن الآخر.

وقد سبقت منا الإشارة عند الحديث عن أهمية السوق الثانوية إلى أن المستثمر الذي يلجأ إلى أسلوب التعامل المباشر Direct transaction قد يحتفظ بما لديه من صكوك الأسهم أو السندات فترة طويلة دون أن يصادفه من يقبل شراءها إن كان راغبًا في البيع، وأنه لو تصادف ووجد من يقبل شراءها فسوف تثور أمامه مشكلة السعر الذي ينبغي أن يقبله أو يطلبه، وغالبًا ما يتم التعامل على الأسهم العادية للشركات الصغيرة وخاصة بنوك القرى تعاملًا مباشرًا في الدول الرأسمالية.

" The comman stocks of small companies, especially small rural banks trade in fragmented direct search market" [2].

---

(١) أضاف المشرع المصري بموجب القانون رقم ١٣١ لسنة ١٩٨١ مادة جديدة برقم ٣٠ مكرر إلى القانون رقم ١٦١ لسنة ١٩٥٧ ونصها لا يجوز التعامل في الأوراق المالية سواء كانت مقيدة بجدول الأسعار الرسمي أم غير مقيدة بالجدول إلا بواسطة أحد السماسرة المقيدين ببورصات الأوراق المالية ، ويكون الوسيط الذي تتم الصفقة بواسطته ضامنًا لسلامة البيع، ويقع باطلا بحكم القانون كل تعامل على خلاف ذلك، إلا أن المشرع أدخل تعديلا جديدًا على النص المتقدم من خلال قانون سوق رأس المال رقم ٩٥ لسنة ١٩٩٢ ليوائم التصورات المستقبلية لهيكل سوق الأوراق المالية في مصر ، فنصت المادة ١٨ منه على أن يكون التعامل في الأوراق المالية المقيدة في البورصة بواسطة إحدى الشركات المرخص لها وإلا وقع التعامل باطلا، وهو ما يعني بمفهوم المخالفة إطلاق حرية التعاقد أو التنازل أو التصرف في الأوراق المالية غير المقيدة دون وساطة الشركات المرخص لها.

(2) Kennth garabade – securities markets MC Grow – Hill book, P.423 .

ويعتبر هذا النوع من التعامل أقل شيوعًا من غيره، وما قامت الأسواق الأخرى إلا لتذليل الصعوبات وإزالة العقبات التي يقابلها المتعاملون في أسواق التعامل المباشر، ولعله من نافلة القول أن نضيف هنا أن المكان الذي يتم فيه التعامل يعد سوقًا، ولو كان مقهى أو مطعمًا أو ناديًا، فحيثما التقى البائع والمشتري وتعاقدا فهو سوق Marketplace . هذا، ويعتمد المتعاملون في هذه الأسواق على المشافهة أو ما يطلق عليه الغربيون A word of mouth.

ونظرًا لعدم وجود أية وسيلة اقتصادية لإذاعة أسعار المعاملات التي تتم في هذه الأسواق، فإن المعاملات تتم فيها بأسعار مختلفة وأبعد ما تكون عن أفضل سعر ممكن.

ومع ذلك فإن هذا النوع من التعامل بدأ ينتعش ، ولكن بشكل جديد فيما اصطلح عليه السوق الرابعة Fourth market والتي سيكون لنا وقفة عندها في الموضع المناسب.

ثانيا: أسواق التعامل غير المباشر: **Indirect transaction**

١- السوق المنظمة أو الرسمية: Orgenised market

ثمة إجماع من قبل المشتغلين في أسواق الأوراق المالية وعلماء الاستثمار أن أسواق الأوراق المالية المنظمة يجري التعامل فيها بأسلوب أو طريقة المزاد العلني "Auctioning" بمعنى أن هذه الأسواق أسواق مزايدة حيث يعرض في هذه السوق كافة أوامر البيع والشراء على كافة المشتركين في آن واحد، وتسود السوق حرية المنافسة وصولًا لأفضل الأسعار المقبولة من جميع الأطراف Favourable prices والتي يتم بها تنفيذ العمليات. وفي الأسواق النشيطة Active markets يتعذر التأثير على الأسعار من جانب فريق المتعاملين نظرًا لتباين المصالح، فمن كان بالأمس - من ذوي السطوة والقوة - بائعًا قد يكون في اليوم التالي مشتريًا والعكس أيضًا صحيح. ويظل المزاد في هذه الأسواق مستمرًا طوال جلسات التعامل Trading sessions.

وقد نصت لوائح بعض البورصات صراحة - ومنها بورصة الكويت - على أن البيوع التي تجرى داخلها هي بيوع مزايدة، أي تتم بالمزاد العلني؛ إذ تنص المادة الثانية من لائحة بورصة الكويت [١] «بأن يتم تداول الأوراق المالية داخل قاعة السوق Floor

---

(١) المراسيم واللوائح الداخلية لسوق الكويت للأوراق المالية - القرار رقم السنة ١٩٨٤ في شأن قواعد ونظم تداول الأسهم بالسوق.

of trading عن طريق المزايدة المكتوبة، وذلك بعرض جميع أوامر البيع والشراء على اللوحة المعدة لهذا الغرض طبقًا للقواعد والإجراءات المنصوص عليها في هذه اللائحة ».

كما تضمنت القواعد التنفيذية لتنظيم تداول الأسهم في المملكة العربية السعودية في مقدمتها ما يلي[(١)]:

يقصد بمكان السوق «ردهة البورصة» floor of the exchange التي يتم عليها تداول الأوراق المالية علنًا عن طريق وسطاء مرخص لهم يقومون بتنفيذ أوامر عملائهم في البيع والشراء بطريقة «المزاد العلني» دون أن يكون هناك تماس فيزيائي بينهم وبين العملاء، وأن طريقة المزاد العلني في التداول تمكن من الوصول على أحسن الأسعار بالنسبة للبائع، Highest Bid وللمشتري Lowest offer .

وكما في أي سوق للمزايدة فإن الأوراق المالية تباع إلى الوسطاء الذين يعرضون أعلى سعر للشراء، وتُشترى من الوسطاء الذين يقبلون أدنى سعر بيع.

As in any auction market securities are sold to the highest price and bought form the broker bidding the broker offering the lowest price.

ولأن السوق مستمرة فإن البائعين والمشترين ينافس بعضهم بعضًا، والتنافس هنا هو التزاحم من قبل المتعاملين لإتمام الصفقات بما يرونه في مصلحتهم.

إلا أن تكييف السوق على الوجه المتقدم أنه سوق للمزايدة لا يصادف في رأينا الصواب كله، وذلك أن المزاد كما عرفه فقهاء القانون وشراحه هو التنافس بين عدة أشخاص بحيث تُعطى الصفقة لمن يقدم أعلى ثمن [(٢)] . وشتان بين التعامل في أسواق الأوراق المالية وبين التعامل في صالات المزادات، ففي الأولى يتنافس عدد كبير من المشترين وعدد كبير من البائعين، ولا تتم الصفقات إلا عند أعلى سعر يعرضه المشترون وأدنى سعر يطلبه أو يقبله البائعون The highest bids and the lowest offers ، ومن

(١) المؤسسة العربية لضمان الاستثمار - أسواق الأوراق المالية العربية - ص ١٨٤ .
(٢) د. علي جمال الدين - الوجيز في القانون التجاري، القاهرة ١٩٨٢ ، ص٤٣ .

هنا يحصل التنافس بين المشترين بعضهم البعض والبائعين بعضهم البعض، يتنافس المشترون بأن يزيد بعضهم على بعض في الأسعار التي يعرضونها ويتنافس البائعون مع بعضهم البعض من خلال الأسعار الأقل التي يطلبونها، بينما في صالات المزاد فإن المتنافسين هم المشترون، وأما البائعون فلا وجه لجمعهم حيث إن البيع يتم لحساب جهة واحدة. ونظن أننا في غنى عن أن نضيف أن الوحدات المَبيعة في صالات المزادات ليست غالبًا متماثلة، ولو تعدد البائعون ما كان هناك وجه للمنافسة لعدم تماثل الوحدات محل البيع.

لذلك فنحن لا نتفق في الرأي مع ما ورد في إحدى الموسوعات الشهيرة ذائعة الصيت التي جعلت من أسواق الأوراق المالية أسواقًا عرجاء تمشي على ساق واحدة، حينما تقرر أن الأسعار التي تتحدد في أسواق الأوراق المالية كأسواق للمزاد تتم وفقًا لأسعار الشراء التنافسية ونورد أصل النص على سبيل التحقيق:

Most stock exchanges are auction markets in which prices are determined by competitive bidding [1].

ولذلك لم يكن مستغربًا أن يحاول أحد الكتاب الغربيين أن يكون أكثر دقة من خلال تناوله لمفهوم هذه المعاملات على أنها مزاد ذو شقين A two-way auction بما يعني أن الأوراق التي يتم بيعها إنما يتنازل عنها البائع الذي يقبل أدنى الأسعار التي يطلبها البائعون ويحصل عليها المتنازل إليه «المشتري» الذي يعرض أعلى الأسعار مقارنة بغيره من المشترين.

"This process is essentially an auction, in this case a two way auction, by this we mean that the securities which are sold come from the seller who was willing to accept the lowest price and go to the highest bidder [2].

وعلى الرغم من التحرز الظاهر في هذا الرأي بعدم تجاهله للطرف المقابل في تنافسه مع سائر البائعين، إلا أنه أيضًا لم يخلُ مما يشوبه عندما اعتبر المنافسة من الجانبين من قبيل المزايدة بين الطرفين A two-way auction، ونحن نقطع بأن ذلك غير صحيح، وغاية ما

---

(١) الموسوعة البريطانية – مرجع سابق – جزء ١٦ ، ص ٤٥٣.

(2) Robert wessel, Principles of financial analysis, P234.

يمكن القول به هنا: إن اللفظ خالف القصد فجاء مشوبًا بالقصور عن أداء المعنى المقصود. فإذا كان الاصطلاح يشير إلى أنه مزايدة من جانبين فالحق أنه مزايدة من جانب ومماكسة «أي انتقاص» من جانب آخر [(١)] . **وإن شئت فقل:** إنها أسواق تقوم على سيادة المنافسة.

السوق غير الرسمي [(٢)] : **The over – the – Counter**

إن أول ما يستوقف الباحث ويثير لديه التساؤل عند تناوله بالبحث لموضوع السوق غير الرسمية هو اسمها الذي شاع استعماله من جانب الممارسين والأكاديميين وكافة المشتغلين في السوق المالية بمعناها الواسع وهذا المصطلح هو The over – the – counter market والذي قلما استخدم اللفظ المقابل له باللغة العربية. وقد تصدت بعض

---

(١) جاء في لسان العرب لابن منظور أن المماكسة في البيع تعني انتقاص الثمن واستحطاطه، والمكس هو النقص وانتقاص الثمن في البياعة، ويقال: تماكس البيّعان. أي البائع والمشتري إذا تشاحًا، وهذا بخلاف المكس وهو الضريبة التي يأخذها الماكس ممن يدخل البلد من التجار، وفي المعجم الوسيط لمجمع اللغة العربية: ماكسه في البيع مماكسة أي طلب منه أن ينقص الثمن.

(2)The over-the-counter market obtained its name from the manner in which security trading was practiced in colonial days, when most dealers actually had counters in their places of business. When purchases or sales were made it was customary for the securities literally to be passed back and forth over these counters. Although this practice has been abandoned, the name is still applied to those security markets. (Robert H.Wessel, Principles of Financial Analysis p.223.

وكذلك:

The first securities issued by the fedral government and private commercial enter prises were bought and sold in the offices of banging houses. Theses houses actually had counters over which investor bought and sold by negotiation and over which they paid for and accepted delivery in the security in which they were dealing.

Such purchases and sales were known as over-the-counter transaction to distinguish them from those executed on the organized exchanges.

(Charles Anis Duce & Eiteman, The Stock Market 52.p.105.).

وأيضا:

Before the establishment of organized exchanges, securities were purchased and sold over the counter of various bank offices, As organized exchanges came into existences, trading in unlisted stocks continued to be called over -the-Counter trading, even though that term was now a misnomer.

The Encyclopedia Americana vol.17.p.727.

أيضا:

In the early days of securities trading, stocks and bonds were oftem bought at private banking houses in the same way that commodities might be purchased over the counter of a general store. This was the origin of the term over-the counter.

(The New Encyclopedia Britannica vol.16.p.451.)

الموسوعات الغربية وكذا بعض الكتاب القلائل لهذه المسألة، ولم يختلف بعضهم عن بعض أن هذه السوق قد اكتسبت اسمها من الطريقة التي كانت تمارس بها عمليات المتاجرة في الأوراق المالية في مكاتب بيوت الصيارفة في العصور الاستعمارية؛ حيث كان للمشتغلين بالمتاجرة في هذه الأوراق محالٌّ "Stores" على أبوابها مناضد أو طاولات "Counters" يطلق عليها وحتى عصرنا الحالي لفظ «بنك»؛ حيث كان يجري تداول الأوراق المالية أخذًا وعطاء واستلامًا وتسلمًا وقبضًا ودفعًا للأثمان من فوق هذه «البنوك» شأنها في ذلك شأن سائر المحال التجارية حيث تُباع وتُشترى هذه السلع من فوق هذه البنوك.

وعلى الرغم من أن هذه الممارسات لم يعد لها ثمة وجود بهذا الأسلوب وصار اسمها فاقدًا للمعنى والمضمون، وإن شئت فقل: «اسم على غير مسمى» إلا أن هذه السوق قد احتفظت باسمها التاريخي من قبيل التمييز بينها كسوق موازية أو غير رسمية Over-the-counter وبين البورصة كسوق رسمية Organized and formal market .

تعريف السوق غير الرسمية:

تعريف السوق غير الرسمية أو كما يطلق عليها البعض الموازية أو غير المنظمة بأنها سوق للمفاوضة Negotiation market غير رسمية Informal وغير مركزية، يجري التعامل فيها بصفة أساسية على الأوراق المالية غير المقيدة في جداول أسعار الأسواق الرسمية.

وهي سوق للمفاوضة؛ لأن الأسعار فيها تخضع للتفاوض من المشتغلين بالمتاجرة في هذه الأسواق من المحترفين وهم طائفة الديلرز Dealers [1] وهي أيضًا غير مركزية لأن عمليات البيع والشراء لا تتم في مكان واحد معد خصيصًا لهذا الغرض كما هو الحال في بورصات الأوراق المالية.

ووجود هذه الأسواق في بعض البلاد ليس دليلًا على تقدمها في هذا الميدان، كما أن عدم وجودها ليس دليلًا على تأخرها، ودليلنا على ذلك أن المملكة المتحدة التي تمتلك

---

(١) سنتناول وظيفة الديلر Dealer بشيء من التفصيل في الموضع المخصص لها، ولكننا نسجل بداية أننا سنضطر لاستخدام هذا المصطلح في أغلب الأحوال دون ترجمة أو تعريب لعدم إفساد المعنى ورغبة في التيسير وبحيث يكتب بالعربية كما ينطق بالإنجليزية.

أكبر بورصة في العالم [١] هي بورصة لندن لا توجد بها سوق غير رسمية، بينما توجد هذه الأسواق في بعض البلاد الآخذة في النمو مثل الكويت وتونس، ويطلق عليها في هذه الأسواق السوق غير القارة [٢]، وأعظم هذه الأسواق شأنًا في زماننا المعاصر والتي ينقل عنها الدارسون والممارسون، ويرجع إليها دون غيرها الباحثون هي السوق غير الرسمية في الولايات المتحدة الأمريكية والتي تستأثر بنحو ٩٥% من جملة العمليات التي تتم في أسواق التداول [٣].

وقد يكون من المفيد الإشارة هنا إلى أنه ليس في قوانين الولايات المتحدة الأمريكية - وغيرها أيضا في البلدان - ما يلزم شركات المساهمة بقيد أوراقها في جداول أسعار الأسواق الرسمية. وقد اتجه المشرع المصري مؤخرًا إلى محاكاة هذه الدول بإلغائه للنصوص المقيدة السابقة على إصدار قانون سوق رأس المال رقم ٩٥ لسنة ٩٢ والتي كانت تلزم الشركات بقيد أسهمها في جدول الأسعار ببورصة الأوراق المالية [٤] ورغم وجاهة هذا التوجه، إلا أنه قد فات المشرع المصري أن يرخص في إنشاء سوق غير رسمية، باعتبارها البديل الأوحد لعملية القيد في السوق الرسمية، وبذلك يكون المشرع قد أعطى للشركات خيار القيد شكلًا وسلبه جوهرًا وموضوعًا [٥].

---

(1) The London Stock Exchange, The largest in the world in terms of the number and Variety of domestic and international securities traded in the United Kingdom there is no over - the- counter market as such, The New Encyclopedia Britannica vol.14p.450,451.

(٢) تنقسم السوق في تونس إلى سوقين، والسوق القارة والسوق غير القارة ، والسوق غير القارة هي التي يقع فيها تداول كل القيم التي لم يقع قبولها بعد في السوق القارة (الاتحاد العربي لبورصات الأوراق المالية - ندوة الاستثمار ومعوقاته في بورصات الأوراق المالية العربية . الدار البيضاء ، ديسمبر ١٩٨٦).

(3) Strange as it may seem, 95 per cent of all securities trading take place in the over -the-counter to- day.
Charles Amos Dice & Eitemen, Stock market 1952.p.105.

(٤) تقضي المادة ٥٥ من القانون رقم ١٦١ لسنة ١٩٥٧ باللائحة العامة لبورصات الأوراق المالية في مصر لتقيد في جدول الأسعار بها وألزمت نفس المادة لجان البورصات بأن تقيد من تلقاء نفسها في جدول الأسعار جميع الأوراق المشار إليها في الفقرة إذا لم تقدم الشركات صاحبة الشأن طلب القيد في الميعاد المقرر.

(٥) انظر مقالنا بجريدة العالم اليوم بتاريخ ٩٣/٩/٨ تحت عنوان خبير نقدي يقترح إنشاء سوق أوراق مالية.

ويجري التعامل في الأسواق غير الرسمية في الولايات المتحدة الأمريكية على أسهم آلاف من الشركات الصناعية الصغيرة نسبيًا. وعلى الرغم من ذلك فإنها تعد السوق الرئيسية Major Market للتعامل في أسهم معظم البنوك القائدة Leading banks وشركات التأمين وشهادات صناديق الادخار وسندات البلدية، وعدد كبير من أسهم الشركات الوطنية والأجنبية الصناعية والخدمية.

وتشير إحدى الدراسات في الولايات المتحدة الأمريكية "Warton Study" إلى أن ٩٠ ألف ورقة مالية تقريبًا خاصة بأوراق الشركات والسندات الحكومية يجري التعامل عليها في هذه الأسواق. ومن الثابت أيضًا أن السوق غير الرسمية يجري التعامل فيها بنسبة ١٠٠٪ على السندات الحكومية وسندات البلدية [١].

وفيما يتعلق بأسباب التعامل على صكوك الأسهم في هذه الأسواق فإن ذلك يرجع في أغلب الأحوال إلى صغر حجم الشركات المصدرة لهذه الأسهم أو لعدم ذيوع صيت هذه الشركات وقلة شهرتها. أو لأن الأسهم خاصة بشركات مغلقة تمتلكها إحدى العائلات، أو لأن الشركة لا ترغب في قيد أسهمها في إحدى البورصات؛ لأن هذه الشركات ليست مستوفاة لشروط القيد في البورصات.

ويقوم الديلر، الذي يتخذ من المتاجرة في الأوراق المالية حرفة معتادة له بدور الأصيل "Principal" في هذه السوق، بمعنى أنه يتعامل لحسابه الخاص وليس وكيلًا بالعمولة كما هو الحال بالنسبة للسمسار "Broder".

وظائف السوق غير الرسمية:

مما ريب فيه أن الأسواق غير الرسمية تؤدي خدمة عظيمة القدر لجمهور المستثمرين من ناحية توفير الجهد الذي يبذلونه والوقت الذي ينفقونه، وإن شئت فقل: يضيعونه في البحث عمن يشتري منهم أو يبيع إليهم فيما لو اعتمدوا على التعامل المباشر في بيع وشراء الأوراق المالية. ويمكن إبراز أهم الوظائف التي تقوم بها السوق غير الرسمية فيما يلي:

١- بيع الأوراق المالية الخاصة بالإصدارات الجديدة، فمن المتعارف عليه في البلاد الأجنبية أن بنوك الاستثمار تعتمد على بيوت الديلرز Dealers firms في بيع الأوراق

---

(1) The Fredrik Amling, Investements, op.Cit. P.252.

المالية المصدرة . ومن الأمثلة الشهيرة على ذلك أن شركة موتور فورد الأمريكية استعانت بحوالي ألف ديلر عند طرح أسهمها للاكتتاب العام لأول مرة عام ١٩٥٦[1]، ولئن كانت هذه الوظيفة من وظائف السوق الأولية إلا أننا لم نجد محيصًا من ذكرها في هذا الوضع الذي نتحدث فيه عن وظائف السوق غير الرسمية لإبراز أهميتها.

٢- تقوم السوق غير الرسمية بتسييل الأصول المالية التي يقتضي الأمر بيعها بكميات كبيرة Large blocks وبسرعة فائقة. ومثل هذه الكميات غالبًا ما يتعذر تسييلها في السوق الرسمية بالسعر المناسب وفي الوقت المناسب إذا ما كانت مقيدة في هذه السوق، فضلًا عن أن إغراق السوق الرسمية بها "Dumping" يترتب عليه اختلال مؤقت في العلاقة بين العرض والطلب، وبالتالي هبوط قيمتها ونزولها نزولًا حادًّا ويحدث ذلك غالبًا في حالة وفاة أحد كبار مساهمي الشركات المغلقة.

٣- كما تقوم السوق غير الرسمية بتسهيل تسييل الأوراق المالية؛ بحيث تتفوق هذه السوق من ناحية السرعة على غيرها من الأسواق المنظمة بل وتصبح منافسًا لها.

ومن المزايا التي يحصل عليها السماسرة وهذه في أغلب الأحوال-إن لم تكن جميعها- أكبر من هامش الربح الذي يحصل عليه الديلرز، وهو يمثل الفرق بين سعر الشراء والبيع Bid-Ask spread.

كيفية التعامل مع الديلرز :

أمام المستثمر الذي يرغب في بيع أو شراء ورقة مالية معينة أحد أسلوبين؛ الأول أن يتوجه مباشرة إلى أحد بيوت الديلرز لشراء الورقة التي يرغب فيها أو لبيع الورقة التي يرغب عنها . أما الأسلوب الثاني، فيتحقق بلجوء المستثمر إلى أحد وسطاء الأوراق المالية ليقوم هذا الأخير بصفته وكيلًا عن العميل بشراء أو بيع الأوراق المالية التي كلفه بها عميله من خلال أحد مكاتب الديلرز والدور الذي يقوم به الوسيط في هذه الحالة هو دور تاجر التجزئة الذي يتسوق من بين عدد كبير من بيوت الديلرز للحصول على أفضل الأسعار.

وعلى الرغم من أن العميل يتكبد عمولة سمسرة في هذه الحالة إلا أنه غالبا ما يفضل هذا الأسلوب على الأسلوب الأول للأسباب التي سيرد بيانها فيما بعد، وتبدأ هذه

---

(1) The first public sale of the stock of the ford motor company in early 1956 is an outstanding example of the employment of many securities dealers in an initial distribution in this instance about 1000 dealers participated, Robert wessel, op . Cit.p.224.

المعاملات غالبا بالاطلاع على نشرة الأسعار الخاصة بمكتب الديلرز والتي تتضمن أسعار البيع والشراء ، وبالطبع فإن هذه الأسعار لا تمثل أفضل الشروط الممكنة لتنفيذ التنازلات Concessions إذا ما تعرض لبعض الضغوط وبفرض أن أسعار الديلر لورقة ما هي ١٨ جم عند قيامه بالشراء "Bid" ، ٢٠جم للبيع "Ask" فمن المحتمل أن يقبل ١٩٫٣٥ جم عند قيامه بالبيع أو ١٨٫٥٠ جم عند قيامه بالشراء، ويتوقف حجم أو مقدار الفرق بين سعر الشراء والبيع على عدة عوامل؛ أهمها نوعية الورقة وكمية الأوراق المطلوب بيعها أو شراؤها وظروف العرض والطلب وعدد الديلرز الذين يتنافسون فيما بينهم لصناعة سوق لورقة معينة.

ويتغير فرق السعرين "the spread" الذي يحصل عليه الديلر بتغير حجم التعامل على الورقة، فالعلاقة بين حجم التعامل وفرق السعرين علاقة عكسية، فكلما زاد التعامل على ورقة مالية معينة قل هامش الربح أو ما اصطلح عليه في الأسواق "Sperad" وكلما قل التعامل على تلك الورقة زاد هامش الربح.

ونظرا لما للوسيط من قدرة فائقة على المفاوضة والمساومة، فإن علماء الاستثمار على غير اختلاف بينهم يستحسنون التعامل مع الديلرز من خلال وسطاء الأوراق المالية رغم تكبد العميل في هذه الحالة للعمولة التي يتقاضاها الوسيط.

نظام التسعير في السوق غير الرسمية: quotaion

عندما يقوم الوسيط بتنفيذ أمر عميله مع أحد بيوت الديلرز في السوق غير الرسمية بصفته وكيلا عنه، فإن أول سؤال يطرح نفسه على الوسيط هو من أفضل ديلر يمكن التعامل معه كأحد صناع السوق النشطين، وأما السؤال الثاني فهو (أي من هؤلاء الديلرز) يعطي أسعارًا أفضل من الآخرين ويتقبلها العميل [١] .

وبفرض أن هذا الوسيط يقوم بعمله في الولايات المتحدة الأمريكية التي تتمتع بأضخم وأعظم الأسواق غير الرسمية شأنًا في العالم [٢] . فإن الإجابة على هذين السؤالين تخلص في الآتي:

قبل عام ١٩٧١ كان يكفي النظر في نشرة الأسعار القرنفلية وإن شئت فقل:

---

(1) Kennth Garabade,op.Cit, P449.
(٢) تمت الاستعانة بالمؤلفات الخاصة بالسوق غير الرسمية الأمريكية باعتبارها أنشط وأضخم هذه الأسواق في العالم، ولسبقها لشتى البلدان في هذا المجال، وما يجري حاليا من محاولة بعض الدول وخاصة النامية محاكاتها في هذا الصدد.

الوردية. والتي كان يصدرها مكتب التسعير الوطني National Quotation Bureau (NQB) ؛ حيث كانت هذه النشرة توزع يوميًا على الوسطاء مبينا بها أسعار طلبات الشراء وعروض البيع التي يرفعها الديلرز إلى مكتب التسعير الوطني (NQB) بعد ظهر اليوم السابق.

وبسبب تأخر إعلان الأسعار ما يقرب من يوم صارت هذه النشرة عند الوسطاء غير عملية بسبب عدم تزامنها، على أساس أن هذه الأسعار مبلغة في يوم سابق وهم يعبرون عن ذلك بكونها (stale) أو (not Fresh) إذ ليس من المتوقع قيام الديلر ببيع ورقة مالية في صباح يوم ما بنفس السعر الذي عرضه بعد ظهر اليوم السابق، ومع هذا فإن تلك النشرات كانت تشير إلى أكثر الديلرز نشاطا في إصدارها، وكان الوسيط يقوم بالاتصال تليفونيًا أو عن طريق «التليتيب» Teletype بمكتب الديلر الذي وقع عليه الإختيار لتنفيذ العملية، وأدت التكاليف التي يتحملها الوسيط وكذا الجهد الذي يبذله والوقت الذي ينفقه إلى تضاؤل الحافز على تنفيذ عملية البحث في السوق غير الرسمية.

تطور نظم التسعير في السوق غير الرسمية:

في ٨ فبراير ١٩٧١ بدأت الجمعية الوطنية للمشتغلين بتجارة الأوراق المالية National Association Of Securites Dealers (NASD) نشاطها في السوق غير الرسمية (OTC) وأتاحت للديلرز والسماسرة نظاما للتعسير الآلي (NASDAQ) والذي أضفى على المعاملات في هذه السوق رؤية ذات مضمون ومعنى Meaningful لما يجري فيها وزودها بوسيلة إليكترونية لإعادة تنظيمها هيكليا.

وعلى الرغم من أن المعلومات التي يتم تجميعها وإعادة توزيعها من خلال النظام الآلي تقتصر على التعامل في السوق الداخلية Interdealer Market ، أو ما يسمى أيضًا بسوق الجملة والذي يتم فيه التعامل بين الديلرز بعضهم البعض ، وأن هذه البيانات تتضمن أيضا حجم التعامل لكل صناع السوق، إلا أن هذه البيانات لها قيمة رائعة بالنسبة لجمهور المستثمرين وللجمعية أيضا باعتبارها المسئولة عن تنظيم العمليات والتأكد من وجود سوق عادلة ومنتظمة وخالية من أي سلوك غير قانوني.

والنظام الجديد بتعجيله الإفصاح عن السعر قد أدى إلى تغيير جوهري في هيكل السوق[1] .

---

(1) (NASDAQ) so accelerated the disclosure of price Information, how ever that it fundamentally altered the structure of that market (kenth Garbade) Op.Cit P441.

نظام التسعير الآلي للمشتغلين بالمتاجرة في الأوراق المالية في السوق غير الرسمية:

National Association of securites Dealers Automated Quotation System

ترتبط بيوت السمسرة والديلرز بشبكة معقدة من الاتصالات بنظام التسعير الآلي. حيث يتوفر لدى كل مؤسسة من مؤسسات الديلرز وحدة طرفية "Termial" وهي مزودة بشاشة فيديو وترتبط هذه الوحدات الطرفية بالنظام الآلي للتسعير، ومن خلال هذه الوحدات الطرفية التي تتاح للديلرز دون سواهم. يقوم الديلرز بتزويد النظام الآلي بالمدخلات التي تتمثل في أسعار الأوراق المعروضة وتلك المطلوبة وتظهر هذه المدخلات "inputs" بعد ثوان على شاشات الفيديو المتاحة للوسطاء والديلرز الآخرين مصحوبة بالبيانات الموضحة لها، وبذلك تم القضاء على المشكلة الخاصة بنظام النشرات القرنفلية التي لا تتزامن من أوقات صدروها ، وما تقدم يعرف بالمستوى الثالث من الوحدات الطرفية.

أما المستوى الثاني، فيتم من خلال ترتيب أسعار عروض البيع وطلبات الشراء ترتيبا موضوعيًّا تنازليًّا وتصاعديًّا، موضحًا أمام كل سعر منها اسم الديلر، وهذه الوحدات الطرفية خاصة بالسماسرة والمؤسسات الاستثمارية .

أما المستوى الأول، من الوحدات الطرفية فيبرز أفضل أسعار عروض البيع وطلبات الشراء.

والجدير بالذكر أن الديلرز أنفسهم هم الذين قاموا بتكوين الجمعية الوطنية وذلك للحفاظ على مستوى عال من الأداء.

هذا وقد ساعد النظام الجديد على زيادة كفاءة الوسطاء في البحث عن أفضل أسعار لعروض البيع وأعلى أسعار لطلبات الشراء كما أن هذا النظام قد تلاشى معه إلى حد كبير إمكان التعامل على أسعار بعيدة عن أفضل الأسعار المتاحة في السوق.

ومع هذا فإن الأسعار وفقا لهذا النظام ليست ملزمة حتى لأولئك الذين أعلنوا بها عن أنفسهم من خلال نظام التسعير الآلي بمعني أنها لا تعتبر تعاقدًا ملزمًا ولهذا وجب التعزيز من خلال الاتصال التليفوني بين الديلر والوسيط[١] .

تناولنا فيما تقدم السوق الأولية والسوق الثانوية وما زال لدينا السوق الثالثة والسوق الرابعة.

---

(1) A. Kennth Garabade, cp cit, p.441.

السوق الثالثة: Third Market:

قدمنا عند تعريفنا للسوق غير الرسمية أنها تتعامل في الأوراق المالية غير المقيدة في الأسواق الرسمية ، ولكن الأمر يختلف هنا إذ يتم التعامل في السوق الثالثة وهي سوق غير رسمية على أوراق مقيدة في السوق الرسمية.

ولعل السبب في قيام هذه السوق هو الصعوبات التي غالبًا ما تقابل المؤسسات عند بيعها لكميات كبيرة من الأوراق المالية المقيدة في البورصات؛ لذلك قامت المؤسسات غير المشتركة في عضوية البورصات بالولايات المتحدة الأمريكية بإنشاء أسواق غير رسمية يجري التعامل من خلالها على بعض الأوراق المقيدة في جداول أسعار السوق الرسمية.

وعلى الرغم من أن المعاملات تتم في إطار السوق غير الرسمية ، فإن أسعارها ترتبط بأسعار التعامل في البورصة، وقد أطلق على هذه السوق تمييزًا لها عن غيرها السوق الثالثة.

السوق الرابعة: **Fourth Market**

وفي الولايات المتحدة أيضا سوق رابعة وهي سوق التعامل المباشر على الأوراق غير المقيدة في البورصة، ولا مجال للوساطة في هذا النوع من الأسواق، ويرجع السبب في قيام هذه السوق إلى حاجة بعض المؤسسات إلى تنفيذ بعض الصفقات بأحجام كبيرة (Blocks) وبأقل تكلفة ممكنة وتقوم بعض الشركات المتخصصة بربط عملائها بشبكة من الوحدات الطرفية Terminals وعملاء هذه الشركات المتخصصة هم المؤسسات الاستثمارية الكبرى والتي تشمل صناديق الادخار والمعاشات والتأمين التبادلي والبنوك التجارية(١). ومن مزايا هذا الأسلوب الاقتصاد في عمليات المتاجرة في الأوراق المالية بوحدات كبيرة فضلا عن سرعة التعامل. ورغم تقاضي الشركات التي تؤدي الخدمات لأتعاب Fees تعد عالية التكاليف إلا أنها تنخفض بانخفاض أعباء خدمات البحث والاستشارة التي تقوم بها بيوت السمسرة (٢)، والجدير بالذكر أن الكميات التي تعتبر (Blocks) هي الكميات التي تبلغ ١٠,٠٠٠ سهم فأكثر (٣).

---

(1) Encyclopedia Britanica, op. Cit. P. 452.

(2) Fourth Market, the market in which unlisted securities. Are traded privately between brokers and clients .

(3) A block is defined as one transaction involving 10.000 or more shares of stock [jack Clark Francis management of investment.

المبحث الثالث

معايير الكفاءة ودور جهاز السوق

في تحديد اتجاهات وحركة الأسعار وفقا لمختلف النظريات

المقاييس الوصفية لأداء السوق : Measures of Market Performance

لو كان باستطاعة كل مستثمر التعرف على مصالح المستثمرين الآخرين دون أية أعباء أو تكاليف (At zero costs) لتوفر لدينا سعر وحيد للتوازن لأية ورقة مالية في أية لحظة من الزمان.

إن عرض أية ورقة مالية بسعر أدنى من سعر التوازن يؤدي إلى تهافت المستثمرين عليها المتأهبين للشراء، وكذلك فإن طلب شراء أية ورقة مالية بسعر أعلى من سعر التوازن يؤدي حتمًا إلى جذب المستثمرين المتأهبين للبيع.

وينبني على ما تقدم صعوبة تنفيذ أية طلبات بسعر أدنى من سعر التوازن السائد في السوق، وكذا صعوبة تنفيذ أوامر البيع الصادرة بسعر أعلى من سعر التوازن، وتفسير ذلك أن أعلى سعر يعرضه المشترون سوف يكون أقل من أدنى سعر يقبله البائعون، وكذلك فإن أدنى سعر يطلبه البائعون سيكون أعلى من أي سعر يعرضه المشترون.

وفضلًا عما تقدم فإنه من غير المتصور أن تتم المعاملات بأسعار أدنى من أعلى سعر طلب شراء متاح، كما لا يتصور حدوثها بسعر أعلى من أدنى سعر عرض متاح، حيث كان بوسع البائع في الحالة الأولى أن يبيع ما لديه من أوراق بسعر أعلى، وكان بوسع المشتري في الحالة الثانية أن يعقد هذه الصفقة بسعر أقل.

إن مستوى السوق الذي تنتشر في ربوعه المعلومات بلا مقابل لا نكاد نعرفه في عالم سابق ولا في عالمنا المعاصر وهو أمر بعيد المنال، حيث إن التعرف على مصالح الآخرين غاية يصعب إدراكها، وإذا صار ذلك الأمر ممكنا فبثمن باهظ التكاليف. إن وجود طلبات شراء بسعر أعلى من أدنى سعر يقبله البائعون يعكس المعلومات التي هي من خصائص الأسواق التي يعز فيها الاتصال بين المتعاملين في السوق الواحدة، وهي التي يطلق عليها Fragmented Markets وكلما زادت تكلفة الاتصال عز الاتصال وصارت الأسعار أكثر بُعدًا عن أفضل الأسعار المتاحة.

وهناك ثلاثة مقاييس وصفية لأداء السوق، والتي تبرز أهمية سرعة انتشار المعلومات بين كافة المتعاملين في السوق.

١ – عمق السوق Market's depth.

٢ – اتساع السوق Market's breadth.

٣ – مرونة السوق Market's resiliency .

عمق السوق: Market's depth

توصف السوق بالعمق إذا كانت هناك ثمة أوامر حقيقية أو غير حقيقية تتعلق بأوراق مالية معروضة للبيع أو مطلوبة للشراء بأسعار تزيد أو تقل عن الأسعار السائدة في سوق الأوراق المالية، أما الأوامر الحقيقية فهي التي تمثل تعاملًا فعليًا وحقيقيًا على أوراق موجودة بالفعل، وأما الأوامر غير الحقيقية فهي التي يجري التعامل فيها على أوراق غير موجودة أو لا يتيسر تغطيتها بسهولة، فحينما يجري التعامل في سوق ذات عمق على ورقة مالية يلاحظ أن ثمة اختلالات وقتية لأوامر البيع أو أوامر الشراء «بمعنى عدم وجود أوامر عكسية لأي منها » تؤدي إلى حدوث تغيرات محسوسة في الأسعار ويترتب على هذه التغيرات إعادة التوازن بين أوامر البيع وأوامر الشراء. وتتطلب السوق ذات العمق علم المستثمرين الفوري بأسعار العرض والطلب من جهة، وتعاملهم بمقتضاه من جهة أخرى. ومن متطلبات هذه السوق أيضا أن يتولى مهمة تنفيذ أوامر المستثمرين سواء كانت بيعا أم شراءً وسطاء على درجة عالية من الدراية بظروف السوق، وتتوفر فيهم القدرة على تنفيذ الأوراق المحدد أسعارها مسبقا (Limited price orders) بمجرد أن تصبح هذه الأسعار متاحة في السوق وتُعتبر المعرفة الفورية بالأسعار والتنفيذ الفوري للأوامر شروطًا مسبقة لوصف السوق بأنها سوق ذات عمق [1].

وعلى النقيض من ذلك نجد أن الأسواق التي لا يتوفر لها وسائل الاتصال (Fragmented Markets) ويشق فيها الاتصال بين المتعاملين بعضهم البعض بالسرعة والتكلفة المناسبة - تفتقر إلى هذا العمق، فقد تمضي فترات طويلة دون أن يصبح تنفيذ الأوامر المنبثقة عن هذه السوق أمرا ممكنًا أو حتى محتملًا في وقت قصير لاحق.

اتساع السوق: Market's Breadth

توصف السوق بالاتساع إذا توفرت فيها أوامر البيع والشراء بأحجام كبيرة أو غير محدودة، وكلما زاد حجم السوق زادت فرص استقرار التغيرات في الأسعار، والتي

---

(1) Kennrth Gerbade, op Cit p.420.

تصاحب عادة اختلال أوامر البيع والشراء. وكلما زاد عدد المستثمرين الذين تتطاير إليهم المعلومات عن التغيرات في أسعار العرض والطلب لتوها كان ذلك دليلا على اتساع السوق وانتفاء محدوديته.

وعلى الرغم من صعوبة الفصل بين عمق السوق وسعته في الحياة العملية لارتباطهما الوثيق، إلا أنهما ليسا شيئًا واحدًا وليست لهما دلالة أو مفهوم واحد[١].

ورغبة منا في إبراز وجه الاختلاف بين سعة السوق وعمقه Depth and breadth of a market فسوف نعرض من خلال الجدول[٢] التالي أربع صور محتملة أو ممكنة لأسعار الطلب في سوق ، أفضل سعر لطلب في سوق، أفضل سعر لطلب شراء فيها هو ٥٠ جم لوحدة الورقة المالية.

بيان توضيحي لسعة السوق وعمقه

Market Depth and Breadth

Bid price أعلى سعر طلب شراء متاح	١ Thin and shallow سوق ضيقة وضحلة	٢ Thin but Deep سوق ضيقة ولكنها ذات عمق	٣ Broad but shallow سوق واسعة ولكنها ضحلة	٤ Broad and deep سوق واسعة وذات عمق
	وحدة	وحدة	وحدة	وحدة
٥٠جم	١٠٠	٥٠٠	٥٠٠	٥٠٠
٤٩ جم	٢٠٠	٢٠٠	٥٠٠	٥٠٠
٤٨جم	-	٣٠٠	-	٧٠٠
٤٧ جم	-	٣٠٠	-	٩٠٠
٤٦ جم	-	٣٠٠	-	١٥٠٠

(1) Although market depth and breadth are Closely related in Practice, they are not identical concepts. (Kennth Garbode. Op.Cit. P421.

(٢) هذا الجدول مقتبس من كتاب Securities Markets وهو مرجع سابق.

بإمعان النظر في الجدول السابق نلاحظ الآتي:

١- بوسع المستثمر أن يبيع مائة وحدة بأعلى سعر طلب شراء bid وهو ٥٠جم في أي من الأسواق الأربعة.

٢- إذا رغب المستثمر في بيع ٣٠٠ وحدة وفي أي من السوقين الضيقين ١، ٢ أي ٢٠٠ وحدة إضافية عن المائة السابقة، فإن ذلك يقتضي أن يبيع هذه الوحدات بسعر ٤٩ جم للوحدة.

٣- وعلى النقيض من ذلك، فإن بوسع المستثمر أن يبيع ما يصل إلى ٥٠٠ وحدة بسعر طلبات الشراء، ٥٠جم لوحدة في أي من السوقين غير المحدودين ٣، ٤ Broad Markets .

٤- في السوقين الضحلين ١، ٣ وهي Shallow Markets فلن يتوفر ثمة طلبات شراء بسعر أدنى من ٤٩ جم للوحدة.

٥- بينما في الأسواق ذات العمق Deep Markets سوف تكون هناك أوامر تدنو فيها الأسعار المصاحبة لطلبات الشراء إلى ٤٦ جم.

٦- في الأسواق الأربعة فإن الأوامر ذات الأحجام الكبيرة يمكن تنفيذها بأسعار أدنى دائماً. ومع هذا فإن العلاقة بين حجم البيع والسعر الذي يمكن به تنفيذ الأمر تختلف من سوق لآخر.

٧- السوق ذات العمق والسعة أو غير المحدودة Deep and broad (سوق٤) هو أفضل الأسواق؛ إذ بوسع المستثمر أن يبيع ٥٠٠ وحدة بسعر طلب شراء ٥٠جم للوحدة وكذا ٣٦٠٠ وحدة إضافية بأسعار منخفضة تصل إلى ٤٦ جم للوحدة.

٨- السوق رقم ١ والذي يتصف بكونه ضيقا وضحلا Thin and shallow هو أسوأ الأسواق.

٩- السوق رقم ٢ والذي يتصف بكونه ضيقا إلا أنه ذو عمق، فإنه يستوعب ١٢٠٠ وحدة من المبيعات، ولكن شريطة أن تكون الوحدات الأخيرة وهي ٣٠٠ وحدة بسعر ٤٦ جم للوحدة.

١٠- بمقارنة السوق رقم ٢ بالسوق رقم ٣ ، أي بمقارنة السوق التي توصف بكونها ضيقة ولكن ذات عمق بسوق واسعة ولكنها ضحلة - يبين أن بوسع المستثمر أن

يبيع ١٢٠٠ وحدة بسرعة وسهولة في السوق الأولى ٢ بينما يصبح في إمكانه أن يبيع فقط ١٠٠٠ وحدة في السوق رقم ٣ ولكن بمتوسط سعر أفضل من السوق رقم ٢.

فإذا تساءلنا أي السوقين أفضل؟ أسواق ضيقة ولكنها ذات عمق أفضل أم أسواق واسعة ولكنها ضحلة؟ والإجابة على ذلك أن الأمر يتوقف على حجم أوامر البيع التي يتم تنفيذها.

ونخلُص مما تقدم:

١- أن أفضل الأسواق على الإطلاق الواسعة ذات العمق.

Broad and deep markets

٢- وأن أسوأ الأسواق هي الأسواق الضيقة الضحلة.

Thin and shallow markets

٣- وأن عمق السوق وسِعته ليسا شيئا واحدًا.

٤- أنه لا وجه للمقارنة بين سوق واسعة وإن كانت ضحلة وسوق ضيقة وإن كانت ذات عمق.

Resiliency of a market

مرونة السوق:

يعتبر السوق مرنًا resilient فيما لو تدفقت الأوامر على السوق استجابة لتغيرات الأسعار الناتجـة عن اختلال عابر وغير دائم Temporary unbalance لأوامر البيع والشراء.

ووجوب علم المستثمرين بتغيرات الأسعار شرط مسبق لتحقق مرونة السوق، وكذلك فإن انتشار المعلومات بين المستثمرين على وجه السرعة يعد أمرًا بالغ الأهمية للحفاظ على مرونة السوق.

وإذا كنا قد تناولنا أوجه الاختلاف بين سوق وأخرى باستخدام المنهج الوصفي في تناول مقاييس أداء السوق، فإن ثمة أمورًا أخرى تتساوى فيها هذا المقاييس، فتصبح السوق أكثر سعة أو أكثر عمقًا أو أكثر مرونة كلما كان لدى المستثمرين المقدرة على التعرف على الأسعار والتجاوب معها والتعامل عليها وفقا لما تقتضيه مصلحتهم، وكلما زادت سرعة الاتصالات كانت السوق أكثر تكاملًا.

وأعلى مراتب الأسواق عند علماء التمويل والاستثمار هـي السوق الكاملـة، وقد يكون مـن المناسب أن نتصدى هنا لمفهوم السوق الكاملة عند الاقتصاديين ومفهوم

السوق الكاملة عند علماء الاستثمار والتمويل.

السوق الكاملة: Perfect market

يصف الاقتصاديون السوق بأنها كاملة إذا كان جميع من ينتظر منهم البيع والشراء على علم مستمر بالأسعار التي تعتقد بها الصفقات وعلى علم بما يعرضه البائعون وما يطلبه المشترون، وحينما يكون هناك سعر واحد في كافة أنحاء السوق ودون تكبد المتعاملين أية تكاليف [١].

ووجه الشبه كبير في هذا الصدد بين الأسواق السلعية وأسواق الأوراق المالية وإن كانتا غير متماثلتين من جميع الوجوه.

وإذ يرى بعض علماء التمويل والاستثمار أن سوق الأوراق المالية تعتبر سوقًا كاملة يستطيع أن ينجز بها عمليات البيع والشراء بينهما يرى البعض الآخر أن عدة شروط ينبغي تحققها حتى يمكن إسباغ صفة السوق الكاملة على سوق الأوراق المالية وهذه الشروط هي:

١- عدم تحمل البائعين أو المشترين لأية تكاليف مقابل انتقال حقوق الملكية متمثلة في الأوراق المالية محل التعامل – من البائعين إلى المشترين.

٢- أن تكون المعلومات الخاصة بالأرباح المستقبلية وكذا مخاطر الأوراق المالية محل التعامل متاحة لجمع المتعاملين في السوق وبلا مقابل.

٣- ألا يكون بوسع أي من المستثمرين من المشترين أو البائعين التأثير على أسعار الأوراق المالية محل التداول.

٤- إمكان تفتيت الأوراق المالية إلى أجزاء صغيرة إذا اقتضي الأمر ذلك حيث يتعذر عمليًا تسييل الأوراق ذات الفئات الكبيرة، وتعتبر حينئذ من معوقات السوق.

ولكن من المعلوم أن عدم وجود أية تكاليف على نقل الملكية في السوق الثانوية أو على الإصدار الجديد في السوق الأولية يعد من قبيل الافتراضات التي لا وجود لها في الواقع؛ ذلك أن جميع الأسواق القائمة في أرجاء المعمورة تشوبها النقائص

---

(١) د. أحمد أبو إسماعيل – أصول علم الاقتصاد ط٧٦ ص٣٤٥.

imperfections إذ يتقاضى الوسطاء عمولات أو أتعابًا Commissions or fees على عمليات البيع والشراء، كما تفرض بنوك الاستثمار تكاليف إصدار Floating costs على الأوراق المالية المصدرة حديثا.

ولذلك يرى علماء الاستثمار أنه سواء كانت السوق كاملة أم مشوبة بالنقائص فإنه يمكن الاصطلاح على تسميتها Efficient Markets أي الأسواق ذات الكفاءة.

الأسواق ذات الكفاءة: Efficient Markets

هي تلك الأسواق التي تنعكس من خلالها كافة المعلومات وكافة القرارات الإدارية على أسعار الأوراق المالية إيجابًا وسلبًا أي صعودًا وهبوطًا فيكون ارتفاعها ثوابًا وانخفاضها عقابًا، جزاءً وفاقًا وذلك فو تلقي السوق لهذه القرارات أو تطايرها إليه فور صدورها [(١)].

ويرى بعض الكتاب أن مسألة كفاءة الأسواق يجب أن تكون دائمًا موضع اهتمام بهدف زيادتها، وأن هناك ثلاثة معايير لقياس هذه الكفاءة[(٢)].

١- الكفاءة التبـادلية: Transactin Efficiency

٢- الكفاءة التشغيلية : Operational Efficiency

٣- الكفاءة الهيكـلية: Structural Efficiency

أما الكفاءة التبادلية فتتصل بتكاليف التبادل وهي عمولات الوسطاء والعلاقة بين الكفاءة وهذه التكاليف علاقة عكسية فكلما انخفضت هذه التكاليف كلما ارتفعت الكفاءة التبادلية للسوق والعكس صحيح.

وأما الكفاءة التشغيلية فيقصد بها الفرق بين سعر البيع وسعر الشراء The Bid ask spread والعلاقة أيضا بينهما عكسية فتنخفض الكفاءة التشغيلية بزيادة الفرق بين سعر البيع والشراء وترتفع بانخفاض الفرق بينهما.

---

(١) د. آمال التيجاني – ندوة الاستثمار ومعوقاته – اتحاد البورصات – الدار البيضاء ديسمبر - ١٩٨٦، ص ٢٧٠.
(٢) د. آمال التيجاني – ندوة أهمية المعلومات والإيضاح عنها في البورصات العربية.

الكفاءة الهيكلية:

ويقصد بها عدد المشاركين في السوق Participants أو المتعاملين فيه Transactors فإذا زاد عددهم بحيث لا يكون بوسع أحدهم التأثير على الأسعار في السوق كان ذلك دليلًا على تفاعل قوى العرض والطلب في سوق تسوده المنافسة وتتحقق من خلاله أفضل فرص البيع والشراء، وزادت درجة الكفاءة الهيكلية للسوق.

وليس معنى ذلك أن الأسواق التي تتصف بالكفاءة على درجة واحدة، فقد قسم علماء الاستثمار درجات الكفاءة على أساس افتراضي إلى ثلاثة تقسيمات فيما يعرف بـ Forms of Efficient Market Hypothesis .

١- أسواق ضعيفة الكفاءة: Weak form efficiency

ووفقًا لهذا الافتراض فإن الأسعار السائدة في لحظة معينة في السوق تعكس كل ما يمكن معرفته عن الأسعار الماضية للورقة المالية وحجم تبادلها.

٢- أسواق متوسطة الكفاءة : Semi –Strong form

ووفقًا لهذا الافتراض فإن الأسعار السائدة تعكس بكفاءة كافة البيانات المعلنة عن الشركة المعنية مثل الأرباح التي وزعت أو تقرر توزيعها على المساهمين، وحجم الأرباح المحققة ، وغير ذلك من البيانات المنشورة المؤثرة على الأسعار والتي تتضمنها الميزانيات والتقارير المالية المصاحبة لها.

وتعرف تغيرات الأسعار في هذه الحالة عند علماء الاستثمار بـ

The adjustment stock prices to new information.

أسواق عالية الكفاءة: Strong form efficiency

وأساس هذا الافتراض أن الأسعار الحالية للأوراق المالية لا تعكس فقط المعلومات والبيانات المنشورة المتاحة للمستثمرين Publicly announced information وإنما كل ما يمكن أن يكون معلومًا عن الشركة وتعتبر السوق عالية الكفاءة إذا كان العائد المتوقع يتساوى مع سعر العائد الخالي من المخاطرة مضافًا إليه نسبة تمثل علاوة المخاطرة والتي تختلف من مشروع لآخر باختلاف الهيكل التمويلي للمنشأة، ومدى توسعها في استخدام الرافعة المالية والذي قد يترتب عليه إعسار الشركة فنيًا أو ماليًا ونسبة أخرى تمثل المخاطرة الاقتصادية والتي تختلف باختلاف نوعية النشاط الذي تمارسه المنشآت وكذا

الظروف الاقتصادية العامة للبلاد وبمعنى آخر فإن السوق تعتبر على درجة عالية من الكفاءة إذا كانت القيمة السوقية لأية ورقة مالية تعبر عن قيمتها الذاتية.

والقيمة الذاتية للسهم Intrinsic value مرادفة لقيمته الحقيقة Actual Value وليست القيمة الحقيقة مرادفًا للقيمة الدفترية Book value وليست حتمًا موافقة أو مخالفة للقيمة السوقية Market value أو ما يسمى أيضًا Market price فإذا ما كان يجري التعامل في أحد الأسواق على الأوراق المالية بأسعار مماثلة أو قريبة من قيمتها، فإن ذلك دليل على أن هذه السوق تتمتع بدرجة عالية من الكفاءة ، إلا أن ذلك يعني من ناحية أخرى أنه لن تكون هناك فرصة للمتاجرة أو المضاربة بمفهومها الغربي Speculation والتي تقوم عليها الأسواق ذات ا لسمعة والصيت العالمي، والتي بغيرها أيضا ما أصبح لهذه الأسواق هذه الأهمية التي تحظى بها الآن، ولا شك أن المستثمر الذي يرغب في شراء ورقة مالية معينة إنما يتطلع إلى معرفة قيمتها الحقيقية، ويقتضي ذلك وقوف المستثمر على البيانات والمعلومات الآتية:

١ – العائد المطلوب تحقيقه من جانب المساهم Required Rate of Return.

أ- العائد الخالي من المخاطرة Risk free rate of return كفوائد السندات الحكومية.

ب- علاوة المخاطرة Risk Premium.

٢ – العائد الموزع في نهاية آخر سنة مالية The Dividend.

٣– متوسط معدل نمو الأرباح خلال السنوات الخمس الماضية أو مادون ذلك Average rate of growth.

وبافتراض أن القيمة السوقية لإحدى أوراق الشركات اليوم هي عشرون جنيها وأن نسبة العائد الخالي من المخاطر ٩%

وأن علاوة المخاطرة المقدرة للشركة ٧%

مخاطرة مالية + مخاطرة اقتصادية

وأن متوسط نسبة النمو خلال السنوات الخمس الماضية ٥%

وأن العائد الذي قامت الشركة بتوزيعه هذه العام هو ١,٩٠جم.

فإن بوسعنا التوصل إلى القيمة الذاتية « الحقيقية » للسهم باستخدام المعادلة الآتية:

$$\text{القيمة السوقية اليوم Po} = \frac{\text{العائد الموزع (١+نسبة النمو)}}{\text{العائد المطلوب تحقيقه - نسبة النمو}}$$

$$= \frac{١,٩٠ (١+ ٠٥,٠)}{١٦,٠ - ٠٥,٠} = ١٨,١٨ \text{ جم}$$

يبين من المعادلة المتقدمة أن القيمة السوقية تزيد بنسبة ١١% تقريبا عن القيمة الحقيقة إلا أنه من الإنصاف أيضا أن نضيف أنه من غير المتصور توافق القيمتين دائمًا لأن الأسعار تتغير في هذه الأسواق من لحظة لأخرى خضوعا لظروف العرض والطلب، فضلا عن حقيقة أخرى مفادها اختلاف توقعات المستثمرين، وأنه نادرًا ما تتفق الآراء حول تحديد أو تقدير درجة المخاطرة.

مكانيزم السوق وحركة الأسعار في أسواق الأوراق المالية:

يثور التساؤل دائما عن سر صعود وهبوط أسعار الأوراق المالية في البورصات المحلية والعالمية من يوم لآخر ، بل ومن لحظة لأخرى رغم عدم تغير الظروف الاقتصادية أو المراكز المالية للشركات التي يجرى التعامل على أسهمها في أسواق الأوراق المالية، فإذا ما تم التغاضي عن التقلبات اليومية Fluctuations والتي لا نجد لها أيضًا سندًا علميًا - على أساس أنها تغيرات طفيفة أو محدودة يعزوها البعض إلى تغير ظروف العرض والطلب، فإن موجات الصعود والهبوط التي تجتاح هذه الأسواق من شأنها أن تُبقي السؤال مطروحًا على بساط البحث يبحث عن إجابة شافية.

إن سوق الأوراق المالية في مجموعها قد لا تتسم في أدائها بالرشد Rationality قياسًا على الشروط المتعارف عليها عند الأصوليين، بل ومن الثابت أن السوق غالبا ما تسلك مسلكًا مغايرًا للظروف الاقتصادية والأصول العلمية وتفصيل ذلك أن المركز المالي للمنشأة قد يكون قويًا والوضع الاقتصادي للبلاد أكثر قوة، والسوق مع هذا في اتجاه نزولي ، وعلى النقيض من ذلك فإن المركز المالي للمنشأة قد يكون ضعيفًا ، والسوق في مجموعه مع ذلك قوي، ويجيب على هذا التساؤل بعض الكتاب الغربيين بقولهم: إن

السوق قد يكون ضعيفًا وتتجه فيه الأسعار اتجاهًا نزوليًا لا يتفق والقواعد الأصولية Fundamentals كالربحية والسيولة والكفاءة في استخدام الأصول، وسلامة المركز المالي، ومقدرة الإدارة، واحتمالات المستقبل؛ لأن أسباب الصعود والهبوط ليست مما يتعلق بالقواعد والأصول وإنما بمركز السوق من الناحية الفنية، ويؤكد هذا الفريق من الكتاب أنه حتى مع ضعف العوامل الخارجية وهي تلك المتعلقة بتحليل الاستثمار فإن هيكل السوق كثيرًا ما يكون متماسكا بقوة غير متوقعة حتى مع ورود أخبار سيئة، والأمر على هذا النحو يثير الدهشة لأن مؤداه انفصام العلاقة تماما بين الأصول المادية المملوكة للمشروع والتي تمثل أصل الثروة والأصول المالية التي تباع وتشترى في أسواق الأوراق المالية وتمثل حقوقًا على هذه الثورة وتعتبر السوق في هذه الحالة مستقلة تماما، ومنعزلة عن الواقع، وهو استقلال معيب.

ويبرر هذا الفريق من الكتاب الاستقلال بأنه يرجع إلى قوة السوق من الناحية الفنية فيما يسمونه في الأسواق العالمية Techmical Position of the market ويضيفون أن السوق قد يكون قويًا من الناحية الأصولية، ضعيفًا من الناحية الفنية أو تكون على النقيض من ذلك ضعيفة من الناحية الأصولية قوية من الناحية الفنية.

أما عن الأسباب التي تؤدي إلى قوة السوق من الناحية الفنية فيرجعون ذلك إلى سببين رئيسيين:

السبب الأول : هيمنة بعض البيوع على السوق فيما يسمونه Short sale أي البيع على المكشوف ، وتتبدد الدهشة لتنقلب إلى ذهول بإعلان الممارسين في هذه الأسواق والكتاب الأمريكيين أن ما بين ٦٦% إلى ٧٥% من المعاملات في السوق بيع على المكشوف[1] ويكون البيع على المكشوف إذا باع الشخص ما ليس عنده وبتعبير آخر إذا كانت الأوراق المبيعة لا يملكها بائعها أو ليس بوسعه تسليمها والبائع على المكشوف يقترض من أحد مكاتب السمسرة الأوراق التي تعاقد عليها وليست في حيازته على أمل أن تنخفض الأسعار ، وفي حالة انخفاض السعر يقوم المضارب في هذه الحالة بشراء الأوراق التي سبق له بيعها ويعيدها إلى صاحبها . أما إذا تعذر اقتراض هذه الأوراق فيقال إن السوق من الناحية

(1) The manager of a western house told the authors that from two thirds to three-fourths of his current business was on the short sale of the market. The subsequent action of the market proved that his estimate of the market as a whole.(Ibid p.256).

الفنية Over-sold. وقد نقل إلينا هؤلاء الكتاب صورة حقيقية لأحدى الممارسات في السوق الغربية والتي تصور تأثير هذا البيوع على السوق وتؤدي إلى قوته فنيًا وترسم في ذات الوقت صورة لميكانزم السوق في التعامل على المكشوف.

أما السبب الثاني: فهو المناورات التي تتم في السوق لرفع سعر ورقة معينة مما يؤدي إلى قوة السوق من الناحية الفنية وتفصيل ذلك أن جماعات المضاربة على الصعود يتم تكوينها لشراء أكبر كم ممن من أسهم إحدى الشركات ، وتقوم بعدها بالمناورة لجذب أنظار جمهور المتعاملين والذي يعقبه عادة شراء هذه الأوراق بأسعار مرتفعة من أيدي المضاربين.

ويمكن تلخيص نظرية الفنيين فيما يلي:

١- أن القيمة السوقية تتحدد من خلال تفاعل قوى العرض والطلب فقط.

٢- أن العرض والطلب يحكمهما العديد من العوامل، بعضها يتسم بالرشد Rational والبعض الآخر يفتقده Irrational ومن بين هذه العوامل ما يقرره الأصوليون، ومن أمثلة هـذه العوامـل الأداء والأمزجة والطباع ، والحدس والتخمين والضرورات الملحة، ويقوم السوق بوظيفته الترجيحية بين شتى العوامل بصفة دائمة وبطريقة آلية.

٣- إذا ما تم التغاضي عن التقلبات المحدودة في السوق، فإن الأسعار تميل إلى التحرك في الاتجاه الذي يستمر فترة طويلة من الزمن.

٤- أن التغيرات في الاتجاه إنما تترتب على التغيرات في العلاقات بين العرض والطلب، أما عن أسباب هذه التغيرات فهو ما يمكن استنباطه عاجلًا من خلال سلوك السوق نفسه.

٥- والافتراض الأساسي الذي تقوم عليه النظرية أن التاريخ يميل دائمًا إلى أن يعيد نفسه وأن السعر في الماضي ينبئ عن سلوك السعر مستقبلًا.

٦- يفترض الفنيون في الأسواق أن لها حياتها الخاصة مستقلة عن قواعد وأصول تحليل الاستثمار.

هذا عن نظرية الفنيين وهناك نظرية أخرى سبق الإشارة إليها وهي على النقيض من النظرية السابقة:

نظرية الأصوليين : Fundamentalists

(١) قيمة السهم عند الأصوليين تتحدد وفقًا لقيمته الذاتية والقيمة الذاتية Intrinsic value هي ما يعبر عنه دائما بالقيمة الحقيقية.

(٢) القيمة الحقيقة تتحدد بقدرة المشروع على تحقيق الأرباح Earning power وخاصة الأرباح المستقبلية Future earnings والأسعار في المستقبل تدور حول الربحية والقيم الحقيقية.

وإذا كنا قد اجتهدنا في تفسير الظاهرة السوقية وأسباب تغير الأسعار من لحظة لأخرى وكان عمدتنا في هذا الصدد ما استخلصناه مما كتبه مشاهير الكتاب الغربيين فقد رأينا ألا يفوتنا عرض الرأي الذي تناوله أحدث مؤلَّف في الاستثمار يتناول ميكانيزم السوق وتحديدها الأسعار تحت عنوان : The market mechanism that determines stock prices وتخلص هذه الرؤية في الآتي:

لابد أن تتحقق ثلاثة شروط حتى تقوم ميكانيزم السوق بدورها ويتحقق وجودها

The market mechanism can be characterized

(١) أن تكون المعلومات المالية متاحة وبتكلفة صفرية.

Financial Information is freely available

(٢) ألا يكون بوسع أحد المستثمرين أو المتعاقدين في السوق السيطرة على حركات الأسعار أو جعلها عرضة للتلاعب والمناورة.

Secuities prices are not controlled or manipulated

(٣) أن يسود السوق ما يقرب من التوازن الدائم.

Something approaching a continuous equilibrium prevails

وبالنسبة للشرط الأول وهو إتاحة المعلومات بتكلفة صفرية، ففور تلقي المستثمرين لهذه الأنباء فسوف يتفاعلون معها. البعض سوف يبالغ في قيمتها والبعض الآخر سيقلل من شأنها إلا أن هذه المعلومات تنعكس في النهاية على اتجاهات الأسعار.

أما من حيث عدم خضوع الأوراق المالية لسيطرة أو هيمنة المتعاملين في السوق، فإن معظم المضاربين (Traders) في الأوراق ليست لديهم القدرة الكافية للتأثير على الأسعار تأثيرًا محسوسًا، أما المؤسسات القليلة ذات الحجم الكبير والتي لديها الإمكانيات والقدرة على التأثير في أسعار الأوراق المتعامل عليها في السوق فإنها تمنع أو يمتنع عليها ذلك

بمقتضى بعض القوانين كالقانون (الأمريكي) والذي يمنع التلاعب أو التأثير في الأسعار (على الرغم من أنها تفعل ذلك أحيانا وتتسبب في تغيير المسار السعري إلا أن تأثيرها وقتيًا) وهذا ما يتعلق بالشرط الثاني.

أما فيما يتعلق بالشرط الثالث وهو أكثر الشروط حساسية وأهمية وهو أن يسود السوق ما يقرب من التوازن الدائم فإنه إذا قامت السوق بدورها كاملا فسوف تكون في حالة ما يسمى بالتوازن المستمر Continuous equilibrium وهذا التوازن ليس توازنا ساكنًا Static equilibrium لأنه يتغير تغيرًا مستمرًا فكلما تطايرت أنباء جديدة تغيرت القيم الذاتية للأوراق المالية واتجهت القيم السوقية في مسار جديد تفاعلا مع المعلومات التي يتلقفها المستثمرون ولهذا يقول «بول ساميلسون» Paul Samuelson الحائز على جائزة نوبل والذي طور مفهوم التوازن المستمر: «أن هذا التوازن يوجد عندما يتذبذب سعر السوق وقيمة الورقة سويًا وعشوائيًا بطريقة ما بحيث تتساوى القيمتان بعد مرور بعض الوقت والذي يحدد مدى كفاءة السوق هو السرعة التي تتجه معها القيمة السوقية نحو القيمة الذاتية والسوق كامل الكفاءة يكون في حالة توازن مستمر، بمعنى أن القيم السوقية تكون في حالة تساوٍ مع القيمة الذاتية في جميع الأوقات».

فإذا ما وجد ثمة اختلال Disequilibrium ولو كان ذا طبيعة وقتية كانت السوق في درجة أقل من السوق كاملة الكفاءة وسوف تختلف الأسعار عن القيم الذاتية ولما كانت أسواق الأوراق المالية ليست في حالة توازن مستمر فإن ميكانيزم السوق على الوجه المتقدم هي نموذج اقتصادي في مقابلة النموذج الذي يعتمد على التحليل الفني.

Securities markets are not in continuous equilibrium However, The market mechanism described above is an economic model against which the model that appears to underlie technical analysis(1)

وعلى الرغم من الاختلافات بين المحللين الفنيين والمحليين الأصوليين فإن ثمة مشكلة قائمة فعلًا، وهي أنه من المستحيل أن تحدد بدقة القيمة الذاتية لأحد الأسهم العادية بسبب تطور الأصوليين المستمر لنماذج استخراج القيم الذاتية للأوراق المالية ومن هنا فليس هناك تقدير للقيم الذاتية ليكون موضوع اتفاق للمقارنة بأسعار السوق.

There is no generally accepted and observable intrinsic value

---

(1) Jack Clark Francis, Management of investment, P.604 – 610 , second ed.

estimate to compare with the stocks market price

والمحللون الفنيون يصرحون أن أسعار الأسهم لا تتقلب بطريقة عشوائية:

Technical analysts claim that stock prices do not fluctuate in this random manner.

ويبين من هذا العرض وجه الخلاف بين الأصوليين والفنيين ، وقد سبق لنا أن تناولنا وجهة نظر الفنيين ونظريتهم بشيء من التمحيص بما يغنينا عن التكرار في هذه المسألة.

وإذا كنا قد انتهينا فيما تقدم إلى أن هناك دائمًا قيمة حقيقية Actual value أو ذاتية Intrinsic Value للورقة المالية، وأن حركة الأسعار في الأسواق على اختلاف درجة كفاءتها تدور مع هذه القيمة صعودًا وهبوطًا ونادرًا ما تلتقي معها، وأن السوق في مجموعها قد لا تتسم في أدائها بالرشد rationality قياسا على الشروط المتعارف عليها عند الأصوليين، فالسوق غالبًا ما تسلك مسلكًا مغايرًا للظروف المالية للمنشات، والظروف الاقتصادية للبلاد وفسر ذلك من جانب الفنيين بالأسواق أن الأمر يتعلق بمركز السوق من الناحية الفنية وأن الأساسيات المعتبرة عند الأصوليين لا يتم إغفالها تمامًا، إلا أن نظرية المسار العشوائي وهي إحدى النظريات التي تعالج اتجاهات الأسعار تقدم تفسيرًا لحركة السوق يرفضه كثير من الكتاب الغربيين ولكننا نتقبله بقبول حسن.

نظرية المسار العشوائي : Random walk Theory

تدور هذه النظرية والتي تعزى للاقتصادي الغربي كوتنر حول تفاعل القيمة الحقيقة والقيمة السوقية، تصور تقلب الأسعار في مسار عشوائي حول القيمة الذاتية وتكشف النظرية في براعة عن الحواجز العاكسة Reflecting Barriers من أعلى ومن أسفل وهذه الحواجز تحول دون تجاوز الأسعار لحد أعلى أو أدنى بفعل آليات السوق ما لم يكن هذا التجاوز نتيجة لانهيار الأسواق حيث تتدفق الأوامر في هيئة سيل عارم لا سبيل لهذه الحواجز إلى إيقافه كما حدث في أزمة الكساد الكبير عام ١٩٢٩، وكذلك أحداث الانهيار التي شهدتها الأسواق العالمية في أكتوبر ١٩٨٧.

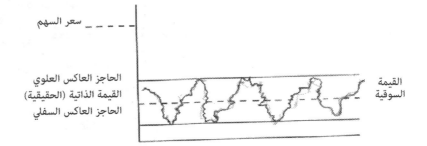

ووفقا لهذه النظرية فإن مرد تلك التقلبات والذبذبات في أسعار الأوراق المالية هو السلوك الذي لا يتسم بالرشد من جانب غالبية المستثمرين ، بينما يؤدي تدخل المحترفين إلى وضع الحواجز العاكسة سالفة الذكر والتي تحول دون ابتعاد السعر كثيرًا عن القيمة الحقيقية للأوراق المالية، وسوف نعرض فيما بعد لدور هؤلاء المحترفين في السوق واستعدادهم دائمًا للبيع والشراء كلما أتيحت لهم فرصة الحصول على هامش ضيق من الأرباح يمثل الفرق بين سعر البيع والشراء.

وقد توسع بروفيسور ساميلسون - الاقتصادي الأمريكي المشهور في نظرية المسار العشوائي فأدخل مفهومًا جديدًا على نظرية كوتنر هو التقلب الكفء Efficient Fluctuation لأسعار الأسهم [١] ومضمون نظرية ساميلسون أن القيمة الاقتصادية للسهم ليست قيمة مستقرة كما نجدها في نظرية كوتنر وإنما هي قيمة متقلبة. فتتغير بتغير الظروف الإنتاجية للشركات، ولذلك فإن شروط الكفاءة عنده لسوق الأوراق المالية شرط ديناميكي Dynamic وليس شرطا إستاتيكيًا Static سالبًا أو مستقرًا وهو ما يعني أن سوق الأوراق المالية ذا الكفاءة هو الذي تتقلب فيه الأسعار وتتذبذب لتتطابق في جميع الأوقات مع القيم الاقتصادية في تغيرها وتقلبها.

وليس من شك أن هذه الإضافة من جانب البروفيسور ساميلسون تزيد من تعقد المشكلة وتضيف عبئًا جديدًا على المحترفين لكي يحسنوا متابعة وتقويم الأنباء الاقتصادية

(1) The stock market technician assumes that the stock market has a life of its own, independent of the fundamental attributes of investment value possessed by individual companies that constitute the market, Fredrick Amling op.cit.p.548.

المتغيرة والمتجددة.

وليس من المتصور أن يكون بمقدور كل المحترفين غربلة المعلومات والتثبت منها وقد يسيئون التقدير مبالغة منهم أو توهما.

ولا شك أن إصابة الهدف المتحرك تحركًا عشوائيًّا أصعب بكثير من إصابة بالهدف الساكن أو المتحرك تحركًا منضبطًا.

وذلك يعني أن درجة التبعثر العشوائي حول النقاط المتغيرة عشوائيًّا ستكون أكبر بكثير من درجته حول النقاط الساكنة أو المتغيرة تغيراً منتظمًا وهو ما يبين من الأشكال التالية:

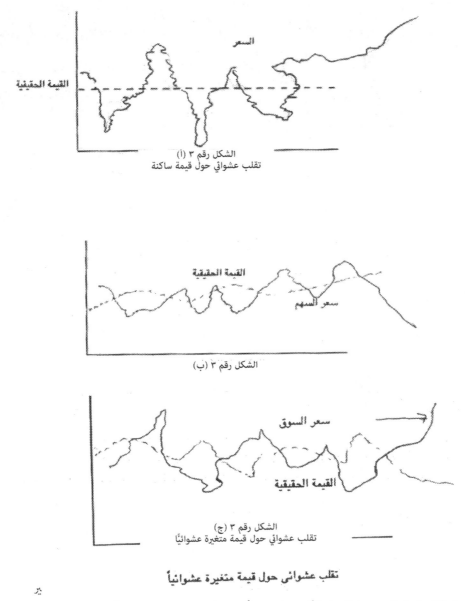

السعر
القيمة الحقيقية

الشكل رقم ٣ (أ)
تقلب عشوائي حول قيمة ساكنة

القيمة الحقيقية
سعر السهم

الشكل رقم ٣ (ب)

سعر السوق
القيمة الحقيقية

الشكل رقم ٣ (ج)
تقلب عشوائي حول قيمة متغيرة عشوائيًا

تقلب عشوائي حول قيمة متغيرة عشوائياً

القيمة الاقتصادية للسهم تغيراً عشوائيًا بينما تتغير أسعار السوق الفعلية بصورة أكثر عشوائية حول هذه القيم ويمكن اعتبار هذه الظاهرة نتاج الانتقال المستمر

للحواجز العاكسة (العليا والسفلى) بطريقة عشوائية ، ولذلك تعتبر هذه النظرية امتدادًا لنظرية كوتنر، أما الحالة الثانية التي مثلنا لها بالشكل (ب) فهي حالة خاصة تم إدخالها لنشير بها إلى تقلب القيم الاقتصادية الناتجة بسبب عوامل متكررة وبصورة منتظمة بحيث يمكن التنبؤ بها مثل التقلبات الموسمية لبعض أنواع الإنتاج خلال العام.

ولكن النمط الذي ينطبق على الأسواق الرأسمالية في عالمنا المعاصر هو الشكل (ج) وهو ما تؤكده بعض الدراسات التي أثبتت أن التقلبات العشوائية التي تتم بين يوم وآخر مستقلة تماما عن بعضها البعض؛ حيث إن المستوى العام لأسعار الأمس لا يفسر أكثر من ١,٥% من أسعار اليوم.

إذن يثور التساؤل عن تلك المعلومات التي تؤدي إلى مثل هذه الذبذبات فإن كان ذلك مرجعه إلى العرض والطلب فما هي إذن العوامل التي تؤدي إلى التأثير على أي منهما. وبمعنى آخر، ما هي إذن العوامل التي تؤدي إلى استفزاز عوامل الصعود والهبوط؟

لا شك أن المعلومات والأنباء المنشورة في الصحف المالية والعامة وما تبثه وسائل الإعلام من إعلانات وما يتناقله الناس من إشاعات سواء كانت مبشرة أم منفرة لها أثر مباشر في تقلب أسعار السوق.

ومن أبرز المؤثرات على تلك السوق -على تباينها- حوادث المنازعات الصناعية والإضرابات المستديمة من جانب العمال، وقرارات الاندماج أو تكوين الكارتيلات واتفاقات الأثمان الاحتكارية وغيرها من التطورات التي يتسم بها الجميع الرأسمالي.

ويمتزج بهذه العوامل عوامل أخرى بعضها سيكولوجية وبعضها مضاربية بالمفهوم الغربي، فالتوقع والحدس والتخمين والانتهازية والاستغلال واقتناص الفرص والتعلق بالأوهام فضلا عن عوامل أخرى تتضامن جميعا في توتر السوق وعصبيته .

* * *

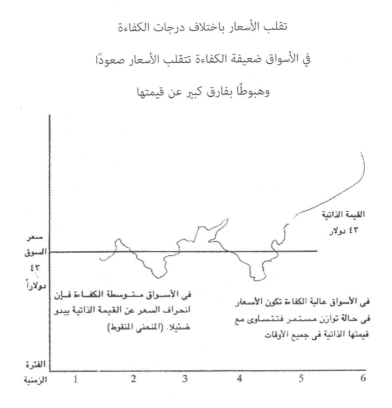

تقلب الأسعار باختلاف درجات الكفاءة

في الأسواق ضعيفة الكفاءة تتقلب الأسعار صعودًا

وهبوطًا بفارق كبير عن قيمتها

Security prices fluctuate with different degrees of efficiency (Management of Investment.P.608)

المؤشرات المستخدمة في أسواق الأوراق المالية العالمية لقياس حركة السوق واتجاهات الأسعار:

تقاس حركة واتجاهات الأسعار في أسواق الأوراق المالية من خلال المؤشرات والمتوسطات indexes and acreages والتي يتكون كل منها من مجموعة من الشركات والتي يفترض فيها أنها تعكس السوق جميعه.

ومن أهم هذه المؤشرات ذائعة الصيت والشهرة في الولايات المتحدة الأمريكية مؤشرات داوجونز Dow Jones Averages والتي تم اختيار مكوناتها على أساس تاريخي باعتبارها ممثلة للسوق في مجموعه، وأما المؤشر الآخر الذي ينافس مؤشرات داوجونز في الأهمية فهو مؤشر Standard &Poor's 500 index والذي تم بناؤه على أساس ترجيحي Weighted index construction أي باستخدام الأوزان لترجيح الأسعار فيما يطلق عليه المتوسط المرجح Weighted Average.

ويفترض في حالة اتجاه المؤشر أو المتوسط إلى الصعود أن تكون السوق في مجموعها

متجهة إلى الصعود، وبوسع أي باحث أن يقوم بحساب الحركة اليومية لسوق الأسهم من خلال قسمة مجموع القيم السوقية للأسهم المتعامل عليها كل يوم على مجموع أسهم هذه الشركات. وبهذا فإنه يمكن استخراج سعر مرجح للأسهم المتعامل عليها فضلا عن التعرف على حالة السوق واتجاهاته التي يعكسها هذا المؤشر وكثيرا ما يفضل مؤشر S& P index بل ويعتبر عند كثير من محللي السوق - متفوقا على غيره من المتوسطات إلا أن هذه المزية ليست مطلقة، ذلك أن حساب المتوسط وفقا لهذا الأسلوب يستنزف الكثير من الجهد والوقت والمال فضلا عما يوجه إليه من نقد أنه لا يتسم بالدقة اللازمة لأغراض المقارنة وذلك لأن الأسهم التي يتم التعامل عليها في يوم ما ليست هي بالضرورة ذات الأسهم التي يتم التعامل عليها في يوم تالٍ، الأمر الذي يؤدي إلى تضاؤل فرص التماثل.

مؤشرات داو جونز:

تعتبر مؤشرات داو جونز من أقدم المؤشرات وأكثرها شهرة، حتى لقد صار تداول هذه المؤشرات على ألسنة العوام كسائر الكلام ولذلك لم يكن مستغربًا ، أن نسمع رجل الشارع في مصر يتحدث عن الانهيار الذي سجله مؤشر داو جونز في نيويورك وهو يتابع بين لحظة وأخرى ما تنقله الصحافة العالمية والإذاعة المرئية، عن تفاصيل الأعاصير التي اجتاحت الأسواق العالمية في أكتوبر ١٩٨٧م.

وترجع شعبية هذه النظرية إلى ارتباطها بأكثر الصحف المالية العالمية ذيوعا وانتشارا فقد كان شارلز داو صاحب النظرية هو المحرر الأول لصحيفة وول ستريت بعد خبرة اكتسبها في البورصات العالمية من خلال عمله كوسيط Broker [١].

وإذا كان صاحب النظرية قد وافته المنية بعد عامين فقط من تقديمها أي سنة ١٩٠١ فإن النظرية قد تم تطويرها من جانب بعض الباحثين والدارسين للسوق والذين قاموا بتصحيح بعض الأخطاء التي تضمنتها وأبرزهم W.P.Hamilton المحرر أيضا بصحيفة وول ستريت[٢].

ومن المعروف لدى المتخصصين والدارسين أن عدد مؤشرات داو جونز أربعة، وكل مؤشر منها يمثل قطاعا عريضا باستثناء المؤشر الرابع والذي يمثل السوق في مجموعه،

(1) Charles Amoc Dice & Eiteman op.Cit. P554.
(2) Ibid , P. 354 .

وذلك يمكن توضيحه على الوجه التالي:

١- مؤشر داوجونز الصناعي Dow Jones and Average (DJIA) ويتكون من ٣٠ شركة ويغطي قطاعا عريضا من الصناعات.

٢- مؤشر داوجونز لوسائل النقل Dowjones Transportation Average (DJTA) ويتكون من ٢٠ شركة من بينها ست شركات للخطوط الجوية.

٣- مؤشر داوجونز للمرافق Dow jones Utility Average ويتكون من خمس عشرة شركة خاصة بالمرافق كشركات الغاز والكهرباء.

٤- مؤشر داوجونز المركب Dow Jones composite Average ويتكون من ٦٥ شركة هي مجموع الشركات التي تتضمنها المؤشرات السابقة فهو مؤشر مركب وجامع ويمثل في مجموعه السوق ككل وتعتبر الشركات التي يتضمنها هذا المؤشر شركات قائدة، تم اختيارها على أساس تاريخي ودونما التفات إلى أية أوزان ترجيحية.

نظرية داو جونز:

أما عن نظرية داو جونز نفسها فهي من أقدم النظريات وأكثرها اتباعًا في زماننا المعاصر وقبولًا من حيث تفسيرها لسلوك السوق من الناحية الفنية.

وتقوم نظرية داو جونز على أساس أن سوق الأسهم البارومتر الذي يمكن من خلاله قياس الوضع الاقتصادي والغرض من هذه النظرية ليس التنبؤ بحركة أسعار الأوراق المالية وإنما التنبؤ بالدورات الاقتصادية أو الحركات التي تشير إلى الكساد والانتعاش.

The purpose of the theory not to predict movements of security, but to predict depression and prosperity [1].

وبعبارة أخرى فإن المتنبئ الذي يستخدم نظرية داو جونز إنما يحاول أن يسجل التغيرات في المد والجزر الاقتصادي.

ولعله من المفيد هنا أن نثبت ما قرره الفنيون ومصممو خرائط الأسواق أن الغرض من نظرية داو جونز ليس فقط إثبات موقف السوق في لحظة ما وإنما إلى أين يمضي كذلك.

---

(1) Jack Clark francis , Op.Cit.

The Dow theory's purpose is to determine where the market is and it also indicates where the market is going[1].

وأساس هذه النظرية متوسطات حركة الأسعار للشركات الصناعية وشركات النقل، أما حركة السوق فتنظمها وفقا لهذه النظرية ثلاثة تقسيمات رئيسية:

أولًا: الحركة الأولية: Primary movement .

ثانيًا: الحركة الثانوية: Secondary movement .

ثالثًا: التقلبات اليومية: Day-to-day fluctuations.

أما بالنسبة للحركة الأولية فهي تعبر عن اتجاه السوق سواء كان صعوديًا Bulish أو كان نزوليًا Bearish وتستمر الحركة الأولية من سنة إلى سنتين أو يزيد وفقا للنظرية ، وإذا ما كان السوق ذا اتجاه نزولي فقد ثبت تاريخيًا لدى أصحاب هذه النظرية أنها تستمر فترة أقصر من الأسواق الصعودية، وتعتبر الحركة الأولية أو ما يسمى باتجاه السوق Trend of the market الهدف الأساسي من النظرية.

أما الحركة الثانوية للسوق فمدتها أقصر من الحركة الأولية بل ومضادة لها في الاتجاه، وتستمر هذه الحركة عادة من ثلاثة أسابيع إلى ثلاثة أشهر، ويعقب ذلك استعادة السوق لأوضاعه بمعنى استعادة الأسعار بنسبة الثلث إلى الثلثين والتي سبق لها أن صعدت في ظل سوق صاعد أو هبط في ظل سوق هابط، وغالبا ما تنتهي الحركة الثانوية بفتور في نشاط السوق ويسميها البعض حركات تصحيحية Dullness in the market activity[٢] .

أما التقلبات اليومية Day-to- day fluctuations فهي ليست جزء من تفسير النظرية في سلوك السوق بل ولا معنى لها في النظرية حتى لقد ذهب البعض إلى أنه في الخرائط التي يستخدمها الفنيون والمعروفة بـ Point and figure charts أو (PFC) أن السعر قد ينتقل من عمود إلى آخر ثم إلى آخر في خلال عشر دقائق بينما قد لا ينتقل الـ (PFC) إلى عمود جديد لمدة عشر سنوات، وهذا يشير إلى أن التقلبات العشوائية الطفيفة التي تتم من يوم لآخر قد لا تظهر كلية في هذه الخرائط ولو استمرت لمدة عشر سنوات.

A ten minute period in which the direction of the price made two significant re reversals would generate two new columns on a PFC if the price did not make a significant reversal during a decade, however, then

---

(1)Fredrick Amling op cit .528-530.

(2) Jack Clark Francis, Ibid, P 584.

the PVC would not move on to a new Column For ten years[1].

وقد يكون من المفيد أن نعرض لثلاثة نماذج من خرائط الفنيين والتي تحدد التقسيمات الرئيسية الثلاثة التي تقوم عليها نظرية داو جونز لتبيان وجه التباين بينهم[٢].

وكما يبين من الرسم فقد حرص بعض الفنيين على تصوير الحركات الثلاث بالبحر من حيث المد والجزر والموجات، والموجات القصيرة والسريعة.

أما المد أو اتجاه السوق أو ما يسمى بالحركة الأولية فيمثله الشكل السابع، وأما الحركات الثانوية فجاء تمثيلها في شكل موجات تمثل التغيرات في الأمد القصير كما يبين من الشكل السادس، وأما التقلبات اليومية والتي قد تتلاشى عند إبراز خط الاتجاه العام فجاءت على شكل موجات قصيرة جدًّا كما يتبين من الشكل الخامس.

---

(1) John o. Clendenin, introduction to investment 3rd ed 1960.

(2) Jack clark Francis, Management of investment, Mc Graw Hill International editions.

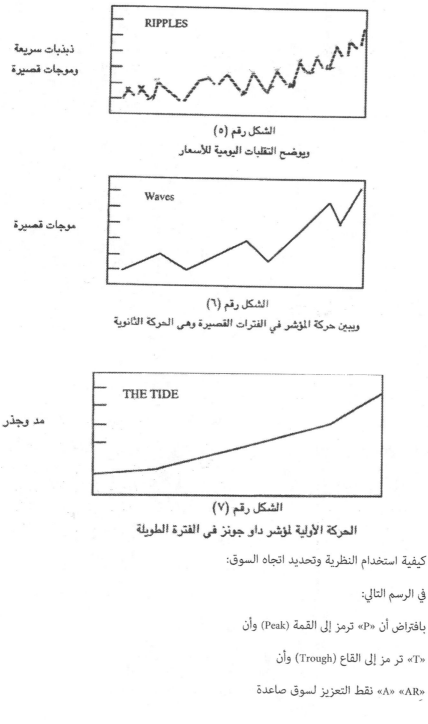

نبذبات سريعة
وموجات قصيرة

الشكل رقم (٥)
ويوضح التقلبات اليومية للأسعار

موجات قصيرة

الشكل رقم (٦)
ويبين حركة المؤشر في الفترات القصيرة وهي الحركة الثانوية

مد وجذر

الشكل رقم (٧)
الحركة الأولية لمؤشر داو جونز في الفترة الطويلة

كيفية استخدام النظرية وتحديد اتجاه السوق:

في الرسم التالي:

بافتراض أن «P» ترمز إلى القمة (Peak) وأن

«T» تر مز إلى القاع (Trough) وأن

«AR» «A» نقط التعزيز لسوق صاعدة

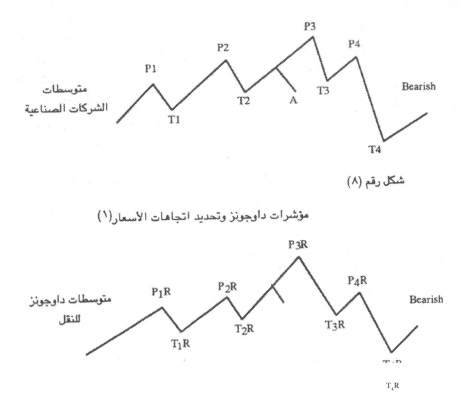

شكل رقم (٨)

مؤشرات داوجونز وتحديد اتجاهات الأسعار[١]

بإمعان النظر في الشكل الأول والخاص بالشركات الصناعية، فإنه حتى يتأكد لنا إن كان الاتجاه صعوديًا أم نزوليًا فإنه يتعين تعزيزه بالشكل الثاني والخاص بمتوسطات شركات النقل، وهذان الشكلان يكشفان عن الكيفية التي تستخدم بها النظرية.

نلاحظ أن اتجاه السوق من P1 إلى P3 صعوديًا وتفصيل ذلك أن P2 أعلى من P1 P3 أعلى من P2 وكذلك لأن T2 أعلى من T1 ، T3 أعلى من T2 الأمر الذي يعني أن الاتجاه يكون صعوديًا إذا اتجهت كل قمة إلى الارتفاع عن القمة التي سبقتها وارتفع القاع عن القاع الذي سبقه، ثم يأتي دور التعزيز، إذ تعزز متوسطات شركات النقل متوسطات الشركات الصناعية فنلاحظ أن T4 في الشكل الأول أكثر انخفاضًا من T3 وحينما نطابق ذلك مع القاعات متتالية الانخفاض في متوسطات النقل سوف نجد تعزيز لسوق هابطة مع اتجاه السوق نحو الانخفاض.

إلا أن لدينا مشكلتين لتحديد اتجاهات السوق في مؤشرات داو جونز.

الأولى: أنه ليس حتما أن تتجه المتوسطات في اتجاه واحد، الأمر الذي يتعذر معه

التعزيز فالشركات الصناعية لا تخضع دائما لنفس المؤشرات والقوى التي تخضع لها شركات النقل ، فقد تلجأ القوى التي تتعامل على أسهم السكك الحديدية إلى قهر السعر، وعلى النقيض من ذلك قد يلجأ المتعاملون على أسهم الشركات الصناعية إلى تصعيد السعر.

وفضلا عن ذلك، فإن تعزيز السوق لا يتسنى التوصل إليه حتى بعد الزيارة أو الانخفاض وفي الشكل المتقدم فإن نقطة التعزيز هي A، AR وحتى وصول هذه النقطة فإن أصحاب نظرية داو لا يستطيعون الجزم بكون السوق صعوديًا أو نزوليًا.

وتطبيقا لما تقدم نعرض هنا للاتجاه الحقيقي للسوق الأمريكية خلال الفترة من ٥٩ إلى ٧٧ وفقا لمؤشر داو جونز الصناعي ونظريته.

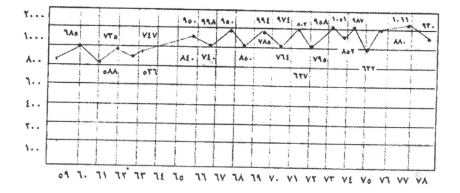

تحديد اتجاه السوق الأمريكية باستخدام مؤشرات داو جو نز (مرجع سابق)

هذا الشكل مقتبس من كتاب Investment (مرجع سابق)

نلاحظ أنه حينما اتجه السوق للهبوط إلى مستوى ٨٥٣ من مستواها غير المسبوق في عام ١٩٧٣، كان عليه أن يخترق مستوى الـ ٧٩٠ قبل أن يتم تعزيز السوق ، وقد اعتبر بعض مصممي الخرائط مستوى ٨٥٠-٨٦٠ نقطة مقاومة حيث كان السوق في مرحلة ثانوية مع اتجاه السوق نحو الصعود، وفي عام ١٩٧٤ بدأ السوق يتقدم إلى مستوى ٩٨٧ ولكن ذلك لم يكن بالقدر الكافي لكي يرتفع فوق ١٠٥١ وهذه علامة من علامات النزول في سنة ١٩٧٥ هبط المستوى إلى ٦٣٣ ليصل إلى ما هو أدنى من مستوى القاع السابق وهو ٨٥٣ معززًا اتجاه السوق اتجاهًا هبوطيًا Bearish market.

وتفصيل ذلك أنه حينما ارتفع المؤشر إلى مستوى ٩٨٧ فكانت القمة أدنى من القمة التي قبلها، وحينما انخفض هبط إلى مستوى أدنى من القاع فتعزز بذلك اتجاه السوق على أساس أنه سوق هابط، وبصعود السوق إلى مستوى ٨٨٠ كان هذا المستوى أدنى من مستوى القمة السابقة وهي ٩٨٧ ، وهذا كان تعزيزًا آخر بأن السوق سوق هابط. إلا أنه انخفض بعد ذلك إلى مستوى ٩٣٠ لكنه لم ينخفض إلى مستوى السابق ليظل محتفظًا بكونه سوقًا صعوديًا.

مناطق المقاومة ووقف الاتجاه الرئيسي: Resistance Areas

عندما يصل سعر السهم (أو المؤشر) إلى القمة ثم يتجه إلى الهبوط إلى أسفل فإن ما بعد القمة تسمى منطقة مقاومة ، وإذا ما تجاوز السعر القمة السابقة يقال: إن السعر قام باختراق منطقة المقاومة. وإذا اتجه السعر إلى الاندفاع إلى أعلى فإن هذه إشارة أو علامة لشراء الأسهم لأنه من المتوقع أن يستمر الصعود إلى أعلى وإذا اتجه السعر إلى الانخفاض عن القاع السابق فإنه من المتوقع أن يستمر في الانخفاض، وهذه إشارة إلى البيع، وجوهر فكرة المقاومة عند المحللين الفنيين هو استحباب الشراء حينما يصعد السعر بما يتجاوز قمته السابقة ، واستحباب البيع عندما يهبط السعر إلى ما دون القاع السابق Trough.

وتوضيحا لما تقدم نعرض من خلال الشكلين التاليين (١٠ ، ١١) نموذجًا مبسطًا نستبين من خلاله كيفية تصميم المؤشر باستخدام النقط والحروف Point and figure charts مع إبراز مناطق المقاومة التي أسلفنا الإشارة إليها.

Point and Figure Chart

Price السعر	A	B	C	D	E					
39										
37	X		X							
35	X	O	X	O						
33	X	O	X	O						
31		O		O	X					
29				O						
27										
25										

الشكل رقم (١٠) بعد هذا الشكل صورة مبسطة للغاية لخرائط النقط والحروف والتي تفيد في تفسير حركة الأسعار في سوق الأسهم «مقتبس من كتاب (Investment)

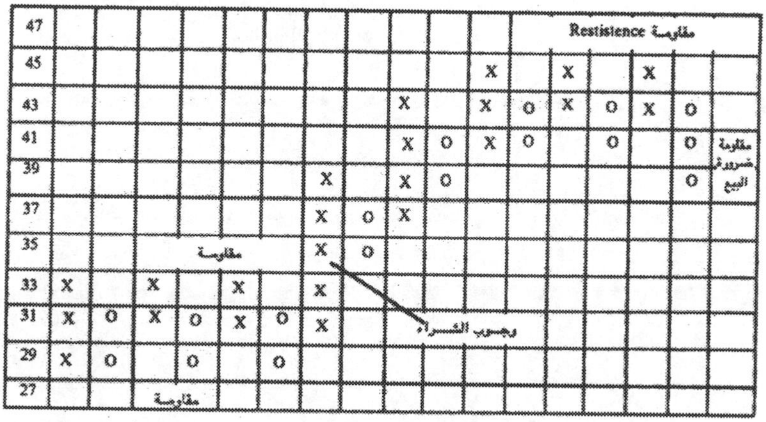

													مقاومة Restistence
47													
45								X		X		X	
43							X		X	O	X	O	X	O
41							X	O	X	O		O		O	مقاومة صعود في البيع
39						X		X	O				
37						X	O	X					
35				مقاومة		X	O						
33	X		X		X		X						
31	X	O	X	O	X	O	X		وجوب الشراء				
29	X	O		O		O							
27			مقاومة										

الشكل رقم (١١) يظهر مناطق المقاومة والتي تمثل حواجز علوية وسفلية. وتشير هذه الخرائط إلى وجوب الشراء عندما تتجاوز القمة القمم التي قبلها أخذاً في الاعتبار أن السعر سيستمر في الصعود ويشير إلى وجوب البيع عند انخفاضه عن القيعان السابقة أخذاً في الاعتبار أن السعر سيواصل الانخفاض. (مقتبسة من كتاب Investment).

كيفية تكوين المؤشر:

يوضح الشكل رقم (١٠) الكيفية التي يجري بها احتساب النقط وإعداد الخرائط وعند النظر إلى الخريطة نلاحظ الأرقام جهة اليسار وهذه تمثل السعر، وكل وحدة من المربعات (Box) تمثل نقطتين، وفي الإمكان زيادتها إلى عشر وتساوي النقطة دولارًا واحدًا.

وبإمعان النظر في الشكل المتقدم نلاحظ أن السعر عند البدء The initial price كان ٣٣$ وتم إثبات ذلك بوضع (×) داخل العمود (A) أمام هذا الرقم وعندما تحرك السعر إلى أعلى ليصل إلى ٣٥ تم أيضًا وضع (×) داخل ذات العمود عند الرقم ٣٥ ، وطالما بقي السعر في الصعود فإنه يجري وضع الـ (XS) في داخل ذات العمود الرأسي Vertical column وعندما ينخفض السعر إلى مستوى أدنى، فإن مصمم الخريطة يسجل التغير بوضع (O) في العمود التالي، وفي الحالة التي نحن بصددها تحرك السعر إلى ٣٥ ووضعت علامة (O) في العمود التالي B عند ٣٥.

والجدير بالذكر هنا أنه لا محل للأزمنة عند الانتقال فيما بين الأعمدة؛ حيث إن السعر يجري تسجيله على المحور الرأسي والاتجاه على المحور الأفقي، وبصفة عامة فإن القاعدة المبسطة التي يتبعها مصممو الخرائط Chartists هي وضع (×) على الخريطة عند ارتفاع السعر ووضع (O) عند هبوط السعر، أما المربعات (Boxs) فيتم شغلها عند حصول تغير في السعر فقط، ويجري البدء بعمود جديد في كل مرة ينقلب فيها اتجاه السعر.

مؤشر ستاندرد آند بور: Stanard & poor's 500 index

خلافًا لمؤشر داو جونز الذي يجري احتسابه باستخدام المتوسط الحسابي أي باهمال الأوزان ، فإن مؤشر ستادندرد أندبور هو مؤشر مرجح فيراعي في احتسابه الأوزان الترجيحية فيظهر التغيرات النسبية في أوراق الشركات التي يشملها المؤشر مقارنة بسنة الأساس وهي ١٩٤١ -٤٣ =١٠ وبالنظر إلى صيغة = المؤشر وهي:

$$\frac{\text{مج س١ ك١}}{\text{مج س ك}} \times ١٠$$

حيث س١ = السعر الجاري.

حيث س = سعر فترة الأساس.

حيث ك١ = كمية المقارنة.

حيث ك١ = كمية فترة الأساس.

فإنه بوسعنا القول: إن هذا المؤشر يعتمد على القيم السوقية لفترتي المقارنة

والأساس. دون حاجة إلى توحيد الكميات (الأوزان) ولذا فهو يختلف عن مؤشري (Paasche & Lasperes).

ويتكون مؤشر ستاندر أندبور من خمسمائة شركة، منها ٤٠٠ شركة تمثل ٨٥ مجموعة صناعية ٤٠ بنكا تجاريًا وشركات تأمين وادخار وتمويل، ٢٠ شركة نقل ٤٠ شركة للمرافق العامة.

كل مفردة من مفردات أسهم هذا المؤشر يجري ترجيحها بالأوزان ، الأمر الذي يبدو أثره على المؤشر بالنسبة لأهميتها النسبية(١).

وهناك مجموعة أخرى من المؤشرات بعضها يتسم بالأهمية وبعضها موضع خلاف بين علماء التمويل والاستثمار ، نتناولها هنا وفق تصورنا لأهميتها، مع الأخذ في الاعتبار أن هذه المؤشرات ليست حاسمة أو قاطعة في تصوراتها المستقبلية، وإنما يستعان بها ولا يعول عليها وحدها ومن هذه المؤشرات.

المؤشرات الاقتصادية: Economic indicators and the stock market

لقد انتهى رأي السابقين إلى أن الاقتصاديات القوية تعد مطلبًا أساسيًا لأية شركة أو صناعة رابحة A Prerequisite for a healthy and profitable industry or company ، ولذلك فإن مؤشرات الإنتاج الصناعي، والناتج القومي الإجمالي Gross National product (gnp) والدخل القومي وتقديرات الدخل المتاح Disposable income estimates تعد من المؤشرات التي ينبغي على المستثمر أن يستعين بها للتعرف على اتجاهات السوق المستقبلية.

ويستخدم النشاط الاقتصادي بصفة عامة كمؤشر لمستوى السوق، ولو فرض أن ثمة تنبؤا بتحسن الظروف الاقتصادية ، وتوقيع زيادة محسوسة في معدلات الربحية للشركات الصناعية وغير الصناعية مع انخفاض أسعار الفائدة غير المصحوب بأية اتجاهات تضخمية، فإن سوق الأوراق المالية ينبغي أن تتسم بالقوة، وعلى خلاف ذلك إذا ما بدت أعراض اقتصاد مريض يعاني من تضخم جامح ومعدلات فائدة مرتفعة وبطالة

---

(1) Fredrick amling,op.cit.p.529.

متزايدة، فإن السوق هنا تكون سوقًا ضعيفة وتأخذ الأسعار فيها اتجاها نزوليًا Bearish market ، لذلك لم يكن مستغربا أن يتساءل الرئيس ريجان في دهشة بالغة -أثناء إحداث انهيار الأسواق العالمية- عن التوقعات التي تغيرت فجأة تجاه الأسهم بنسبة ٣٦% عما كانت عليه منذ ثمانية أسابيع[1]، ومع هذا فإن المستثمر الذي يستخدم المؤشرات الاقتصادية كمرشد أو دليل Guide للتعرف على النشاط الاقتصادي يجب على اعتبار هذه المؤشرات أدوات تقريبية Rough tools لتحديد الاتجاهات المستقبلية كما يفترض أن المستثمر في تعامله بالبيع أن الشراء يراعي دائما النواحي الأصولية Fundamentals في تحليل الاستثمار ولا يثنيه عن ذلك التغيرات الوقتية والتقلبات العشوائية.

البيع على المكشوف كمؤشر للسوق: Short sale as a market indicator

سبق منا التنويه في موضع سابق إلى أن حجم المعاملات التي تتم على المكشوف في الأسواق الغربية وخاصة الأمريكية تتراوح ما بين ٦٦ ، ٧٥% من إجمالي حجم المعاملات في هذه الأسواق وهي ظاهرة جديرة بلفت الأنظار إلى ماهيتها وتناولها بالتحوط والحذر نظرًا لخطورتها، خاصة مع ما ثبت من محاكاة بعض المقلدين في البلاد النامية للفكر الغربي حتى ذهب بعضهم إلى القول: إن البيع على المكشوف يعد شرطًا أساسيًا من شروط قيام سوق دائمة ومستمرة.

ويعتبر البيع على المكشوف من وجهة نظر المستخدمين لهذا المؤشر دليلا على قوة السوق أو ضعفها فنيًا، وتتضمن هذه البيوع اقتراض الأسهم المَبيعة والتي يتعين على البائع أن يسلمها في عضون أيام قليلة إلى المشتري بينما هو ليس مالكًا لها أصلًا، بمعنى أنه يبيع ما ليس عنده، ولا ما هو رهن تصرفه، وذلك على أمل إعادة شراء الأوراق عند انخفاض أسعارها وإعادتها لمقترضيها وحيثما يتم التعاقد على البيع فهناك زيادة في عرض الأسهم في السوق تميل معها الأسعار إلى الانخفاض ، وشراء الأسهم بعد انخفاض أسعارها يؤدي إلى إعادة ارتفاعها.

---

(1) The shares of 5000 companies traded on U.S.Exchanges had lost staggering $190 Billion in value (newsweek 26-10-87).

Mr Regan asked, what had suddenly changed in the out-look for the U.S.world economies to Justify a 36 % collapse in stock prices over eight weeks.(Financial times 21-10-1987).

وأما عن أولئك الذين يستخدمون حجم البيع على المكشوف كمؤشر على قوة السوق أو ضعفه فهم يرون أن زيادة المبيعات على المكشوف تشير إلى قوة السوق وانخفاض حجم هذه البيوع دليل على ضعفها، فالبيع على المكشوف في سوق يتجه إلى الصعود دليل قوة عندهم لسببين:

الأول: استيعاب السوق لكميات إضافية من الأسهم.

الثاني: أنه إذا بدأت أسعار السوق في الهبوط إثر زيادة المعروض، فإن المضاربين يقومون بالشراء مرة أخرى وبأسعار منخفضة محققين بذلك هامشًا من الربح ومؤازرين للسوق(1).

ويعتبر هذا المؤشر - من وجهة نظرنا- خطيرًا وسنتناوله بالمناقشة المستفيضة في الباب الثاني بإذن الله.

مؤشر اتساع السوق: Breadth index

ينتقد بعض المتعاملين والممارسين نظرية Dow jones على أساس أنها لا تعكس حركة جميع الأسهم في السوق، وأن متوسطاتها ليست ممثلة تمثيلا حقيقيًا للسوق، ويبني أولئك انتقاداتهم على أساس أنه ليست كل الأسهم تتخذ اتجاهًا واحدًا في آن واحد كما تشير مؤشرات داو جونز.

ويستدلون على ذلك بأنه في يوم الأربعاء ٣ نوفمبر ١٩٧٦ عقب انتخاب الرئيس كارتر رئيسا للولايات المتحدة الأمريكية بيوم واحد فإن عدد الشركات التي تم التعامل عليها بلغ ١٨٨٣ شركة من بينها ٣١٣ شركة ارتفعت أسعار أسهمها، و١١٩٣ شركة انخفضت أسعار أسهمها بينما ثبتت أسعار ٣٧٦ شركة وبحساب المؤشر هنا فإننا نقوم بطرح عدد الشركات الصاعدة من الشركات الهابطة أو الهابطة من الصاعدة لنصل إلى صافي الصعود Net advances أو صافي الهبوط Net Declines ثم نقوم بقسمة الصافي على عدد الشركات المتعامل عليها، فنصل بذلك إلى الرقم القياسي لاتساع السوق.

وفي المثال المتقدم صعدت أسعار ٣١٣ شركة وانخفضت أسعار ١١٩٣ شركة، ويستفاد من ذلك أن صافي الانخفاض ٨٨٠ وبقسمة صافي الانخفاض على عدد

---

(1) Charles Amos Dice op.cit.p.355.

الشركات المتعامل عليها وهي ١٨٨٣ يبين لنا أن مؤشر اتساع السوق سالب بنسبة ٤٦٫٨% (٨٨٠÷١٨٨٣) وهذا المؤشر إما أن يكون معضدًا ومؤازرًا لمتوسط حركة مؤشرات داو جونز أو مناقضا لها، فإذا ما كان المؤشر معضدًا فإن هذه علامة على قوة السوق وإن كان مناقضا كان ذلك دليلًا على ضعف السوق، وفي ٣ نوفمبر ١٩٧٦ انخفض مؤشر داو جونز بمقدار ٩٫٥٦ بنط أو نقطة وكانت تلك علامة على قوة السوق بتوافق المؤشرين نحو الانخفاض[١].

مؤشر حجم التعامل : Volume of trading indicator

يستخدم حجم التعامل على الأسهم في السوق كمؤشر أو دليل Guide على مدى قوة السوق أو ضعفها ووفقا لمفهوم هذا المؤشر، فإن اتجاه حركة الأسعار إلى الصعود أو إلى الهبوط تعتبر دليل قوة إذا صاحبها حجم ضخم من التعامل، وأما الحركة في المعاملات فتعد -من وجهة نظر مؤيدي هذا المؤشر- دليلًا على ضعف السوق، فبفرض أن السوق بدأت تأخذ اتجاها تصاعديًا بعد فترة من النزول، ففي هذه الحالة يأمل المستثمرون أن يكون هذا الصعود هو نهاية مراحله وبداية مرحلة جديدة ، فإذا كان هذا الصعود غير مصحوب بكم مناسب من المعاملات فذلك دليل على ضعف السوق من الناحية الفنية، ولا يتوقع المستثمرون حينئذ استمرار هذه الزيادة، وعلى النقيض من ذلك إذا صاحب هذه الزيادة كم كبير من المعاملات فإن السوق تعتبر من الناحية الفنية قوية، ومع ذلك فليس هنالك ما يضمن استمرار الصعود، ولذلك يفضل استخدام هذا المؤشر بجانب مؤشر آخر شبيه بمؤشر Dow jones.

مؤشر مقترح لقياس تقلبات الأسعار في سوق الأوراق المالية بالقاهرة:

تصدينا خلال هذا المبحث لبعض المتوسطات والمؤشرات المستخدمة في قياس تقلبات الأسعار في أسواق الأوراق المالية العالمية على اختلاف أساليبها ودرجة أهميتها ودقتها، وعلى الرغم من أهمية الأرقام القياسية سواء تلك المستخدمة في قياس تقلبات الأسعار في الأسواق السلعية أو أسواق الأوراق المالية، فإنه مما يسترعي انتباه الباحثين والمتخصصين افتقار سوق الأوراق المالية بمصر لهذه الأداة الهامة والتي لا يكاد يتصور

---

(1) Fredrick Amling, op.cit.p.554.

المرء غيابها عن سوق عريقة كالسوق المصرية[١].

لذلك فقد آليت على نفسي ألا ألو جهدًا لاستخراج رقم قياسي لأسعار أوراق الشركات لبورصة الأوراق المالية بالقاهرة، وذلك رغم الصعاب الكثيرة التي صادفتني التي بسببها أخفقت كل المحاولات التي بذلت جانب بعض الجهات المعنية لتحقيق هذه الغاية.

والرقم القياسي الذي قمت بإعداده هو نموذج قابل للتطوير في ضوء احتياجات السوق وتطورها وهو يختلف في تكوينه عن بعض المؤشرات المعروفة كمؤشر داو جونز Dow Jones والذي يعتمد في تكوينه على أكبر ٣٠ شركة صناعية يجري التعامل على أسهمها في بورصة وول ستريت باعتبار هذه الشركات ممثله لجميع الشركات المقيدة بالبورصة من وجهه نظر مصممي هذا المؤشر، ويقترب مؤشرنا المقترح إلى حد ما من مؤشر Standard & Poors 500 stock composite average وذلك من حيث التركيب والذي يعتمد على الأوزان الترجيحية لفترة المقارنة، ومن حيث احتواء مؤشرنا لجميع الشركات المتعامل عليها، وضخامة عدد الشركات التي يتضمنها مؤشر ستاندر آند بور.

وأول ما يسترعي نظر الباحث ويشد انتباهه عند تقويمه لهيكل السوق المصري من حيث عدد الأوراق المقيدة ومكونات هذا العدد، والذي يمكن من خلاله الحكم على السوق من حيث سعتها أو محدوديتها فهو عدد الشركات المغلقة إلى جملة الشركات المقيدة والتي بلغ عددها في آخر أكتوبر ١٩٩٠ -على سبيل الحصر- ٥٦٤ شركة ، يخص الشركات المغلقة منها ٤٠٩ شركات، والقلة القليلة الباقية وقدرها ١٥٥ شركة تخص شركات الاكتتاب العام[٢].

وأهم الاعتبارات التي أخذت في الحسبان عند اختيارنا للرقم القياسي المقترح هو:

---

(١) قامت الهيئة العامة لسوق المال مؤخرًا وبعد أن قمت بإعداد هذا المؤشر، بإعداد مؤشر للأسعار وكذا حصلت المجموعة المالية، وإن كانت بعض هذه المؤشرات موضع نقد من قِبل المراقبين لأداء السوق.
(٢) بورصة الأوراق المالية – التقرير الشهري عن حركة التعامل عن شهر أكتوبر ١٩٩٠ .

أولا: أن يتوفر للرقم القياسي المقترح عدالة التمثيل وإحكام التركيب.

ثانيًا: في الأسواق الضيقة Narrow Markets كالسوق المصرية والتي يقل من خلالها عدد الأوامر المتدفقة على السوق تكاد تنعدم فرص التماثل، فالأوراق التي يجري التعامل عليها في أحد الشهور ليست بالضرورة هي ذات الأوراق التي يجري التعامل عليها في شهر سابق أو لاحق أو حتى أية فترة يُرى اتخاذها كفترة أساس. ومن هنا فإنني آثرت استخدام صيغة Paashe باعتبارها أكثر الصيغ قدرة على صياغة واقع السوق المصرية بل وغيرها من الأسواق ، ولأنها تتيح استخدام الأوزان دون عوائق تذكر ونعني بذلك أن استخدام كميات فترة المقارنة كأوزان من شأنه إيجاد مخرج، حال عدم التعامل على ذات الأوراق في فترة الأساس.

ووفقا لهذه الصيغة فإن الرقم القياسي المقترح سوف يكون على الوجه التالي:

$$\frac{\text{مج (ك١ × س١)}}{\text{مج(ك١× س)}} : ١٠٠$$

وحيث ك١ تمثل كميات فترة المقارنة؟

ك. تمثل كميات فترة الأساس.

س١ تمثل أسعار فترة المقارنة.

س. تمثل أسعار فترة الأساس.

ثالثًا: إن قيد أوراق مالية جديدة وبأعداد كبيرة في جداول القيد يعد ظاهرة محسوسة في السوق المصرية في الوقت الحالي، واحتمال التعامل على تلك الأوراق فور قيدها في جداول الأسعار، لا يقل رجحانًا عن احتمال عدم التعامل عليها فور إتمام القيد، الأمر الذي يتعذر معه استخدام صيغة لاسبير Laspere's index number والتي تعتمد على أوزان فترة الأساس وهي:

$$\frac{\text{مج (ك. × س١)}}{\text{مج(ك.× س.)}} \times ١٠٠$$

حيث لا يتوفر لدينا في هذه الحال ك.

رابعًا: أن صيغة Paashe تعد من أدق الصيغ علميًّا وعمليًّا.

خامسًا: أننا قد آثرنا أن تكون عدد مفردات الرقم القياسي هي كافة الأوراق المقيدة في السوق والمتعامل عليها، أخذًا في الاعتبار أن الشركات القائدة في الأسواق الأجنبية- والتي لا يسلم الاعتماد عليها من النقد- ليس لدينا ما يناظرها، وأن اختيار عينة ولغلبة الظن أو احتماله لكونها ممثلة لكافة الشركات إنما يعد من قبيل المحاكاة دون وجود أدنى قدر من وجوه التماثل لهيكل السوق وسعته وعمقه ودرجة كفاءته وأسلوب التعامل وحجم العمليات وعدد الصفقات بين السوقين، ووجوب عدم المحاكاة يعد أمرًا مسلما به إذا أخذنا في الاعتبار أن غالبية الأوراق المالية المصرية تمثل شركات مغلقة، وأن نسبة التعامل على أوراق الشركات المغلقة إلى مجموعها لا يتجاوز ٢٥% [(١)].

سادسًا: تراءى لنا استحسانًا أن تعظيم المنفعة للرقم القياسي المقترح يقتضي استخدام صيغة أخرى بالإضافة إلى الصيغة المتقدمة، وهي استخراج الرقم القياسي باستخدام طريقة الأوزان الترجيحية لفترة المقارنة والأساس المتحرك؛ ووفقا لهذه الصيغة يصير كل شهر فترة أساس للشهر الذي يليه، وكل فترة مقارنة لأحد الشهور تصبح في الشهر التالي فترة أساس للشهر الذي يليه، الأمر الذي يسهل معه المقارنة وإبراز نسبة التغير في السعر من شهر لآخر.

سابعًا: فترة الأساس التي تم اختيارها هي فترة هدوء نسبي وترقب باعتبارها نهاية السنة المالية لمعظم الشركات التي يجري التعامل على أسهمها في سوق الأوراق المالية ويترقب المساهمون تسرب بعض المعلومات عن نتائج أعمال الشركة وتوزيعاتها المقترحة من جانب مجلس الإدارة.

أثر سعر الفائدة على أسعار الأسهم في أسواق رأس المال:

اختلفت الآراء حول أثر سعر الفائدة على أسعار الأوراق المالية وظهر في هذه المسألة

---

(١) التقرير الشهري لبورصة الأوراق المالية عن شهر أكتوبر ١٩٩٠. وكذا التقرير السنوي عن سنة ١٩٨٩ .

رأيان أحدهما راجح والآخر مرجوح؛ الرأي الأول يعطي وزنًا كبيرًا لتأثير النقود السهلة Easy money أو النقود الصعبة Dear money على أسعار الأوراق المالية، والمعروف أن مصطلح النقود السهلة أي النقود الرخيصة Cheap money إنما يطلق عندما تعمد السلطات النقدية إلى خفض أسعار الفائدة للتشجيع على الاقتراض ولبعث الانتعاش في النشاط الاقتصادي، وأما النقود الغالية ويطلق عليها أيضا Tight money فإنما ينصرف مصطلحها إلى الحالة التي يقل من خلالها المعروض النقدي ويجري تقيد الائتمان والحد منه ورفع سعر الفائدة كوسيلة لمحاربة التضخم من جانب السلطات النقدية وهذه السياسة وإن كانت لا تلائم - من وجهة نظر بعض الاقتصاديين - سوى الدول الغنية والمتقدمة، إلا أنها قد طبقت في الآونة الأخيرة في مصر ونعرض للرأيين المتقدمين بشيء من التفصيل:

يرى أصحاب الرأي الأول أن زيادة المعروض النقدي بسعر فائدة منخفض يؤدي إلى صعود أسعار الأوراق المالية، وأن ندرة الأموال من ناحية أخرى وارتفاع أسعار الفائدة من شأنه حدوث انخفاض في أسعار الأوراق المالية، وتفصيل ذلك أنه حينما يكون في الإمكان اقتراض الأموال مقابل فائدة بنسبة ٣% فرضًا، مع إمكان استخدامها في شراء أسهم تدر عائدًا يصل إلى ٧% فإن ذلك من شأنه تقوية الحافز لدى المستثمرين والمضاربين على استثمار أموالهم في أصول مالية وحيثما يكون المال نادرًا فإنه من غير المنتظر تحقيق أرباح مجزية وغالبا ما ترتفع في هذه الحالة أسعار الفائدة، ويصبح تحول المستثمر من سوق رأس المال إلى سوق النقد أمرًا تقتضيه مصلحة المستثمرين[(١)].

ومن وجهة أخرى فإنه بتخفيض أسعار الفائدة تنخفض تكاليف الإنتاج فتزداد ربحية المشروعات ومع زيادة الربحية تزداد قدرة المشروعات على التوسع وزيادة الإنتاج مما يبعث موجة من التفاؤل لدى المستثمرين تؤدي إلى ارتفاع الأسعار وأخذ السوق اتجاهًا صعوديًا.

وقد عبر عن ذلك أحد الكتاب الغربيين بقوله: «إن زيادة المعروض النقدي وارتفاع الأسعار في سوق الأوراق المالية مترادفان».

(1) Charles Amos Dice Op. Cit P.380 .

A growing money supply and a rising security market are synonymous[1].

بينما يرى أصحاب الرأي الآخر أنه إذا كانت هناك خمسة عوامل تؤثر بقوة على أسعار الأسهم، فإنه من غير المتصور التسليم بهيمنة Dominating عامل واحد من هذه العوامل وهو سعر الفائدة على أسعار الأسهم بحيث ترتفع بانخفاضه وتنخفض بارتفاعه.

ويضيف أصحاب هذا الرأي أنه بفرض أن شخصًا ما قام بشراء مائة سهم بسعر السهم مائة دولار، وأن سعر هذا السهم قد صعد خلال شهر واحد في السوق إلى ١٠٥ دولارات، فإن ربح المستثمر سيجاوز ٤١٠ دولارا عندما يكون سعر الفائدة ٤% وينخفض بحوالي ١٦,٦٧ دولارا عندما يكون سعر الفائدة ٦% . وهذا الفرق لا يبرز- من وجهة نظرهم-التراجع عن التعامل في الأسهم، وبالتالي فإن زيادة المعروض من هذه الأوراق ليس أمرا محتملا، واستطرد أصحاب هذا الرأي أن الحقائق تؤكد أن معدلات سعر الفائدة ليست عاملا مهيمنًا وأن مسألة النقد السهل أو الصعب لا تعدو أن تكون عاملا من عوامل كثيرة مؤثرة في السوق.

ويضيف أصحاب هذا الرأي أن معدلات الفائدة المرتفعة لا تستطيع أن توقف سوقًا أسعارها في صعود ما لم تكن الظروف الأخرى سيئة وتؤدي إلى هذه النتيجة لا محالة كما أن النقد الرخيص لا يؤدي إلى انتعاش سوق ما لم تكن الأساسيات Fundamentals المتعلقة بالظروف المالية للشركات والاقتصادية للبلاد مقبولة[٢] من قِبل المتعاملين في الأسواق وانتهى هذا الرأي إلى أن تأثير سعر الفائدة على أسعار الأسهم في السوق يعد أمرًا ثانويًا Secondary وعاملا مكملا Supplementary بطبيعته.

وإني أتفق مع الرأي الأول، وهذه المسألة من البداهة ولا تحتاج إلى حشد الأدلة وتقديم البراهين.

وهذا أحد مشاهير علماء التمويل والاستثمار وهو يذكر أن الزيادة الحادة في معدل الفائدة تسبق الهبوط في أسعار الأسهم.

---

(١) وكذا مقالنا بجريدة الأهرام الاقتصادي تحت عنوان «تغير سعر الفائدة وأثره على انتقال الأحداث بين سوقي النقد ورأس المال» - عدد ١١٧٩ في ١٩٩١/٨/١٩ .

(2) Charles Amos Dice, Op. Cit. P 380 .

* The sharp rise in money rates precedes a decline in stock prices.

ولا نزاع في الرأي أنه حينما يقبل أحد المستثمرين على الاستثمار فإنه يقارن بين العائد المتوقع من الاستثمار وبين الفائدة التي يمكنه الحصول عليها فيما لو أودع أمواله في أحد البنوك.

وننقل هنا عن بحث لأستاذنا الدكتور عبد الحميد الغزالي عن الأرباح والفوائد المصرفية بين التحليل الاقتصادي والحكم الشرعي أنه قد أكدت الاستقصاءات التي أجراها ميد J.E.Meade وأندروز P.W.Andrews أن رجال الأعمال يعتقدون أن سعر الفائدة ليس عاملًا يذكر في تحديد مستوى الاستثمار، بينما في دراسة أخرى قام بها ليبلنج H.Leibling للتجربة الأمريكية وجد أن ارتفاع أسعار الفائدة كان مانعًا كبيرًا من الاستثمار ، وأنه في فترة الدراسة (١٩٧٠-١٩٧٨) بلغت مدفوعات الفوائد ثلث العائد الإجمالي على رأس المال مما أدى إلى تآكل ربحية الشركات. وترتب على ذلك هبوط رأس المال المخاطِر في التمويل الكلي أي مجموع الأسهم والقروض، وانخفاض التكوين الرأسمالي، وأورد سيادته في ذات البحث تساؤلًا M.friedman في بداية الثمانينات عن أسباب السلوك الطائش المساوي له في أسعار الفائدة.

* * *

الفصل الثاني

طرق وأساليب تنفيذ العمليات

في مختلف البورصات والقوانين الحاكمة

للتعامل في بعض الأسواق

الفصل الثاني

طرق وأساليب تنفيذ العمليات في مختلف البورصات

والقوانين الحاكمة للتعامل في بعض الأسواق

المبحث الأول

طرق وأساليب تنفيذ العمليات في مختلف البورصات

مقدمة:

كثير من المدخرين يودون لو أنهم استثمروا أموالهم في الأوراق المالية إلا أنهم يتوجسون خيفة

من تقلبات أسعارها ويتهيبون أسواقها ، وتحيط بالكثير منهم الجهالة بماهيتها، وأساليب التعامل فيها،

حتى لقد ذهب أحد الكتاب الإنجليز في مقدمة إحدى مؤلفاته إلى القول:

I am to speak of what all people are busy about, not one in forty understands[1].

فإذا كانت الشعوب الأوروبية التي نشأت البورصات في أحضانها لا تتجاوز نسبة العارفين

بماهيتها ٢٫٥% فلا غرابة أن أدار لها الناس ظهورهم وتوجسوا خيفة منها في البلاد حديثة العهد بها.

وهناك فريق من صغار المدخرين يرى أن هذه الأسواق هي ملتقى الأثرياء ورجال المال والأعمال

الذين يقصدونها من كل صوب وينشدونها من كل حدب، ولذلك نجدهم عنها معرضين ومن التعامل

فيها متهيبين.

وفريق آخر لا يكاد يتقبل التعامل في البورصات بقبول حسن وينأى بجانبه عن التعامل فيها

ويرى أنها ليست سوى منتديات للقمار، والتعامل فيها محفوف بالمخاطر والأضرار الخاصة مع اشتداد

سعار المضاربات over-heated speculation وعوامل الانهيار وتقلبات الأسعار المصاحبة للدورات

الاقتصادية Business cycles وتدهور

---

(1) Stock & Shares, Hartly withers, London .

الأسعار مع أزمات الكساد وشيوع البطالة وإضرابات العمل وهي الظواهر التي تعرفها جيدًا المجتمعات الرأسمالية والدول التي تحاكيها.

وهناك فريق آخر يميل إلى المقامرة وآخر إلى المضاربة «بمفهومها الغربي» والمضارب وفقًا لهذا المعنى لا يعتبر نفسه مقامرًا ولا يشك في كونه مضاربًا.

وهناك فريق أخير أولئك هم المستثمرون الذين يسارعون إلى الاكتتاب في الإصدارات الجديدة للشركات المساهمة وتمثل مدخراتهم إضافة جديدة لثروة المجتمع وهم لا يشترون الأسهم بقصد إعادة بيعها وإن باعوها.

طرق وأساليب تنفيذ العمليات :   Methods of trading

لو أن أحد المدخرين قرر أن يستثمر مبلغا من المال في شراء أوراق مالية، ولم يسبق له أن عرف طريقه إلى أسواق الأوراق المالية ذلك أنه كان قد اعتاد -بحكم انتشار العادة المصرفية- أن يودع كافة مدخراته في أحد البنوك الربوية التي تضمن له عائدًا ثابتًا على مدخراته خاليًا من المخاطرة ولا يرتبط بأوجه النشاط التي يمارسها ولا العوائد التي يحققها فإن أول تساؤل يثور لدى هذا المدخر يدور حول الكيفية التي يشتري بها الأوراق المالية التي ينوي استثمار أمواله فيها، ولا يلبث هذا المدخر أن يجد الإجابة على تساؤله في الاختيار بين أسلوبين عليه أن يفاضل بينهما ويفضل.

الأسلوب الأول: أن يتوجه إلى البنك الذي يتعامل معه ويصدر إليه التعليمات بشراء الأوراق المالية التي يرغب في استثمار أمواله فيها، وسيقوم البنك في هذه الحالة بكافة الإجراءات بالنيابة عن العميل وفي حدود التعليمات التي تلقاها منه.

الأسلوب الثاني: أن يتصل مباشرة بأحد بيوت الوساطة المالية Brokerage houses المتخصصة في بيع وشراء الأوراق المالية وهنا تثور المشكلة الثانية أمام العميل والتي تتمثل في اختيار الوسيط الذي سيقوم بصفته وكيلا عنه بتنفيذ أوامره، والذي يستطيع أن يحصل لعميله على أفضل الأسعار بائعًا كان أم مشتريا، ويقدم له أفضل الخدمات وسيسعى العميل للبحث عن الوسيط المالي المشهود له بالكفاءة والأمانة والسمعة الطيبة والذي يقوم حينئذ بدور المستشار المالي والاقتصادي للعميل [1]، فيوجهه دائمًا لما فيه مصلحته

---

(1) Choose a broker in whom you have Full confidence. Give him all your business, let him knows your investment plans, get his advice, but after all use your own head and make your own decision. (Dice, Op. Cit P 66)

وينبغي أن يكون هذا الوسيط قادرًا في جميع الأوقات على أن يمد عميله بكافة المعلومات المتاحة عن السوق واتجاهاتها والأوراق التي يرغب في شرائها ومدى سلامة المراكز المالية لشركاتها، كما ينبغي أن يكون الوسيط فوق كل الشبهات فلا يكون من أولئك الذين يدفعون عملاءهم للبيع أو الشراء لمجرد التربح والحصول على مزيد من العمولات والأتعاب أو بغرض التأثير على اتجاهات الأسعار، أو المماطلة في تنفيذ أوامر العملاء بدعوى التريث لحين تحسن مستوى الأسعار، على حين أن الأمانة ربما كانت تقتضي سرعة تنفيذ أوامر هؤلاء العملاء.

أنواع الأوامر: Types of orders

فإذا ما قرر العميل أن يصدر أمرًا للوسيط بالبيع والشراء فإن من مصلحته - ولا ريب- أن يلم بأنواع الأوامر التي يمكن إعطاؤها للوسيط، وغني عن البيان أن إحاطة المستثمر وإلمامه بهذه المعلومات من شأنه إبانة المقاصد على وجهها الصحيح بحيث لا يساء فهمهما وكذلك دعم قدرة الوسيط على التنفيذ. وقد لوحظ أن معظم المستثمرين يفضلون التعامل وفقا لسعر السوق at the market رغم اختلاف الميول والنزعات ويمكن تقسيم الأوامر إلى نوعين رئيسيين[1].

الأول: أوامر صادرة وفقا لسعر السوق. Market orders

الثاني: أوامر صادرة بسعر محدد. Limit or Limited orders

وكلا النوعين قد يكون بيعًا أو شراء.

أما بالنسبة للنوع الأول، وهي الأوامر الصادرة بسعر السوق، والتي اصطلح الفنيون على تسميتها «at the market» «au miex» فهي أبسط أنواع الأوامر التي يتلقاها الوسيط من عميله بل وأكثرها شيوعًا في مختلف الأسواق، ولعل السر في ذلك يكمن فيما يراه بعض الفنيين أن هذه الأوامر واجبة التنفيذ الفوري وأنه من المتوقع دائما أن يقوم الوسيط فور تلقيه الأمر بتنفيذه أن يبذل قصارى جهده من أجل الحصول لعمليه على أحسن سعر ممكن، ونظرًا للسرعة التي يتم بها تنفيذ هذه الأوامر أطلق عليها الأوامر الفورية immediate orders.

---

(1) The market order instructs the broker to buy or sell immediately at the price avalialble to the customer, this means to buy at the lowest price or sell at the highest possible price. (Robert wessel, Op. Cit. P. 214.)

إلا أن ثمة خلافًا يدور حول الأوامر الفورية واندراجها تحت أي من النوعين السابقين، فبينما يرى فريق من الكتاب أن الأوامر الصادرة بسعر السوق هي أوامر فورية وواجبة التنفيذ في الحال [1] يحذر فريق آخر من الخلط بين الأوامر الصادرة بسعر السوق Market orders والأوامر الفورية immediate ويرى هذا الفريق أن النوعين ليسا شيئًا واحدًا وإنما شيئان مختلفان، فالأمر الفوري على خلاف الأمر الصادر بسعر السوق لا يترك فيه تحديد الأسعار لاتجاهات السوق وإنما يحدد العميل في الأمر الذي يصدره أسعار الأوراق التي يرغب في بيعها أو شرائها ويحمل الأمر صيغة التنفيذ الفوري كما جرت العادة على الوجه التالي.

«اشتروا لي فورًا مائة سهم من أسهم الشركة بسعر ٢٥٠٠ قرش»

«Buy 100 shares of A common at 2500 p.t immediately »

فإذا كان سعر السوق يتجاوز هذا السعر يقوم الوسيط بإلغائه ويُخطر العميل بظروف السوق.

وعلى ذلك يمكن التفرقة بين الفورية في النوعين [2] ونقصد بذلك الفورية العفوية غير المنصوص عليها في الأوامر الصادرة بسعر السوق والفورية المنصوص عليها صراحة في الأوامر محددة السعر، أنه بالنسبة للأوامر الصادرة بسعر السوق فإن هذه الأوامر يتم تنفيذها عادة فور وصولها إلى ردهة البورصة The trading floor نظرًا لتحرر هذه الأوامر من القيود التي تعوق سرعة تنفيذها ، حيث يترك تحديد السعر لظروف السوق وحركة اتجاه الأسعار، ولذلك فإن الفورية التي تكتسبها هذه الأوامر تأتي بطريقة عفوية وتلقائية ومن خلال التزام الوسيط بتنفيذ الأمر بأفضل سعر يمكن التوصل إليه.

والأمر على خلاف ذلك في الأوامر محددة السعر إذ يأتي النص فيها صريحًا وواضحا بوجوب تنفيذها بصفة فورية بالسعر المحدد بالأمر فإذا استحال ذلك على الوسيط قام بإلغائه وأخطر العميل بظروف السوق.

إلا أن إصدار الأوامر على الوجه المتقدم قد يفضي إلى النزاع بين العميل والوسيط

(1) Robert Wessel, Op. Cit. P. 215.
(2) Dice, Op. Cit. P.68 .

فقد يختلف المفهوم عن المقصود نظرًا لقصور البيانات عن أداء المعنى المقصود، ولتوضيح ذلك نفرض أن أحد العملاء أصدر أمرًا لأحد بيوت السمسرة في مصر لشراء مائة سهم من أسهم شركة النصر للملابس والمنسوجات «كابو» بسعر ١٠٠٠ قرش وأن سعر الإقفال السابق وفقا لنشرة الأسعار الرسمية يوم ١٩٨٩/١/١٠كان ١٠٣٠ قرشا «بائع» وبفرض أن السعر لم يتراجع إلى ١٠٠٠ قرش، فهنا يثور التساؤل هل يعتبر أمر الشراء ساري المفعول بعد هذا التاريخ، وإذا كان الأمر كذلك يصبح السؤال: ولمتى؟!

حقيقة الأمر أن أمر البيع أو الشراء إذا جاء خاليا من البيانات التي تحدد مدة سريانه يعتبر صالحًا لمدة يوم واحد good for one day بينما قد يختلف المقصود عن المفهوم ، وسيضطر الوسيط – إذا اقتضى الأمر- إلى تأويله Interprete وفقا للأعراف الجارية وهو غير متيقن مما يقصده العميل، وفي أغلب الأحوال يعيد الوسيط الأمر إلى العميل لكي يستوفي الأخير بيان مدة سريان الأمر درءًا للشقاق والخلاف وحفاظًا على مصلحة العميل.

ولذلك جرى العرف والعادة على تحديد فترات معينة Customary Periods تمثل فترة سريان الأوامر الصادرة من العملاء بسعر محدد سواء كانت بيعًا أم شراء ويطلق على الأمر في هذه الحالة Time order وتفصيل ذلك على الوجه التالي:

أولًا : بالنسبة للأوامر الصادرة بسعر السوق Market orders فإنه يتم تنفيذها فورًا بسعر السوق، ولذلك فليس هناك مدة لسريانها.

ثانيًا: أوامر سارية المفعول ليوم واحد Day orders.

وهذه الأوامر صالحة لليوم الذي صدر فيه الأمر فقط good for one day

ثالثا: أوامر سارية المفعول لتاريخ معين ويتم إلغاؤها تلقائيًا بعد هذا التاريخ.

رابعًا: أوامر سارية المفعول لمدة أسبوع good this week G.T.W

خامسًا: أوامر صالحة لمدة شهر good this month G.T.M

سادسًا: أوامر سارية المفعول حتى التنفيذ أو الإلغاء G.T. C

أو ما يسمى (Good till Completed (open orders

ويثور التساؤل بالنسبة لهذا النوع من الأوامر أنه إذا كانت هذه الأوامر سارية المفعول حتى التنفيذ أليست هناك حدود قصوى لفترة سريانها؟ وهذا السؤال لا يطرح نفسه على الدارسين والباحثين فحسب ، بل وعلى الممارسين والمتعاملين في أسواق الأوراق المالية وخاصة في البلدان حديثة العهد بالبورصات والإجابة على ذلك تخلص في أن معظم بيوت السمسرة في الولايات المتحدة والدول الرأسمالية عامة دأبت على أن تعزز في نهاية كل أسبوع الأوامر المفتوحة open orders الصادرة إليها من العملاء والسارية المفعول حتى التنفيذ أو الإلغاء وذلك من خلال إخطارات بريدية يتم توجيهها لهؤلاء العملاء فإذا انقضت ثلاثة أشهر ولم يتم تنفيذ أو إلغاء أمر لأحد العملاء ، يتلقى العميل حينئذ تعزيزًا من الوسيط بالأمر المذكور ويطلب من العميل التوقيع، على هذا التعزيز وإعادته إلى مكتب الوسيط إذا ما كان راغبا في استمرار سريان الأمر، فإذا ما وقع العميل على التعزيز وأعاده لمكتب الوسيط امتد سريان الأمر ثلاثة أشهر أخرى، وفي حالة عدم إعادته فإن الوسيط يقوم بإلغائه تلقائيا ودون حاجة للرجوع إلى العميل [1].

الأوامر بوقف الخسارة: stop loss orders

وهناك نوع أخير من الأوامر هو خليط Combination من الأوامر محددة السعر Limited orders والأوامر الصادرة للتنفيذ بأحسن سعر وهذه الأوامر هي التي اصطلح على تسميتها Stop orders or stop loss orders .

هذا النوع من الأوامر تكاد تنعدم فرص إصداره في الأسواق غير الرأسمالية العالمية وتفصيل ذلك أن حاملي الأسهم كما يحدوهم الأمل دائمًا في تحقيق كسب سريع إذا ما ارتفعت أسعار الأسهم التي في حيازتهم، فكثيرا أيضا ما ينتابهم القلق خوفًا من هبوط الأسعار هبوطًا متواليًا يترتب عليه ضياع جزء كبير من ثرواتهم، ويزداد هذا القلق إلى حد التوتر والاضطراب إذا ما كان من المحتمل أن يفقد العميل اتصاله بالوسيط وبالتالي قدرته على متابعة الأسعار وليس بمستغرب أن تتصور أحد أثرياء المجتمع الأمريكي وقد خرج في رحلة لصيد الأسماك في خليج هودسون أو لصيد الحيوانات في أفريقيا الوسطى، في مثل هذه الظروف يصبح بوسع العميل بل ينبغي عليه استخدام هذا الأمر فيحدد سعرًا أدنى من سعر السوق الجاري والفرق بين السعر الذي يحدده وسعر السوق في ذلك الحين يمثل حدود الخسارة التي بوسعه تقبلها أو بإمكانه تحملها، فإذا انخفض

---

(1) gt is customary in some brokerage offices to send out each Friday aconfimation (Dice,Op. Cit, P68).

السعر إلى هذا المستوى يتحول أمره من stop loss order إلى market order أي إلى أمر بيع بأحسن سعر ممكن(١).

ولو افترضنا أن دبلوماسيًا مصريًا هو أحد كبار المساهمين في الشركة المصرية للدواجن «إجيبكو» وأن أسفار هذا الدبلوماسي تحول أحيانا دون متابعته لأسعار السوق، وبفرض أن المستثمر المذكور خرج في أحد أسفاره يوم ١٩٨٩/١/١١ وكان سعر الإقفال في اليوم السابق- وفقا لنشرة الأسعار الرسمية لسوق الأوراق المالية – لأسهم هذه الشركة هو ١٤٢ قرشًا.

ونظرًا لما لا حظه من توالي نزول أسعار الأسهم طوال العام الميلادي السابق على أثر الإعلان عن المركز المالي للشركة وتدهور ربحيتها، أصدر لشركة الوساطة أمرًا قبل سفره بإيقاف الخسائر وبيع الأوراق إذا بلغ السعر ١٣٩ قرشا فإذا انخفض السعر إلى القيمة التي حددها العميل إلى ١٣٩ قرشا يتحول أمر هذا الدبلوماسي من stop loos order إلى أمر بيع بالسعر الجاري حينئذ ، وقد يختلف سعر البيع عن السعر المحدد في أمر العميل stop loss order ولا غرابة في ذلك، فما أن يبلغ السعر ١٣٩ قرشا إلا وتجري عمليات جديدة على أساس السعر الجديد بعد التراجع وقد يكون أعلى سعر طلب شراء في هذه الحالة أعلى أو أدنى من السعر بعد التراجع إلا أن هذه الفروق غالبًا ما تكون زهيدة.

وقد عرفت أسواق الأوراق المالية في مصر العديد من صور أوامر البيع والشراء والتي تختلف في صيغتها من أمر لآخر ولكنها لا تخرج عن كونها تفريعا للأوامر المتعارف عليها والتي تصدر في أي بلد في العالم، وهي الأوامر الصادرة بسعر السوق أو تلك الصادرة بسعر محدد، إلا أنه من المشاهد في الوقت الحاضر اندثار العديد من صور هذه الأوامر، وارتبط ذلك على أرجح الأقوال بانقراض الرأسمالية الوطنية التي كانت تعرف طريقها دائما إلى أسواق الأوراق المالية وكذا بإصدار القوانين الاشتراكية والتي كان لها أسوأ الأثر على بورصتي الأوراق المالية في مصر وكان من ثمارها أن تحولت إلى جسد لا حياة فيه، عاجز عن التقاط أنفاسه إلا بالقدر الذي يسمح ببقائه كالرجل المريض، على أن اندثار هذه الصور من أوامر البيع والشراء واختفاءها من حياة هذه الأسواق لا ينفي إمكان إصدار مثل هذه الأوامر، بل وأي صور مستحدثة لأنها لا تخرج عن الأصل العام في كون الأمر بسعر السوق أو بسعر محدد.

---

(1) Robert wessel, Op. Cit, P. 215.

ومن صور أوامر البيع التي كانت سائدة الصور الآتية [1]:

au mieux	الأوامر الصادرة بأحسن سعر.
au prix fixe	الأوامر الصادرة بسعر محدد.
au prix d'ouvrture	الأوامر الصادرة بسعر الفتح.
au prix du cloture	الأوامر الصادرة بسعر الإقفال.
a votre choix	الأوامر الصادرة حسب اختيار الوسيط.

بقي بعد أن يلم العميل بأنواع الأوامر التي يمكن إصدارها للوسيط وإدراكه لمزية كل منها أن يفاضل بينها، ويفضل بعد إمعان النظر في ظروف السوق واتجاهات حركة الأسعار وتقلباتها ثم يصدر الأمر المناسب.

إعطاء الأمر : Giving The Order

تبدأ العملية عادة باتصال المستثمر بيت السمسرة الذي وقع عليه اختياره وقد يكون الاتصال شخصيا in person وهذا هو المسلك الأكثر شيوعًا وقد يكون هاتفيا إذا ما كان العميل معروفا لدى بيت السمسرة Brokerage house فإذا ما اتجه العميل إلى مكتب الوسيط استقبله الموظف المسئول والموجود دائمًا في هذا المكان لتلقي أوامر العملاء ، فإذا ما أبلغه العميل برغبته في شراء الأسهم التي قرر أن يستثمر فيها جزءًا من مدخراته، واستخدم العميل هنا كما جرت العادة العبارة التقليدية التي صارت مصطلحًا في الدول الغربية 1 should like to place an order فإن الموظف المسئول لن يكلف العميل من الجهد ما يزيد على التوقيع على أمر الشراء ويعتبر العقد منذ توقيعه وقبوله من جانب المكتب عقدًا بين طرفين يوجب التزامات محددة على كلا الطرفين.

يقوم الموظف المسئول على أثر ذلك بتسجيل الأمر في سجلات المكتب ثم يبادر بإبلاغه هاتفيًا إلى أحد موظفي المكتب الموجودين بالبورصة خصيصًا لهذا الغرض، وإلى هنا فليس ثمة خلاف بين الإجراءات أو الخطوات التي تسبق عملية تنفيذ الأوامر في مختلف البورصات.

فإذا تصورنا أنفسنا الآن في بورصة الأوراق المالية بالقاهرة فسوف يكون بوسعنا ملاحظة موظفي مكاتب السمسرة الموجودين في البورصة في الأماكن المخصصة لهم وهم

---

(1) Charles Amos Dice, P.P. 70-71.

يستقبلون الأوامر التي ترد إليهم من مكاتبهم من خلال الاتصال الهاتفي وقيامهم بإبلاغ الوسطاء أو مندوبيهم الرئيسيين -الموجودين حول المقصورة- بهذه الأوامر ورغبة منا في توسيع دائرة المعرفة فلا مناص فمن قفزة ننتقل بها من نطاق البورصات المحلية بمعاملاتها المحدودة وإمكاناتها المتواضعة إلى البورصات العالمية ذات الإمكانات غير المحدودة والمعاملات اليومية التي توصف-بلغة العصر- بأنها فلكية لا بأس إذن أن نتصور أنفسنا الآن في بورصة وول ستريت في الولايات المتحدة الأمريكية لنتابع عن قرب الخطوات التي تسبق تنفيذ العمليات ثم نتناول بعد ذلك الكيفية التي يتم بها تنفيذ هذه العمليات .

من المعلوم أن لكل بيت من بيوت السمسرة عددًا من الموظفين بعضهم في المكتب الرئيسي وبعضهم في المكاتب الفرعية، البعض الآخر داخل أسواق الأوراق المالية، والجميع يتعاونون على تنفيذ أوامر البيع والشراء التي ترد إلى المنشأة من سائر العملاء.

فإذا بدأنا من حيث سبق أن انتهينا أي إلى قيام الموظف المسئول بمكتب السمسرة بإبلاغ الأمر إلى البورصة واستقباله بمعرفة الموظف المنوط به تلقي الأوامر فسيكون بوسعنا أن نلاحظ الآتي:

١- قيام الموظف التابع لبيت السمسرة فور تلقيه لأحد الأوامر في مقره بالبورصة من خلال الاتصالات الهاتفية بإبلاغه بذات الأسلوب إلى أحد موظفي المنشأة الموجودين في ردهة البورصة Trading floor بالقرب من المقصورة التي يتم فيها تنفيذ الأوامر Trading post .

٢- يقوم الموظف المذكور بتسجيل الأمر على بطاقة مخصصة لهذا الغرض ويناولها إلى الوسيط فإذا لم يكن الوسيط موجودًا حول المقصورة يقوم هذا الموظف باستدعائه عن طريق اللوحات المضيئة.

٣- فور تسلم الأمر يعمل على تنفيذه بأفضل سعر ممكن إذا ما كان الأمر صادرًا للتنفيذ بسعر السوق Market order أما إذا كان الأمر محددًا limited order فإن الوسيط يقوم في هذه الحالة بتحويله إلى أحد المتخصصين والذين يطلق عليهم في الولايات المتحدة الأمريكية specialists وهم أولئك الذين يجمعون بين وظيفة الوسطاء والتجار - حيث يقوم هذا الأخير (Dealer) بتنفيذه عند أول فرصة مواتية وفقًا للسعر الذي حدده العميل [1].

---

(1) Encyclopedia Britanica, Op.Cit. PP 450-451.

٤- بعد إتمام العملية يقوم الوسيط بتسجيل السعر على البطاقة التي يتسلمها من الموظف المختص ويسجل عليها اسم الوسيط الآخر الذي اشترك معه في تنفيذ العملية.

٥- يقوم الوسيط الذي قام بالتنفيذ بالتوجه إلى حجرة الهاتف Phone booth حيث يسلم هذه التعليمات إلى موظف التليفون والذي ينقلها بدوره إلى المكتب المركزي «المكتب الرئيسي للوسيط».

٦- يقوم المكتب المركزي عن طريق التليتيب Teletype بإبلاغ هذه المعلومات إلى المكتب الفرعي.

٧- يقوم المكتب الفرعي بإبلاغ العميل بأنه قد تم تنفيذ الأمر ويوافيه بفاتورة موضح بها السعر الذي تم به التنفيذ وكذلك الكمية المشتراه أو المبيعة طبقا للأمر الصادر إلى المكتب.

٨- آخر خطوة في هذه الإجراءات هي عملية الانتقال الحقيقي Actual transfer لصكوك الأسهم من البائع إلى المشتري وتتم هذه العمليات عن طريق غرفة المقاصة والتي قد تكون جهة خارجية عن البورصة.

وأما إذا كانت نية العميل هي عدم تسليم الأسهم المَبيعة أو عدم استلام الأوراق المشتراه بحيث لا يترتب على عقد هذه الصفقة انتقال حقيقي للأصول المالية المَبيعة، فإن قوانين نيويورك [(١)] والتي ألغيت في هذا الصدد بقوانين أخرى تعتبر العملاء في هذه الحالة مقامرين على الفروق، وبذلك تعتبر هذه العمليات غير نافذة المفعول ولا شك أن الأمر الصادر من العميل ينطوي ضمنًا على نية العميل في انتقال الأوراق انتقالًا حقيقيًا من حيازة البائع إلى حيازة المشتري.

طريقة التنفيذ في المقصورة:

لما كانت طرق أو أساليب تنفيذ عمليات Methods of execution ليست واحدة في جميع البورصات فلا مندوحة من التصدي للكيفية التي يتم بها تنفيذ العمليات في أعظم الأسواق العالمية وأكثرها للمضاربين جاذبية وهي الأسواق الأمريكية.

---

(1) gf it is the intention of Customers not to deliver stock sold or not to receive stock bought, so that the transaction involues no transfer of stok, the new yourk laws hold that such customers are gambling in differences, Dice, Op.Cit. P. 70.

أسلوب تنفيذ العمليات في البورصات الأمريكية:

تناولنا في الصفحات السابقة الكيفية التي يتم بها تداول الأمر الصادر من العميل في بورصة وولستريت Wall Srteet Stock Exchange وتعقبنا الأمر واقتفينا أثره منذ لحظة تلقي بيت السمسرة الأمريكي للأمر إلى أن يتم إبلاغ العميل بتمام التنفيذ ونتناول فيما يلي الكيفية التي يتم بها تنفيذ الأمر بما يحقق مصلحة العميل من خلال الحصول له على أفضل سعر ممكن Best possible Price ما لم يكن الأمر محدد السعر(1).

دعنا نتصور الآن أن الوسيط الأمريكي قد تلقى من خلال معاونيه بالبورصة أمرًا صادرًا إلى منشأته بشراء مائة سهم لشركة جنرال إليكتريك General Electric بأحسن سعر فور تلقي الأمر سيقوم الوسيط بالاتجاه إلى المقصورة Trading post التي يجري التعامل فيها Trading على الأوراق المذكورة وبمراجعة الوسيط للأسعار المعلنة تبين له أنه قد تم تنفيذ عمليات لهذه الشركة بسعر 1/8 ٦٢ دولار لذلك فإن الوسيط لا يداخله أدنى شك- ما لم تكن الظروف القائمة غير طبيعة أنه سوف يكون بإمكانه تنفيذ العملية بسعر قريب من هذا السعر، حينئذ يبدأ الوسيط بالمناداة معلنا اسم شركة جنرال إليكتريك مستخدمًا الاصطلاحات المتعارف عليها في السوق What is G-E وهو بهذه العبارة يستفسر عن السعر المعروض والمطلوب في المقصورة فيرد أحد المحترفين floor traders الموجودين حول المقصورة بأن السعر ٦٢ إلى 1/4 ٦٢ (1/4 to ٦٢) واستخدام المصطلحات المختصرة على الوجه المتقدم (abbreviated terminology) يهدف إلى توفير الجهد الخاصة في ظل سوق يموج بالمعاملات ويتزاحم ويتنافس فيه المتعاملون من المستثمرين والمضاربين والمقامرين، ولما كانت الأوامر محل التعاقد مازالت قائمة، فإن ذلك يعني أنها لم تصادف قبولا حتى ذلك الحين، ويوقن الوسيط في هذه الحالة أنه لن يكون بوسعه الحصول على السهم المطلوبة بسعر ٦٢ دولار ولكنه يثق كل الثقة أن بوسعه الحصول على هذه الأسهم بسعر 1/8 ٦٢ دولار، ومن ثم تبدأ محاولاته أملا الوصول إلى هذا السعر الأخير فينادي ٦٢ دولار ، ومن ثم تبدأ محاولاته أملا الوصول إلى هذا السعر الأخير فينادي 1/8 لكل مائة بما يعني أنه على استعداد لشراء مائة سهم بسعر 1/8 ٦٢ فإذا ما كان هناك سمسار آخر ينافس الآخرين في عملية البيع، فمن المحتمل أن يقبل هذا

(1) Robert wessel, op Cit. P.P 231-234.

السعر، يعني موافقته على أن يبيع بهذا السعر، فإن لم يظهر هذا البائع الذي أبدى استعداده للبيع بسعر $1/8$ ٦٢ دولار فإن الوسيط هنا سوف يقبل $1/4$ ٦٢ دولار ، وهو واثق تمامًا من القبول بهذا السعر.

فور تنفيذ العملية سوف يقوم كل من الوسيطين بتسجيل رقم بادج الآخر بما يحدد شخصية المنشأة التي اشتركت معه في تنفيذ العملية، أما العقد الذي تم بموجبه تنفيذ هذه العملية Contract فهو عقد شفهي غير مكتوب وهذا لا يخل بالالتزام في أعراف البورصات المختلفة ، حتى لقد ذهب أحد الكتاب إلى القول بالتزام المتعاملين حتى لو كان أحدهم لصًا أو محتالًا في معاملاته خارج ردهة البورصة(١) .

ولو افترضنا أن الأمر الصادر إلى بيت السمسرة من العميل كان بيعًا ولم يكن شراء فإن الأمر يقتضي من الوسيط هنا أن يعرض السهم للبيع بذات السعر الذي اشترى به عند افتراضنا الأول أي $1/8$ ٦٢ وسوف ينادي في هذه الحالة (100 $1/8$) لا شك أن الدافع وراء قبول الوسيط لأن يعرض الأوراق بسعر $1/4$ ٦٢ والذي لم يصادف قبولا من جانب المشترين فأعرضوا عنه وفي نفس الوقت فإنه قد حاول أن يحصل لعميله على فرق مقداره $1/8$ دولار يمثل الفرق بين أسعار الأسهم المعروضة والسعار المطلوبة فاتخذ رقما بينيًا ووسطًا بين السعرين محققًا لعميله هذا الفرق.

المشتغلون بالمتاجرة في الأوراق المالية : The floor traders

تتلخص وظيفة هذه الفئة في بيع وشراء الأوراق المالية ليس لحساب غيرهم وإنما لحسابهم، وهم أعضاء في بورصة الأوراق المالية ويطلق عليه أيضا على سبيل التقريب لفظ«ديلر» Dealer وإن كان مفهوم هذا اللفظ ينصرف إلى من يقومون بعمليات البيع والشراء في السوق غير الرسمية، ويمتنع على المشتغلين بالمتاجرة في الأوراق المالية الاتصال بالجمهور أو تنفيذ الأوامر لأعضاء البورصة، وثمة فرق يتعين الإشارة إليه بين أن يتعامل هذا العضو مع أعضاء البورصة وبين أن يشتري أو يبيع لحسابهم ، فهاتان مسألتان مختلفتان ، ولكونه عضوًا في البورصة ويقوم بتنفيذ العمليات لحسابه الخاص، لذلك فإنه لا يتحمل أية عمولات ويقنع بأي هامش من الربح أخذًا في الاعتبار أن

---

(1) Para doxically aman may be a fraud and a thief in his other dealings and at the same time be honest while on the floor of the exchange. Here a man's word is as good as his bond. (Robert wessel, op. Cit, P. 234.

تكاليف وأعباء ممارسة وظيفته تعتبر هينة، ذلك أنه غالبا ما يكتفي باستئجار غرفة مكتب Desk room لدى أحد بيوت السمسرة ويدفع مقابل ذلك مبلغا معينا مقابل شغل المكان ومعاونته على عمليات إمساك الدفاتر والتصفية في غرفة المقاصة والمعلومات التي تتعلق بمعاملاته في السوق، ويطلق على من يقوم بهذه الوظيفة أيضًا Room trader نسبة إلى الغرفة التي يستأجرها.

ويعتمد هؤلاء التجار في تحقيق أرباحهم على حجم معاملاتهم وسرعة دوران الأسهم.

وهؤلاء الأفراد ليسوا مضاربين بالمفهوم الغربي للفظ على الصعود أو الهبوط لفترة طويلة.

ويرى علماء الاستثمار والمتخصصون في شئون البورصات أن المتاجرة في الأوراق المالية من خلال هذه الفئة تؤدي إلى ثلاث مزايا:

الأولى: خلق سوق مستمرة.

الثانية: تضييق الفرق بين سعري البيع والشراء.

الثالثة: تؤدي إلى الحد من تقلبات الأسعار بين ساعة وأخرى وتعمل على استقرارها.

هذا ومن المعروف أن أوامر الوسطاء لا تصل إلى السوق منتظمة ، حتى أنه في لحظة معينة قد يكون هناك كم هائل من أوامر الشراء يقابله كم محدود من أوامر البيع أو على النقيض من ذلك قد يكون هناك كم كبير من أوامر البيع ولا يقابله سوى كم محدود من أوامر الشراء، هنا يصبح بوسع هؤلاء المتاجرين اغتنام الفرص المتاحة من خلال البيع في الحالة الأولى وتحقيق هامش معقول من الربح، أو الشراء في الحالة الثانية وبالتالي يسترد ما سبق أن باعه بثمن أقل، وهذا مما يحول دون حدوث تقلبات عنيفة في السوق.

إلا أن هناك ما يستحق أن نتوقف عنده لحظة، إذ يرى علماء الاستثمار والمختصون بشئون البورصات أن كل من يكرس كل وقته في هذا العمل يصبح موضع انتقاد باعتباره من كبار المقامرين الذين يناورون ويؤثرون على حركة الأسعار ويخلقون قيما مصطنعة وغير حقيقية[1]، وأن هذه الفئة لا تؤدي خدمة اقتصادية هامة وأن أنشطتهم تؤدي إلى

---

(1) Charles Amos Dice & Eiteman, Stock Market op - Cit, P. 140.

زيادة عدم استقرار السوق (١).

التاجر المتخصص متعدد المهام : The specialist

هو الشخص الذي يجمع بين عملي«الديلر» والوسيط، فحينما يقوم ببيع وشراء الأوراق المالية لحسابه الخاص فهو يقوم بعمل«الديلر» وحينما يبيع ويشتري لحساب سماسرة الأوراق المالية والديلرز أيضا مقابل تقاضي عمولة فهو يقوم بذلك بعمل الوسيط ، إلا أنه يمتنع عليه الاتصال بالعملاء شأنه في ذلك شأن الوسيط المفوض من قبل الوسيط الأصيل The two-Dollar broker وكذلك من يشتغلون في أعمال المتاجرة في الأوراق المالية The floor traders ويقتصر ـ تعامل التاجر المتخصص The specialist على عدد قليل من الأوراق ، وفي الأوقات التي ينشط فيها السوق فإنه قد يتعامل على ورقة واحدة نظرًا لتعذر وجوده في أكثر من موقع في آن واحد.

أما عن أصل هذه التسمية فتروي لنا كتب الأدب المالي من تراث الأسواق أن واحدًا من أنشط أعضاء البورصة فقد أحد ساقيه، الأمر الذي استحال معه أن يستمر في أداء مهنته لكونه عاجزًا عن الحركة والانتقال من مكان إلى آخر في مواقع التعامل لذلك فقد اتخذ قراره ووقع اختياره على ورقة مالية معينة كان التعامل نشطا عليها وقرر أن يتخصص في التعامل على هذه الورقة وهي خاصة بشركة western union فاتخذ موقعه في المقصورة The trading post التي يجرى فيها التعامل على هذه الورقة، وبدأ الوسطاء في إعطائه أوامرهم المتعلقة بهذه الشركة لتنفيذها، وكان لنجاح هذا الأسلوب والتزاحم على الوسيط المتخصص أن صار عمله أكثر ربحية ممن يتاجرون في جميع الأوراق.

ومع هذا فإن مهمة التاجر المتخصص ليست سهلة ولا هينة إذ عليه أن يقف في المقصورة يستقبل الأوامر الوافدة عليه ويقوم بتنفيذها رغم تعاظم كمياتها.

إن دقة الملاحظة والمعرفة المتميزة والفائقة Super Knowledge وسرعة اتخاذ القرار والتصرف في الوقت المناسب تعد من مقتضيات أداء هذه الوظيفة .

والوظيفة الاقتصادية للتاجر المتخصص تتفق ووظيفة المشتغلين بالمتاجرة في الأوراق المالية؛ إذ إنه يساعد على خلق سوق مستمرة Constant market للأوراق المالية التي

---

(1) The floor trader has been criticzed as performing no important economic function and that their activities in crease market in stability. Fredrick Amling op. Cit, P. 243.

يتعامل عليها، وإذا كان هناك من لا يبيع أو يشتري فإنه يقف في موقعه مستعدا دائما للبيع أو الشراء، وهو كذلك ساعد على التخفيف من حدة تقلبات الأسعار وبالتالي العمل على استقرارها نسبيا.

إلا أنه لما كان هذا الوسيط المتخصص The specialist يبيع ويشتري لحسابه ولحساب الوسطاء ، والديلرز أيضا، ولما كان لدى هذا الوسيط من المعلومات ما ليس لد ى غيره، فإنه يصبح في وضع يمكنه من الاستفادة من عملائه.

ولتوفير الحماية للعملاء فقد وضعت بورصة نيويورك مجموعة من القواعد، ومن هذه القواعد ألا يترخص أي عضو في التخصص في ورقة مالية معينة ما لم يكن مسجلا بصفته Specialist وألا تكون له صلة بأحد الصناديق أو الأوعية المماثلة التي تتعامل في هذه الأسهم.

الظروف التي تقتضي الاستعانة بالتاجر المتخصص:

١- أن الوسيط الذي لديه عدد من أوامر البيع والشراء سوف يلجأ إلى الوسطاء المتخصصين إذا كانت هذه الأوامر تقتضي مهارة خاصة عند التنفيذ، أو إذا كانت مما يتعين تنفيذه في عدة مقصورات Trading posts .

٢- الوسيط الذي لديه خليط من الأوامر بعضها بسعر السوق والبعض الآخر بأسعار محددة ليس بوسعه أن ينتظر حتى يصل السعر إلى السعر المحدد في الأمر، ذلك أن أمامه أوامر أخرى يتعين تنفيذها في مقصورات أُخر ، بل وقد يتم استدعاؤه إلى غرفة الهاتف في الوقت الذي يصل فيه السعر في المقصورة إلى السعر المحدد في الأمر.

٣- لو افترضنا أن لدى الوسيط أوامر مفتوحة open orders بمعنى أنها سارية المفعول حتى التنفيذ ، وبفرض أن أحد هذه الأوامر بشراء مائة سهم من أسهم الصلب الأمريكية U.S. steel بسعر ٧٠ دولار وكان السعر حينئذ ٧٣ دولارًا، ليس بمستغرب ألا يصل السعر ذلك اليوم ولعدة أيام تالية إلى السعر المحدد في الأمر، ولكن لما كان التاجر المتخصص ملازما لموقعه ملازمة الظل لصاحبه طوال فترة انعقاد الجلسات، فإنه يصبح في وضع متميز يمكنه من تنفيذ هذه الأوامر بكفاءة عالية.

٤- إن معظم الأوامر الصادرة بوقف الخسائر Stop loss orders إنما تتم عن طريق هذا التاجر المتخصص بسبب وجوده المستمر في المقصورة وبالتالي قدرته على متابعة

الأسعار من لحظة لأخرى.

ميكانيكية تنفيذ العمليات المشتركة بين التاجر المتخصص والوكيل بالعمولة:

إذا ما تلقى الوسيط أمرًا في ردهة البورصة ببيع مائة سهم من أسهم شركة الصلب الأمريكية U.S. steel فإنه سوف يسرع إلى المقصورة التي تباع فيها هذه الورقة وتشتري، ويستفسر من التاجر المتخصص عن سعر السوق، ولما كان التاجر المتخصص لا يعلم إن كان الوسيط الذي يستعلم بائعًا أم مشتريًا، فإنه سوف يخبره بأعلى سعر طلب وأدنى سعر عرض وليكن ٧٥ إلى ٨٥ دولار، بمعنى أنه على استعداد أن يشتري بالسعر الأول ويبيع بالسعر الأخير، ولما كان الوسيط يسعى إلى تحقيق مصلحة عميله، ويبذل في ذلك غاية الجهد وصولًا لأفضل سعر يمكنه الحصول عليه لذلك يقوم الوسيط بعرض الورقة في المقصورة على أمل أن يجد من يقبل شراءها بسعر ٨٥ دولار، فإذا لم يصادف عرضه قبولًا فسوف يعرض الورقة للبيع بذات السعر الذي قبله التاجر المتخصص الأول وهو ٨٤ دولار، حينئذ سوف يجد من يقبل هذا السعر من أعضاء البورصة فينادي أحدهم معبرًا عن قبوله لها Take it فيكون ذلك إيجابا منه ويرد البائع بما يفيد معنى القبول sold to you 100 shares U.S.steel at 81 $8/7$.

هذا وتبلغ نسبة العمليات التي يعقدها التجار المتخصصون لحسابهم الخاص ١٥% من جملة معاملاتهم، ولأوامر الوسطاء الأسبقية في المقصورة على الأوامر التي ينفذها التجار المتخصصون لحسابهم، ولقد كانت العمولة التي يتقاضاها التجار المتخصصون من سائر الوسطاء مقابل تنفيذ العمليات التي يكلفونهم بها حتى مطلع عام ١٩٧٧ من ١,٢ سنت عن السهم الذي تقل قيمته السوقية عن ٢ دولار إلى ٤,٥ سنت عن السهم الذي تبلغ قيمته السوقية ٢٠٠ دولار فأكثر، أما الآن فإن العمولة تخضع للمفاوضة والمساومة (١).

تاجر تجزئة الأوراق المالية: **The odd lot dealer**

تختلف وحدة التعامل أي الحد الأدنى من الكميات التي يجري التعامل عليها من بورصة لأخرى، لذلك نجد أن وحدة التعامل في البورصات المصرية مائة سهم حاليا بعد

(1) Fredrick Amling, op. Cit. P. 242.

التعديل بالقانون رقم ٩٥ لسنة ٩٢ وكانت ٢٥ سهما فقط قبل التعديل، وهذا العدد يمثل الحد الأدنى في كل صفقة يتم التعاقد عليها داخل المقصورة، أما في بورصة وول ستريت الأمريكية فإن وحدة التعامل مائة سهم، وبالتالي فإن كل مائة سهم تعتبر round lot وما دون ذلك يعتبر Odd lot.

ونظرًا لما بدا من تزايد الطلب من جانب صغار المستثمرين على التعامل على ما دون هذا العدد من الأسهم الذي يمثل وحدة التعامل في الولايات المتحدة فقد بادر عدد من بيوت السمسرة تمشيًّا مع رغبات فئة من المستثمرين بتطوير أعمالهم وقبولهم التعامل كوسطاء بين العملاء وبين تجار التجزئة الذين قبلوا التعامل على الأوراق التي يقل عددها عن مائة سهم، وهؤلاء التجار جميعهم من التجار المتخصصين، أما عن كيفية تعاملهم في هذه الأوراق – والتي يمتنع قانونًا عقد صفقات عليها داخل المقصورة- فتتم على الوجه التالي:

١- في حالة وجود عروض بيع يقوم الوسيط ببيع هذه الأوراق إلى تاجر التجزئة والذي لا يألو جهدًا في تجميعها ثم إعادة بيعها في المقصورة عندما يصل عددها إلى ما يمثل وحدة تعامل كاملة.

٢- وفي حالة وجود طلبات شراء يقوم تاجر التجزئة بشراء وحدة تعامل كاملة «مائة سهم» من خلال المقصورة ثم يقوم بتفتيتها Splits it up وفقًا لرغبات المشترين من صغار المستثمرين الذين لا يتعامل معهم بطريقة مباشرة، ولكن من خلال الوسطاء.

أما عن السعر فيتم تحديده على أساس نسبة معينة من الأسعار التي تمت بها المعاملات في ذات اليوم، هذا ولقد صار عمل هذه الفئة على درجة كبيرة من الأهمية من وجهة النظر الاقتصادية والاجتماعية[1].

الموازنون: The Arbitragers

يُعرف الموازن بأنه الشخص الذي يشتري في سوق ويبيع في سوق أخرى مبتغيا الحصول على فرق السعرين وتتم هذه البيوع في شتى الأسواق السلعية والمالية، وبين سوقين داخل البلد الواحد أو بين سوقين أحدهما داخلية والأخرى خارجية، ففي

---

[1] Dice, op. Cit. P. 138.

البورصات السلعية تختلف رتب السلع ودرجة جودتها، وتختلف تبعا لذلك أسعارها، فأسعار القطن المصري تختلف باختلاف الرتب والدرجة عن أسعار القطن الأمريكي، إلا أن هناك دائمًا نسبة معلومة بين أسعار القطن في البلدين.

فإذا اختلفت هذه النسبة بأن ارتفع سعر القطن المصري بالنسبة للقطن الأمريكي فإن ذلك سوف يدفع بعض المحترفين من أعضاء البورصة إلى بيع القطن المصري وشراء القطن الأمريكي ويحققون بذلك لأنفسهم هامشًا من الربح، ويترتب على هذه البيوع عادة إعادة التوازن بما يسمح ببقاء السعر بين القطنين في حدود النسب المعلومة.

وما يتم في الأسواق السلعية يتم أيضًا في أسواق الأوراق المالية، ذلك أن هبوط سعر إحدى إصدارات الأوراق المالية ، وخاصة الدولية – في أحد الأسواق من شأنه دفع المحترفين في البورصات إلى شرائها بقصد إعادة بيعها في سوق أخرى.

ويشير مصطلح الموازنين The Arbitragers في بورصة وول ستريت إلى مجموعة من المحترفين الذين يشتغلون بعمليات البيع والشراء فيما بين بورصة نيويورك والبورصات الخارجية، وعلى الأخص بورصة لندن، وقد كان لهؤلاء المحترفين موقع ثابت في البورصة فيما قبل الحرب العالمية، إلا أن الحال قد تغير الآن وانتقل تنفيذ هذه العمليات من ردهات البورصة إلى مكاتب أعضاء البورصة[1].

صانعو الأسواق : Marker Makers

يلعب صانعو الأسواق دورًا بالغ الأهمية في جميع أسواق الأوراق المالية العالمية حتى لا يكاد المرء يتصور إمكان الاستغناء عنهم دونما التسبب في تعطيل عملية التداول عن دورها المنظم.

وقد كان يقوم بوظيفة صانعي الأسواق في لندن فئة من الوسطاء المشتغلين بالتجارة في الأوراق المالية وهم أولئك الذين كانوا يعرفون بالجوبرز Jobbers وكان يبلغ عددهم ثلاثة عشر تاجرًا، يتعاملون مع وسطاء الأوراق المالية من أعضاء البورصات في سوق مستمر تتدفق فيه أوامر البيع والشراء ، ولكن هذا النظام لم يعد له وجود الآن.

وليس من المتصور في هذا السوق ولا غيرها حدوث اختناقات على أحد

_____

(١) وتعرف عمليات الموازنة أيضًا لقانون السعر الواحد The Law of one price .

الإصدارات أو تدفق عروض البيع دون أن يقابلها طلبات شراء في وجود صانعي الأسواق، إذ تحتفظ السوق دائمًا بحالة من التوازن بين العرض والطلب، ويتحقق هذا التوازن بين العرض والطلب، ويتحقق هذا التوازن من خلال الدور الذي يقوم به الجوبرز وصانعو الأسواق ، فما كان الوسيط -في لحظة - بائعا إلا وكان الجوبر مشتريا، وما كان الوسيط مشتريًا إلا وكان الجوبر بائعًا، ويترتب على ذلك استمرار تدفق السيولة في السوق والمحافظة على توازن العرض والطلب، حتى إنه ليصدق القول: إن دور الجوبر مع الوسيط أشبه في أدائه بنظرية الأواني المستطرقة.

ويتحقق لسوق التداول بذلك أهم وظائفه وهي القدرة على تسييل الأوراق المالية بسرعة وسهولة وإيجاد توازن مستمر بين العرض والطلب مما يخفف من حدة تقلبات الأسعار ويؤدي إلى استقرارها واقترابها من الثمن العادل Fair price فضلًا عن ضمان استمرارية السوق.

وفي بورصة نيويورك يتعاظم دور صانعي الأسواق على اختلاف مسمياتهم، ولعل أكثرهم حيوية وقدرة ونشاطًا هم من يتسمون بالمتخصصين Specialists وعددهم وحدهم يبلغ حوالي ٣٦٠ تاجرًا متخصصًا، ويشارك هؤلاء في صناعة السوق market making سائر أعضاء البورصة المشتغلين بأعمال المتاجرة لحسابهم وهم الذين يطلق عليهم Floor traders وكذا التجار الذين يتعاملون على عدد من الأوراق يقل عن وحدة التعامل odd-lot-Dealers بغرض مقابلة احتياجات صغار المستثمرين وإن كانوا لا يتعاملون معهم بطريقة مباشرة كل أولئك وغيرهم من المشتغلين بأعمال المتاجرة في الأوراق المالية يقومون بدور صانعي الأسواق في بورصة نيويورك .

ولا يقتصر دور صانعي الأسواق على الأسواق الرسمية ، وإنما يتسع هذا الدور من جانبهم ليشمل الأسواق غير الرسمية، إذ يقوم الديلرز في هذه الأسواق بدور رئيسي في صناعة هذه السوق، وقد سبق التصدي لهذه المسألة بالتفصيل عند تناولنا لدور الديلرز في الأسواق غير الرسمية.

ولعله من المفيد أن نضيف أن المهمة التي تضطلع بها شركات الوساطة المالية في صناعة الأسواق لا تدخل ضمن فلسفة عملها أية اعتبارات تستهدف دعم السوق التي تعمل بها، وما دخولها السوق بائعة أو مشترية إلا بغرض تحقيق هامش من الربح يمثل

الفرق بين سعري البيع والشراء The spread between asked and Bid quotations فما يباع من خلالهم اليوم يسترد في الغد بثمن أقل ليباع مرة أخرى بثمن أعلى.

ويتعين الإشارة هنا إلى الآتي:

١- أن التزام صانعي الأسواق بتسعير الأوراق المالية بيعًا وشراءً تحت جميع الظروف السوقية (عدا القهرية منها) يقتضي تمتعهم بمقدرة مالية وقدرة استكشافية خارقة وخبرة واسعة.

٢- أن ضخامة المسئولية الملقاة على عاتق صانعي الأسواق ، وعظم المخاطر التي هي التي دعت المشتغلين بالمتاجرة إلى التخصص في قطاع معين وإصدار واحد في هذا القطاع أو عدد من الإصدارات يقل عادة عن أصابع اليد الواحدة.

٣- أن تعدد صناع السوق والتنافس الحر فيما بينهم هو ضمان لاستمرارية التداول والحيلولة دون سيطرة أحد الأطراف على السوق وحركة الأسعار.

٤- أن طبيعة أعمالهم تقتضي حضورهم المستمر داخل قاعات التداول وهو الأمر الذي يمكنهم من تحديد أسعار البيع والشراء.

ضمان جدية المعاملات وعدم صوريتها:

– تقضي المادة ٦٩ من اللائحة العامة لبورصات الأوراق المالية في مصر بالآتي:

يجب على الوسيط التحقق من وجود الأوراق المالية أو ثمنها لدى العميل صاحب الشأن قبل إجراء التعاقد، وله أن يطلب من العميل أن يسلمه الأوراق أو الثمن قبل التعاقد، وللجنة البورصة عند الاقتضاء أن تقرر إلزام الوسيط بذلك بالنسبة إلى بعض الأوراق المالية أو كلها.

– وتقتضي المادة ٣٥ من اللائحة الداخلية بأن يكون تسليم الأوراق المالية المبيعة في مكتب المشتري مقابل أداء الثمن بواسطة شيك على غرفة المقاصة وللبائع حق تسليم الأوراق خلال اليوم الأول في بورصة الإسكندرية واليوم الثاني في بورصة القاهرة. ويلتزم المشتري بأداء الثمن عن التسليم، وتعين لجنة البورصة الساعات التي يمكن فيها أداء الثمن.

– يقابل هذه المادة في النظام الداخلي لسوق عمان المالي المادة ٤١ فقرة ب التي تنص على الآتي : «على الوسيط عدم القيام بالتعامل بالأوراق المالية إلا بعد التأكد من حيازة شهادة ملكية الأسهم من قبل مالكها أو من ينوب عنه قانونًا أو أن تبين الشركة أن الشهادة موجودة في حوزتها وليست محجوزة أو مرهونة أو مفقودة ولم تعط شهادة جديدة بدلا عنها».

– وتنص المادة ٣٦ من لائحة سوق الكويت على الأتي:

على الوسطاء في موعد أقصاه يوم العمل التالي ليوم التداول اتخاذ جميع الإجراءات المتعلقة بتحويل ملكية الأسهم وسداد أثمانها إلى عملائهم وفقًا لنظام التقاضي الذي تحدده إدارة السوق، ويتحمل الوسطاء كامل المسئولية عن جميع الصفقات التي قاموا بإبرامها ما لم تنفذ خلال الموعد المذكور.

– تتفق بورصة كوبنهاجن مع باقي البوصات في تحمل الوسيط للمسئولية في إنجاز العمليات أي تسليم الأوراق المبيعة إلى المشتري وتسليم الثمن للبائع ولذلك تنص المادة السابعة عشرة من قانون بورصة كوبنهاجن رقم٢٢٠ سالف الذكر على الآتي :

«أعضاء البورصة مسئولون أمام بعضهم البعض عن إتمام العمليات التي نفذت بواسطتهم في البورصة»

The members of the stock exchange shall be responsible towards each other for the completion of the transactions carried out by them on the exchange.

إحكام الرقابة على الوسطاء:

درءًا للمفاسد التي يمكن أن تترتب على محاولة الوسيط الاستفادة من الوكالة التي عهد إليه بها الآخرون وإمكان المتاجرة بحقوق هؤلاء الموكلين ، قضت المادة ٣٥ من اللائحة العامة لبورصات الأوراق المالية في مصر بأنه لا يجوز للوسيط أن يعقد عمليات لحسابه الخاص أو لحساب زوجته أو أحد أقاربه أو أصهاره إلى الدرجة الرابعة أو التابعين له أو شركائه تنفيذًا لأوامر صادرة من عملائه وعملاء التابعين له.

ويتفق التشريع الأردني مع التشريع المصري في هذا الصدد، إذ تنص المادة ٤٤ من النظام الداخلي لسوق عمان المالي على الآتي:

(أ) يمتنع على الوسيط إذا كان شخصًا طبيعيًا تداول الأوراق المالية لحسابه الشخصي أو لحساب زوجته أو أحد أقاربه حتى الدرجة الرابعة إلا من خلال وسيط آخر.

(ب) يمتنع على الوسيط إذا كان شخصًا اعتباريًا تداول الأوراق المالية لحساب الشركاء وأعضاء مجلس الإدارة أو هيئة المديرين حسب واقع الحال أو لحساب أزواجهم أو لحساب أقاربهم حتى الدرجة الرابعة إلا من خلال وسيط آخر كما يسري هذا المنع على كل موظفي الوسيط.

– أما التشريع الكويتي وإن اتجه أيضًا إلى وضع القيود على تصرفات الوسطاء إلا أنه كان أيسر شأنا وأقل حسمًا من سابقيه، إذ تقضي المادة ٤٢ من لائحة الكويت على الآتي: «لا يجوز لأي شركة من شركات الوساطة التوسط في بيع أو شراء الأوراق المالية المقبولة لدى السوق لحساب أي من أعضاء مجلس إدارتها أو مديرها أو أحد موظفيها أو أزواجهم أو أقاربهم من الدرجة الأولى، ويجوز لهؤلاء البيع أو الشراء من خلال شركة وساطة أخرى».

– ولم يخالف التشريع الدانماركي التشريعات السابقة فيما ذهبت إليه في سبيل ضمان نزاهة الوسيط وإحكام الرقابة عليه، إذ تنص المادة الثامنة عشرة من قانون بورصة كوبنهاجن رقم ٢٢٠ على الآتي: «أن أعضاء البورصة قد يقومون بتنفيذ العمليات على أساس من العمولة أو لحساب أنفسهم، ولكن ذلك رهن بشرط ألا يقوم عضو بالبورصة بتنفيذ عمليات لحسابه الخاص في أسهم قد تلقى بشأنها أوامر من عملائه بالبيع أو الشراء».

1– A members of the stock exchange exchange may carry out transactions at the quotation on a commission basis or for his own account.

2– Provided that a member of the stock exchange shall not carry out transactions for his own account in shares in which he has orders to buy or orders to sell.

ومن القيود التي سنتها التشريعات الأخرى ولم يتصد لها الشارع المصري وكأنه اكتفى بالأعراف السائدة ما يلي:

تنص المادة السابعة من لائحة بورصة الكويت على الآتي:

– يجب على الوسيط أن يتصرف وفقا للأوامر الصادرة إليه من عملائه وألا

يتصرف وفقًا لرأيه المطلق ما لم يكن مفوضًا في ذلك.

- واتفق التشريع الأردني مع التشريع الكويتي فيما ذهب إليه ، إذ تنص المادة ٦١ من النظام الداخلي لسوق عمان المالي على الآتي:

- لا يجوز للوسيط أو وكيله أو التابع لهما أن يتصرف حسب رأيه المطلق أو أن يفرض رأيه عندما يقوم بالتعامل بالأوراق المالية لصالح عملائه ما لم يكن مخولًا من قبل عميله بموجب تفويض خطي لممارسة مثل هذا التصرف[1].

موقف الفقه الإسلامي من المشتغلين بالمتاجرة في بورصات الأوراق المالية:

تناولت خلال هذا البحث موقف الشريعة الإسلامية من سماسرة الأوراق المالية باعتبارهم وكلاء بالعمولة، وانتهيت إلى أن الوكالة جائزة شرعًا بالكتاب والسنة وبلا خلاف بين الفقهاء من السلف والخلف، على أساس أن كل ما جاز للإنسان أن يتصرف فيه بنفسه، جاز له أن يوكل فيه غيره ، وله أن يقيم شخصًا آخر مقام نفسه في تصرف جائز معلوم إذا كان الموكل ممن يملك التصرف.

أما فيما يتعلق بباقي أعضاء البورصات ممن يشتغلون بالمتاجرة في الأسواق المالية بيعًا وشراء فشأنهم شأن سائر التجار، والتجارة جائزة بالكتاب والسنة وإجماع الأمة.

أما دليلنا من الكتاب فقوله تعالى:

﴿ يا أيها الذين آمنوا هل أدلكم على تجارة تنجيكم من عذاب أليم ﴾   [الصف:١٠]

﴿ يرجون تجارة لن تبور ﴾   [فاطر:٢٩]

﴿ رجال لا تلهيهم تجارة ولا بيع عن ذكر الله ﴾   [النور:٣٧]

﴿ وإذا رأوا تجارة أو لهوا انفضوا إليها وتركوك قائمًا ﴾   [الجمعة:١١]

﴿ إن الله اشترى من المؤمنين أنفسهم ﴾   [التوبة:١١١]

﴿ أولئك الذين اشتروا الضلالة بالهدى فما ربحت تجارتهم ﴾   [البقرة:١٦]

---

(١) استحدث المشرع المصري نصًا مماثلًا حيث تنفي المادة ٩٦ من اللائحة التنفيذية لقانون سوق رأس المال المصري على أن تلتزم شركة السمسرة التي نفذت عملية على خلاف أوامر العميل أو على ورقة مالية غير جائز تداولها قانونا أو محجوز عليها بتسليم ورقة غيرها، وإلا وجب عليه تعويض العميل.

ففي هذه الآيات البينات والتي تعرضت لمسألة التجارة والربح والخسارة ما يكفي لإقامة الدليل على جوازها.

وأما دليلنا من السنة المطهرة فالأحاديث المروية عن الصادق المصدوق الذي لا ينطق عن الهوى صلوات الـلـه وسلامه عليه.

فعن جابر بن عبد الـلـه قال: قال رسول الـلـه صلى الـلـه عليه وسلم :

«رحم الـلـه عبدًا ، سمحًا إذا باع ، سمحًا إذا اشترى ، سمحًا إذا قضى، سمحًا إذا اقتضى».

وعن أبي سعيد الخدري ا عن النبي صلى الـلـه عليه وسلم قال: «التاجر الصدوق الأمين مع النبيين والصديقين والشهداء».

وعن أنس ا قال: قال رسول الـلـه صلى الـلـه عليه وسلم : « التاجر الصدوق تحت ظل العرش يوم القيامة».

وعن حكيم بن حزم ا قال : قال رسول الـلـه صلى الـلـه عليه وسلم «البيِّعان بالخيار ما لم يتفرقا، فإن صدقا وبينا بورك لهما في بيعهما وإن كتما وكذبا محقت بركة بيعهما ».

وعن عبد الـلـه بن عمر ب أن رجلا ذكر للنبي صلى الـلـه عليه وسلم أنه يخدع في البيوع فقال: «إذا بايعت فقل: لا خلابة».

وعن عبد الـلـه بن عمر ب، أن رسول الـلـه صلى الـلـه عليه وسلم قال: «من ابتاع طعاما فلا يبيعه حتى يستوفيه».

إلا أن الإسلام وضع الضوابط والقواعد التي تضمن سلامة البيوع وصحة العقود ودفعه الغرر والسلامة من الضرر، وأكل أموال الناس بالباطل، وهو الأمر الذي تناولناه في موضع سابق لنا بالتفصيل وأبنّا من خلاله موقف الشريعة الإسلامية من البيوع التي تتم في أسواق الأوراق المالية، فمن تعامل في محرم كان آثما، ومن أعان منهم على معصية كان عاصيا، ومن تصرف فيما لا يملكه ولم يكن مأذونًا في تصرفه كان فضوليًّا، ومن أعطى قرضًا جر نفعًا كان مرابيًا، وكل امرئ بما كسب رهين.

* * *

المبحث الثاني

القوانين الحاكمة للتعامل في بعض بورصات الأوراق المالية

تمهيد:

إذا كان القانون الخاص لا يخرج في مفهومه العام عن كونه مجموعة من القواعد التي تنظم التعامل فيما بين الأفراد فإن المعاملات التي تتم في مختلف أسواق الأوراق المالية تختلف من سوق لأخرى في درجة تحصنها مما يشوبها من الغرر والتغرير والربا والتدليس والتزييف والأراجيف والمعاملات الصورية والوهمية وذلك باختلاف النظم الحاكمة للتعامل في كل منها . واختلاف القوانين الوضعية من بلد لآخر أمر طبيعي ذلك أنها تعبر عن فلسفة الشعوب والمجتمعات، والقيم والمعتقدات ، وتتعدد من حين لآخر بتعدد الحاجات وتغير الزمان والمكان، ولتواكب حركة التطور في شتى العصور والأزمان.

ومن الملاحظ أن معظم التشريعات السائدة في الدول العربية تحكمها قوانين متفرقة ومتشعبة حتى إنه ليصعب تلمس أي تشابه بين تشريع وآخر في الدول العربية ولو رجعنا إلى الوراء قليلًا-نجد أن معظم القوانين في الدول العربية ما هي إلا قوانين مقتبسة من القوانين الأمريكية والفرنسية ومن مجلة الأحكام العدلية المفاهيم التي تنظم الأنشطة التجارية لكل دولة على حدة ومن ثم كان من الطبيعي أن تختلف القوانين من بورصة لأخرى[١]، وقد ترتب على اقتباس هذه التشريعات من الغرب أن جاءت هذه التشريعات بمفاهيم لم نألفها ومعتقدات لا ندين بها وإنما تعبر عن حضارات شعوبها ولذلك نرى معظم هذه التشريعات تستبيح التعامل في الأدوات الربوية، ولم يقف الأمر عن هذا الحد إذ يجري الآن في بعض الدول الإسلامية دراسة البيوع التي تتصف بالمقامرة لتطبيقها لديها كبيع الخيار في البورصات العالمية كأدوات استثمارية اقتباسا من التشريعات الغربية التي يعدونها أكثر تطورًا[٢].

كل هذه الممارسات وجدت من يُقبل عليها في المجتمع العربي إلا أن أغلبية المواطنين العرب وهم يدينون بالإسلام يعتقدون أن هذه الممارسات محرمة وحتى لو أقبلوا عليها

---

(١) د. مصطفي كمال طه ـ القانون التجاري ـ مرجع سابق ، ص٧١.
(٢) د. عبد العزيز الخياط، مرجع سابق، ج٢ ، ص٢٢٠.

فإنهم يشعرون بمرارة الذنوب والآثام، ولو منحت لهم فرص استثمار أموالهم.

النظم الحاكمة للتعامل في البورصات المصرية:

خلال نصف القرن الأخير صدرت عدة تشريعات تنظم التعامل في بورصات الأوراق المالية في مصر وقد تم التصديق على أول لائحة عامة لبورصات الأوراق المالية في مصر بمقتضى المرسوم الصادر في ٣١ ديسمبر سنة ١٩٣٣ وجرى العمل بها حتى عام ١٩٥٧.

وفي الثالث عشر من شهر يوليو سنة ١٩٥٧ صدر القانون رقم ١٦١ لسنة ١٩٥٧ باللائحة العامة لبورصات الأوراق المالية، بعد أن كان قد انقضى على العمل باللائحة السابقة ما يقرب من ربع قرن تغيرت خلاله الظروف الاقتصادية والمالية للبلاد، مما دعا إلى إعادة النظر فيها خاصة وأن هذه اللائحة كانت أيضا محل انتقاد نظرًا لما شابها من عيوب في الترجمة -تقدح في دقتها- عند النقل من اللغة الفرنسية التي وضعت بها – إلى اللغة العربية- ثم صدرت اللائحة الداخلية بقرار وزير الاقتصاد برقم ٤٦ لسنة ٥٨ في ١٥ مايو سنة ١٩٥٨.

إلا أن التغيرات المالية والاقتصادية والاجتماعية التي صاحبت سياسة الانفتاح الاقتصادي اقتضت إجراء بعض التعديلات على بعض القوانين المعمول بها ، فصدر القانون رقم ١٢١ لسنة ٨١ بتعديل بعض أحكام القانون رقم ١٦١ لسنة ١٩٥٧ باللائحة العامة لبورصات الأوراق المالية وكان من أحد التعديلات التي تضمنها هذا القانون إلغاء أحكام القانون رقم ٣٢٦ لسنة ١٩٥٣ في شأن التعامل في الأوراق المالية وإضافة مادتين جديدتين برقمي ٢٠ مكرر، ٥٤ مكرر على النحو التالي:

مادة ٢٠ مكرر: لا يجوز التعامل في الأوراق المالية سواء كانت مقيدة بجدول الأسعار الرسمي أو غير مقيدة بالجدول إلا بواسطة أحد الوسطاء المقيدين ببورصات الأوراق المالية، ويكون الوسيط الذي تتم الصفقة بواسطته ضامنا لسلامة البيع ويقع باطلًا بحكم القانون كل تعامل بخلاف ذلك.

مادة ٥٤ مكرر: يقيد أعضاء مراسلون الوسطاء المقيدين في البورصات الأجنبية وذلك بشرط المعاملة بالمثل، وبشرط أن يعمل الوسيط المراسل عن طريق سمسار مصري.

ومع توجهات الدولة نحو صلاح المسار الاقتصادي وتوسيع قاعدة الملكية والتحول إلى اقتصاديات السوق الحر شرعت الدولة في إصدار قانون ينظم سوق رأس المال في مصر ويتفادى السلبيات التي كشفت عنها الممارسات خلال الفترة السابقة، ويستهدف رفع مستوى كفاءة البورصات المصرية وتحسين مستوى أدائها وترشيد آليات السوق والتي يغلب عليها عدم الرشادة الاقتصادية، فصدر القانون رقم ٩٥ لسنة ٩٢ بإصدار قانون سوق رأس المال ولائحته التنفيذية.

ومن أهم النصوص التي استحدثها القانون والتعديلات التي أدخلها ما يلي:

السماح بإصدار أسهم لحاملها[١]:

أجازت المادة الأولى من القانون إصدار الشركة أسهما لحاملها في الحدود ووفقا للشروط التي تبينها اللائحة التنفيذية.

وإذا كان المشروع قد أضاف هذه الأداة بما يكفل تعدد روافد الاختيار بين المستثمرين، إلا أن الحدود والشروط التي أشارت إليها المادة السابقة لم تكن سوى عدد من القيود التي لا تترك معها للمستثمر خيارًا سوى الانصراف عن هذا النوع من الأسهم و من هذه النصوص المقيدة.

(أ) ما نصت عليه المادة ١٢ من اللائحة التنفيذية للقانون بأنه لا يجوز استخراج بدل فاقد عن الورقة المالية لحاملها المفقودة.

(ب) ما نصت عليه المادة السابقة أيضا في الفقرة الثالثة بأنه لا يجوز استخراج بدل تالف عن الورقة المالية لحاملها إلا إذا أمكن التعرف عليها وتحديد معالمها.

(ج) ما نصت عليه المادة الأولى من القانون بألا يكون لحاملي هذه السهم الحق في التصويت.

ورغبة من المشرع في تحجيم إصدار هذا النوع من الأسهم - والتي يبدو أنه قد حُمل على استحداثها بدعوى التطوير والتنويع- قيد المشروع إجازته لإصدار هذه الأداة بما نصت عليه المادة الأولى من اللائحة التنفيذية الفقرة الثالثة بألا يتجاوز المصدر من

(١) انظر مقالنا بالأهرام الاقتصادي - العدد ١١٧٠ في ٩١/٦/١٧ تحت عنوان «لا للأسهم لحاملها التي ألغاها القانون المصري» ردًا على المستشار محمود فهمي الرئيس السابق بهيئة سوق المال بمصر.

الأسهم لحاملها ٢٥٪ من جملة الأسهم التي أصدرتها الشركة.

معالجة قانون سوق رأس المال لمسألة الشركات المغلقة:

ومن النصوص التشريعية المعالجة للسلبيات التي كشفت عنها الممارسات خلال الفترة السابقة، ما نصت عليه المادة ١١ من قانون سوق رأس المال من قصر الإعفاءات الضريبية على شركات الاكتتاب العام دون الشركات المغلقة باستثناء المقيد منها في بورصة الأوراق المالية في تاريخ العمل بهذا القانون.

وقد أحسن المشرع صنعًا بإصدار هذا النص بعد أن تكشفت مثالب قيد هذه الشركات في السوق الرسمية، والتي تمثل نحو ٨٠٪ من جملة الشركات المقيدة في هذه السوق ، ومع هذا لم تكن المقصورة تشهد تعاملًا عليها إلا لماما. ليس هذا فحسب بل ساهمت هذه الشركات في إفساد جهاز الثمن وتحييد آليات السوق وتشويه الأسعار ، وكيف لا والمؤسسون هم البائعون ، وهم المسيطرون على السوق!

ومن المعروف أن هذه الشركات إما عائلية أو مملوكة لنفر قليل ، وقد سارع أصحابها بتأسيسها وقيدها في بورصة الأوراق المالية للتمتع بالإعفاءات الضريبية التي تقررت بالقانون لتحفيز المستثمرين وأصحاب رءوس الأموال على تأسيس الشركات وتوجيه أموالهم في استثمارات عينية أو خدمية للمساهمة في عمليات الإنماء الاقتصادي وتنشيط سوق رأس المال.

القانون يلزم بورصات الأوراق المالية بنقل الملكية في أقل من ٧٢ ساعة:

ومن النصوص التي استحدثها القانون وعالجت ما يراه البعض من العيوب الملازمة للأسهم الاسمية ما نصت عليه المادة ١٠٠ من قانون سوق رأس المال والتي تقضي بانتقال ملكية الأوراق المالية الاسمية المقيدة بإتمام قيد تداولها بالبورصات، وتنص ذات المادة على قيام البورصة بإخطار الجهة مصدرة الورقة بانتقال الملكية خلال ثلاث أيام من تاريخ القيد.

وقد ساهم هذا النص في إبطال حجج المنادين بإصدار أسهم لحاملها، بزعم أن عملية نقل الملكية لدى الجهة المصدرة للورقة المالية تستغرق شهرًا كاملًا ، وأن ذلك يعد من أهم معوقات تنشيط السوق ، والحد من قدرته على تسييل الأوراق المالية.

قصر التعامل في مجال الوساطة المالية على شركات المساهمة والتوصية بالأسهم:

ومن المواد التي استحدثها القانون وتعد طفرة بالتشريع لملاحقة التطور المذهل في

أسواق رأس المال ما نصت عليه المادة ١٢٤ من اللائحة التنفيذية بأن تتخذ الشركات العاملة في مجال الأوراق المالية المنصوص عليها في القانون شكل شركة المساهمة أو شركة التوصية بالأسهم، وقد ألزمت المادة ٣٤ من قانون سوق رأس المال بيوت السمسرة بتعديل أوضاعها وفقا لأحكام هذا القانون والقرارات المنفذة له خلال ستة أشهر من تاريخ العمل باللائحة التنفيذية لهذا القانون.

وقد أحسن المشرع صنعًا بإلزامه بيوت سمسرة الأوراق المالية أن تتخذ شكل شركات مساهمة أو التوصية بالأسهم بعدما استبان لكافة الجهات العاملة في سوق المال والمراقبة لأداء سوق رأس المال أن هذه البيوت قد عجزت عن القيام بوظائفها الأصلية والتي تقتضي توفر قدرات مالية كبيرة لاستخدامها في عمليات تغطية الاكتتاب ، والاستعانة بعدد وفير من الخبراء في مجال التحليل المالي والاستثمار بما يمكنها من الوقوف على مدى سلامة المراكز المالية للشركات وقدراتها على تحقيق الأرباح ودراسة المؤشرات، والتنبؤ باتجاهات الأسعار، وتقويم الاستثمارات المالية للمتعاملين في البورصات والناشدين الاستفادة من تقلبات الأسعار.

ورغبة من المشرع في الحد من قيد أوراق الشركات ا لمغلقة والتي يغلب عليها طابع الشركات العائلية، والتي لا يرجى تعامل عليها أو انتقال لحيازتها إلا بوفاة أحد الشركاء، أو بقصد التلاعب بالأسعار، نصت المادة ٩٧ من اللائحة التنفيذية على أن يشطب سعر إقفال الورقة إذا مضت ستة أشهر متصلة دون عقد عمليات عليها، ويشطب قيد الشركة من البورصة إذا بلغت المدة المذكور سنة.

العمليات التطبيقية (عمليات الماريياج):

عالج المشرع مسألة العمليات التطبيقية والتي كان يقوم بها وسيط واحد باعتباره وكيلًا عن البائع ووكيلًا عن المشتري في ذات الوقت فنصت المادة ٩٢ من اللائحة التنفيذية على الآتي على شركة السمسرة في حالة قيامها تنفيذا لأوامر صادرة إليها من طرفيها الإعلان عن ذلك بطريقة واضحة على لوحة التداول لمدة نصف ساعة على الأقل قبل تنفيذ العملية ، ويجوز لكل شركة خلال مدة الإعلان التدخل لتنفيذ العملية بذات شروط العميل بسعر أعلى من سعر الطلب أو أقل من سعر العرض واستحداث هذا النص يتفق مع التشريع الكويتي في المادة ٢٦ من لائحة البورصة عام ٨٤ والتي تنص على

أنه إذا كان الوسيط بائعا ومشتريًا في نفس الوقت فلا يجوز له عقد الصفقة مع نفسه إلا بعد أن يضيء اللون الأحمر المثبت باللوحة والانتظار لمدة دقيقتين له بعدها عقد الصفقة مع نفسه ما لم يتقدم أحد من الوسطاء خلال تلك المدة لإتمام الصفقة معه.

والنص في التشريع المصري أو الكويتي على الوجه المتقدم يراعي مصلحة العميل سواء كان بائعًا أم مشتريا ويتصف بالإنصاف بالنسبة لطرفي التعاقد.

ويتفق ذلك أيضًا مع توصيتنا في رسالتنا عن أسواق الأوراق المالية ، والتي اقترحنا من خلالها ألا يتعامل الوكيل بالعمولة والوسيط مع نفسه ولو لتنفيذ عملية تطبيقية إذا تصادف وصدر إليه أمر بالبيع وآخر بالشراء لذات الورقة وبذات السعر ما لم يكن قد عرض الورقة للبيع ولم يجد استجابة من جانب الطلب أو طلبها للشراء دون استجابة من جانب العرض خروجًا من الخلاف في جواز توكيل شخص عن العقدين في عقد واحد فضلا عن إمكان الحصول على سعر أفضل للطرفين.

وقريبا من ذلك ما اتجه إليه المشرع الدانماركي من خلال المادة ١٩ من القانون رقم ٢٣٠ من إتمام الصفقة وفقا للسعر الجاري وليس بالمقاصة إذا اشترط العميل ذلك.

Where a member of the stock Exchange has received orders to buy as well as to sell the same securities, he may execute the order to buy by delivery of such securities as he has orders to sell (Compensation) unless the principal has stipulated that the Order shall be executed at the quotation on the stock exchange. Where matching orders are executed by Compensation, the transactions shall be settled at the same price with buyer and seller.

الرقابة على اتجاهات الأسعار:

رغبة من المشرع في الحد من المناورات والمضاربات التي تشهدها قاعات التداول في بورصتي الأوراق المالية بالقاهرة والإسكندرية، والتي أدت إلى تحييد آليات السوق وإفساد جهاز الثمن وتشويه الأسعار وخلق قيم غير حقيقية Fabricated values لا تعكس بأي قدر حقيقة المراكز المالية للشركات المتعامل على أوراقها بالسوق وهو الأمر الذي ترتب عليه انفصام القيم السوقية عن المراكز المالية للشركات المصدرة لهذه الأوراق المالية وأصبحت السوق ولأول مرة في تاريخها تبدو وكأن لها حياتها الخاصة مستقلة تماما عن كل قواعد وأصول الاستثمار، لذلك لم يكن مستغربا أن يتدخل التشريع لحماية

المتعاملين فيه، ويقلل من مخاطرة هيمنة حفنة من المضاربين على السوق واتجاهات الأسعار فنصت المادة ٢١ من قانون رأس المال رقم ٩٥ على حق رئيس البورصة وقف التعامل على أية ورقة مالية إذا كان من شأن استمرار التعامل بها الإضرار بالسوق أو المتعاملين فيه.

كما أجازت المادة ٢٢ لرئيس الهيئة إذا طرأت ظروف خطيرة أن يقرر تعيين حد أعلى وحد أدنى لأسعار الأوراق المالية بأسعار القفل في اليوم السابق على القرار، وتفرض هذه الأسعار على المتعاقدين في جميع بورصات الأوراق المالية.

وتتفق هذه النصوص مع القواعد التي تضمنتها اللائحة الداخلية لبورصة الكويت والتي تقضي بأنه يجوز للجنة السوق وعند الضرورة تحديد نسب تقلبات الأسعار بما يؤدي إلى تجاوز النسب المحددة ولمدة تزيد على ثلاثة أيام عمل لكل حالة، وقد حددت إدارة السوق الكويتية وحدات تغير الأسعار بنسب تتراوح بين ٠٤% و ٠٥% .

ويقابل هذه النصوص في سوق عمان في نطاق الرقابة على الأسعار ما نصت عليه المادة ٦٧ من النظام الداخلي لسوق عمان المالي والتي تقضي بالآتي:

يحق للجنة البورصة أن تقرر نسبة الزيادة أو الانخفاض في أسعار الأوراق المالية في فترة التداول وفق ما تراه مناسبا، وللمدير العام أو من يفوضه في ذلك الحق في إيقاف التداول الذي يجري خلافا لأحكام هذه المادة.

وعلى الرغم من وضوح دلالة هذه التوجهات والغايات التي توخاها المشرع في العديد من البلدان من حرص على حماية المتعاملين في هذه الأسواق من المضاربات والمناورات التي تؤدي إلى إفساد الأسعار، إلا أن هذه التوجهات قوبلت بالنقد من جانب بعض الليبراليين الذين يرون أن التدخل في حركة واتجاهات الأسعار وسلوك السوق من جانب الجهات المراقبة لأداء هذه الأسواق لا يتفق وقواعد اقتصاديات السوق وميكانيزم الأسعار.

ولعل أبلغ رد على الليبراليين هو ما تضمنه قانون بورصة باريس وهي إحدى دول الاقتصاد الحر حيث تستبيح النصوص التدخل في مسار الأسعار من جانب البورصة.

On the Cash market the chamber syndicate does not allow opening price for French bonds to differ by more than 2 to 3% from the closing prices for the day before, and opening prices for French shares not to differ by more than 4 to 5 % from the closing price for the day before.

ويتفق ذلك جميعه مع توصيتنا التي وردت في ختام بحثنا عن أسواق الأوراق المالية بوضع سقوف علوية و حواجز سفلية لكبح جماح تقلب الأسعار، وأن مثل هذا الأمر لا يترك لجهاز السوق والذي لا يقوم غالبًا بدوره إلا في بطون الكتب، وأن ذلك يتحدد من خلال تحديد نسبة مئوية لارتفاع السعر أو انخفاضه عن إقفال اليوم السابق وكذلك توصيتنا في ذاك البحث بوقف التعامل على الأسهم التي يثبت تعرض الشركات المصدرة لها لخسائر جسيمة من شأنها الإضرار بالمتعاملين في السوق الذين تحيط بهم الجهالة في غياب المعلومات عن موقف الشركة، ومدى سلامة مركزها المالي، وقدرتها على تحقيق الأرباح، وتعظيم ثروة المساهمين.

إطلاق حرية الشركات في عملية قيد أوراقها المالية في جداول الأسعار ببورصات الأوراق المالية في مصر:

اتجه المشرع اتجاها حميدًا بإلغائه النصوص المقيدة لحرية الشركات في مسألة قيد أوراقها المالية المصدرة بجداول الأسعار الرسمية بالبورصات المصرية، فقرر من خلال المادة ١٦ من قانون سوق رأس المال أن يكون قيد الأوراق المالية في جداول البورصة بناء على طلب الجهة المصدرة لها. وكانت المادة ٥٥ من القانون رقم ١٦١ لسنة ٥٧ باللائحة العامة للبورصات تلزم كافة شركات المساهمة بقيد أوراقها المالية المصدرة في جداول الأسعار في السوق الرسمية، كما ألزمت ذات المادة في نفس الوقت لجان البورصات بأن تقيد من تلقاء نفسها جميع الأوراق التي تصدرها الشركات في جداول الأسعار إذا لم تتقدم الشركات صاحبة الشأن بطلب القيد في الميعاد المقرر.

إلا أن الغاية التي توخاها المشرع بتركه الخيار لهذه الشركات في مسألة القيد في جداول أسعار السوق الرسمية، لم تتحقق حيث جاء القانون رقم ٩٥ لسنة ٩٢ في شأن سوق رأس المال خُلوا من أي نص يسمح بإنشاء سوق غير رسمية في مصر باعتبارها البديل الوحيد للسوق الرسمية، الأمر الذي لا تجد معه هذه الشركات محيصًا من قيد أوراقها في السوق الرسمية حتى يتمكن حاملو أوراقها من تسييلها والتعامل عليها.

ويلزم هذا التنويه إلى أن البورصات الخاصة التي أجاز قانون سوق رأس المال إنشاءها بناء على اقتراح الهيئة، وموافقة الوزير ليست بديلا للأسواق القائمة ولا

للأسواق غير الرسمية (الغائبة)، وقد أشار البنك الدولي في تقريره عـام ١٩٩٢ إلى أن البورصات يجب أن تبقى كمنظمات مملوكة للقطاع الخاص. وأضاف التقرير أن قانون سـوق رأس المـال في مصر يتسم بالغموض في هذه المسألة ، وهذا ما انتهى إليه رأينا أيضًا[١].

صور أخرى من البيوع التي تجري في أسواق الأوراق المالية
والتي تتسم بأعلى درجات المخاطرة والمقامرة

أولاً: الشراء الهامشي: **Trading of Margin**

نكون بصدد البيوع التي يطلق عليها الشراء الهامشي عنـدما يقـوم المضـارب (المشـتري) بـاقتراض المال الذي يبذله في الشراء من شركة الوساطة المالية على أمـل أن يصعد السـعر، فيقـوم ببيع الأوراق التي اشتراها محققا هامشا من الربح، ويردُّ المبلغ المقترَض إلى الوسيط مـع الفائـدة المستحقة عـلى القرض وقيمة العمولة، ولا يقوم المضارب عند التعاقد سوى بدفع نسبة مـن المبلغ المستثمر تبلـغ في الولايات المتحدة ٢٥% فقط من جملة المال المستثمر.

Trading on margin is based on borrowing money from brokerage houses at a fixed and pre-determined rate of interest.

أما عن كيفية تنفيذ هذه المعاملات، فتتم عنـدما يتجـه المضـارب إلى إحـدى شركات الوساطة ويُطلب منه – على سبيل المثال – شراء مائة سهم IBM فيبادره الوسيط بالقول: ولماذا مائة؟ إنها فرصة العمر، فلتشترِ خمسمائة أو ألفًا. ويحاول إغراءه بشتى الطرق، فيخبره المضارب أنه لا يمتلك سوى قيمة مائة سهم، فيبادره الوسيط أنا أقرضك المال الذي تشتري به.

فإذا أتت الريح بغير ما تشتهي السفن، وانخفضت أسعار هـذه الأسهم، حينئـذ يطلب الوسيط من العميل أن يدفع له مبلغا من المال بقيمة الانخفاض في السعر بحيث يحتفظ دائما بنسبة ٢٥% من رأس المال المستثمَر لديه وهو ما يسمى بالهامش. فإذا لم يتمكن من السداد قام الوسيط ببيع جزء من أسهمه، فتتراجع الأسعار مرة أخرى، وتستمر هذه العمليات في تسلسلها إلى أن تصل إلى حد الانهيار.

(١) تقرير البنك الدولي عام ١٩٩٢ – والجزء الخاص بسوق الأوراق المالية في مصر.

ومن المعلوم أن الشراء الهامشي كان عاملا حاسما في جميع الأزمات التي تعرضت لها الأسواق العالمية.

Many economists believe that excessive margin trading was one of the factors that caused securities prices to rise as high as they did in the late 1920 and then decline to the depths which they did in the early 1930s . It would seem that excessive speculation was bad for the country as a whole. (Charles Amos Dice, Stock Market, P163).

ثانيًا: البيع على المكشوف: **Short Sale**

عرفته الموسوعة الأمريكية بأنه: الذي يحدث عندما يبيع شخص ما لا يملكه.

A short sale eccurs when a person sells shares that he does not yet own.

وعرفه Robert Wessel بأنه: عملية مضاربية تستهدف تمكين التجار (المضاربين) من التربح من خلال انخفاض أسعار الأسهم.

A Short sale is a speculative transaction designed to enable traders to profit from declining stock prices.

وعرفه Fredrick Amling بقوله: البيع عل المكشوف هو في جوهره بيع لأوراق مالية مقترضة على أمل أن ينخفض السعر، فإذا انخفض السعر قام المضاربون بشراء الأوراق المالية التي باعوها.

وهو ما يعني أن كلًا من الشراء الهامشي والبيع على المكشوف يقوم على القرض. فبينما يقوم الشراء الهامشي على اقتراض المضارب للمال الذي يشتري به الأسهم، فإن البائع على المكشوف يقترض أيضًا، ولكن ليس مالا وإنما الأوراق التي يرغب في بيعها، وهو ما يعني أن المضارب يبيع أصلا لا يملكه ثم يشتريه في تاريخ لاحق، فالبيع يسبق الشراء بينما الأصل أن الإنسان يشتري ثم يبيع لا أن يبيع أصلا لا يملكه ثم يشتريه وهذا يخالف الفطرة التي خلق الله الناس عليها.

والأمر الذي لا خلاف عليه بين المتعاملين والمشتغلين بأعمال البورصات أن البيع على المكشوف محفوف بالمخاطر ، فاحتمال ارتفاع السعر أمر وارد بينما البائع هنا مضارب على الهبوط، الأمر الذي يضطر معه البائع إلى تغطية مركزه بخسارة كبيرة.

واحتمالات وقوع البائع على المكشوف تحت الابتزاز أمر لا خلاف عليه وهو ما أكده أيضا Jack Clark Francis .

بقوله: «إن الشخص الذي يشتري من البائع على المكشوف قد يبتزه إذا ما ارتفعت الأسعار خلافا لتوقعات البائع، ويطالبه باستلام الأسهم. يعرض البائع على المكشوف على المشتري أن يشتري منه ما باعه إليه (على الورق) فيبتزه المشتري بفرض السعر الذي يحدده هو بإرادته المنفردة، وإلا كان على البائع انتظار عقوبة السجن وهذا ما يسمى بـ:

Cornering the shorts or squeezing the Shorts".

وقد ذكر Chance في موسوعته عن المشتقات المالية أن أسواق الأوراق المالية تفرض العديد من القيود التي تستهدف الحد من البيع على المكشوف ما لم يكن متعلقًا بالمشتقات المالية.

Securities Markets impose several restrictions designed to limit or discourage short selling that is not applied to derivative transaction.

* * *

الفصل الثالث

وجوه الخلاف بين المضاربة والاستثمار

الفصل الثالث

وجود الاختلاف بين المضاربة والاستثمار

أولاً: المضـاربـة :

قديما استخدموا كلمة المضاربة بمعنى المخاطرة ، فقالوا :إن الحياة كلها مخاطرة ، وإن روح المخاطرة ولدت مع الإنسان.

"All life is speculation. the spirit of speculation is born with man" (1).

وفي اللغة اللاتينية، وكذلك في روما القديمة أُطلقت كلمة المضارب على الشخص "الباحث عن المتاعب"

In Latin, the word speculation describes a sentry whose job was to look out "Speculare" for trouble(2).

ونتناول فيما يلي أهم التعريفات التي تصدت لمفهوم المضاربة :

يرى إبراهيم أبو العلا أن المضاربة هي تقدير فرص الكسب لاغتنامها واحتمالات الخسارة لاجتنابها (٣)

بينما يرى مليكة عريان أن المضاربين هم أولئك الذين ينشدون الكسب السريع ، يقامرون بأموالهم في بورصات البضائع والأوراق المالية ابتغاء الاستفادة من تقلبات الأسعار ، فمنهم من يضارب على الصعود ومنهم من يضارب على الهبوط ، وكلا الفريقين فائز إن صدقت نبوءته وخاسر إن طاشت توقعاته (٤).

أما الدكتور مقبل جميعي فيرى أن المضاربة في اللغة الدارجة هي المتاجرة ، ولكن المقصود بها هو التنبؤ ، وواقع الأمر أن كل من كان أساس عمله التنبؤ وانتهاز فرص الكسب وتجنب الخسائر وإن لم يحقق بغيته فهو مضارب(٥).

أما رئيس بورصة البضائع في الإسكندرية فلم يخف شغفه أو ولعه بالمضاربة، فلم يقف عند تعريفه لها بأنها الرياضة الطبيعية لملكات العقل البشري وأنها في الوصف الصحيح عبقرية الاستكشاف ، بل راح ينقل عن برودون قوله:

---

(1) Edward Chancellor , Devil take the hindmost , a history of financial speculation P.5.
(2) Ibid P.6.

(٣) إبراهيم محمد أبو العلا – بورصات الأوراق المالية والقطن ، طبعة ١٩٦٠، معهد التخطيط القومي.
(٤) مليكة عريان – عمليات بورصات الأوراق المالية والبضاعة الحاضرة ، (دار الكتب).
(٥) دكتور مقبل جميعي – الأسواق والبورصات ، (دار الكتب المصرية).

"المضاربة كالروح النهائي تخلق كل شيء من لا شيء"[١].

أما بنك ميدلاند فقد لمس عنصرا هاما في تعريفه للمضاربة وهي عدم سعي المضارب لامتلاك أو تملك أو تسليم أو تسلم، فهو يرى أن المضارب هو التاجر الذي يأمل في التربح من حركة الأسعار للأداة محل تعامله وأنه لا مصلحة للمضارب في تسليم أو تسلم.

A speculator is a trader who hopes to profit from a directional move in the underlying instrument. The speculator has no interest in making or taking delivery [2].

أما معجم أكسفورد والذي يعد من أشهر المعاجم المتخصصة، فقد ذهب في تعريف المضاربة إلى أنها من قبيل المقامرات التجارية وإلى أن جميع الشرور المتولدة من المقامرة تسمى "مضاربة".

Speculation: Adventurous dealings or rather commercial gambling's. The evils produced by the species of gambling named speculation.

وقد ذهب صاحب موسوعة الخيارات والمستقبليات إلى القول بأن المضاربة محل خلاف وجدل كثير ، وأن أسواق الخيارات والعقود قد لقيت نقدًا عنيفًا ، واتهامًا للأنشطة المضاربية بأنها لا تخرج عن كونها قمارًا مقننًا.

" Speculation is controversial. Futures and options markets have taken much criticism including accusations that their activities are tantamount to legalised gambling"[3] .

ونقل صاحب هذه الموسوعة عن واشنجتون إيرفنج قوله: " إن المضاربة هي روح التجارة ، وهي تلقي بالازدراء على حقائقها الرصينة . إنها تقدم لنا المضاربين في بورصة لندن كسحرة ، والبورصة كموضع للسحر أو الفتنة " .

Speculation is the romance of trade, and costs contempt upon all its sober realities. It renders the stock – jobber a magician, and the exchange a region of enchantment [4].

أما جون ماينرد كينز صاحب النظرية العامة للتوظف والفائدة والنقود فقد عرف

---

(١) جول خلاط – أعمال البورصة في مصر – مطبعة البوصيري الإسكندرية عام ١٩٣٨.

(2) Glossary prepared by Midland Bank.

(3) Don. M. Chance, Options & Futures, sec.ed. p. 239.

(4) Edward Chancellor, op.,cit,p 346.

المضاربة بأنها محاولة التنبؤ بالتغيرات في سيكولوجية السوق .

Keynes defined speculation as the attempt to forecast changes in the sychology of the market.

بل إن كينـز ذهب إلى ما هو أبعد من ذلك عندما شبه المضاربة بمسابقة في الصحف يتنافس فيها المتسابقون لاختيار أجمل ستة وجوه من بين مئات الصور الفوتوغرافية .

Keynes likened speculation to a newspaper competition in which the competitors have to pick out the six prettiest faces from hundreds of photographs (1).

وذهب آدم سميث في تعريفه للمضاربة إلى أنها استعداد المضارب لتتبع الفرص السانحة القصيرة بغرض التربح.

For Smith the speculator is defined by his readiness to pursue short-term opportunities for profit (2).

ومن الأمور التي نثير الدهشة - مع أننا بقليل من التأمل سوف نلحظ أنها تجسد واقع البورصات في العالم المتقدم والنامي على حد سواء – ما كشف النقاب عنه Edward chancellor وهو بصدد الحديث عن أزمة الكساد الكبير عام ١٩٢٩ والتي سبقها صعود غير مبرر في هذه الأسواق حيث ذكر الآتي :

" خلال الفترة التي اتسمت بسوق صاعد لم يكن هناك حاجة للاستعانة بمستشار مالي لكي يختار لك الأوراق المالية التي ترغب في شرائها . لقد كان في الإمكان أن تغلق عينيك وتضع إصبعك في أي مكان على لوحة الأسعار ، وسوف تجد أن الورقة المالية التي قمت بشرائها قد ارتفع سعرها ".

During the bull market there was no need to employ a financial advisor to select your stocks " you could close your eyes, stick your finger any place on the big board and stock you bought would start rising (3).

بينما يعرف هنري إيمري المضاربة بأنها المقامَرة؛ حيث صرح بأننا نكون بصدد مقامرة حينما تكون خسارة طرف ما هي تمامًا مكسب الطرف الآخر .

Henery C. Emery claims that in gambling one party must lose just

---

(1) Edward Chancellor, op. cit p 346.
(2)Ibid, P 1 XI
(3)Edward Chancellor, op. Cit. P 207

what the other wins[1].

ومن التعريفات التي تتسم بقدر كبير من الواقعية وأصبحت سمة من سمات هذا العصر الذي ساد فيه الاقتصاد الرمزي وتفوق فيه رأس المال النقدي على رأس المال الإنتاجي وحلت فيه صناعة النقود محل صناعة السلع ما ذكره Carcopino في صحيفة Daily Life:

"إن المضاربة هي دماء الحياة التي تسري في نظام اقتصادي فقد فيه الإنتاج يومًا بعد يوم أرضيته بينما كان التجاريون يغزون كل شيء ".

"speculation was the life - blood of an economic system where production was losing ground day by day and mercantilism was invading every thing[٢]".

أما المضاربة في لغة الصرف، فهي الاحتفاظ طوعًا بمركز معرض لأخطار تقلبات أسعار الصرف بغرض تحقيق ربح مأمول مع احتمال الخسارة [٣].

والمضاربة بمفهومها اللغوي تختلف اختلافًا بينًا عن مدلولها الاقتصادي ، والأصل أن تكون الألفاظ دالةً على معانيها وإلا انصرفت إلى معان أُخر بعيدة عن مراميها[٤].

والمضاربة في المفهوم الاقتصادي إنما تنصرف أساسًا إلى معنى واحد وهو التوقع ابتداءً ، ومن ثم تقدير فرص الكسب لاغتنامها واحتمالات الخسائر لتجنبها.

فإذا قيل: إن أحد المتعاملين في سوق الصرف الأجنبي foreignexchange market أو في سوق الأوراق المالية securities market مضارب على الهبوط، فإن ذلك يعني أنه يتوقع انخفاض السعر للعملة أو للأوراق المالية التي يضارب عليها .

فإذا ما كنا بصدد الحديث عن سوق الأوراق المالية ، وتوقع أحد المضاربين انخفاض

---

(1) Ibid, p. XII

(2) Ibid, p.6

(٣) سيد عيسى – أسواق أسعار صرف النقد الأجنبي ، ص ٣٣ .

(٤) المضاربة في اللغة مشتقة من الضرب وهو السعي ، فيقال: ضرب في الأرض: أي خرج فيها تاجرًا أم غازيًا ، ومنها قوله سبحانه وتعالى: ﴿ وآخرون يضربون في الأرض يبتغون من فضل الله ﴾ [المزمل : ٢٠]. وابن منظور – لسان العرب – مادة ضرب . والمضاربة في الاصطلاح هي اشتراك أصحاب الأموال وأصحاب الخبرات في نشاط معين على أن يكون الربح بينهما على ما اصطلحا عليه بنسبة شائعة من الربح كالربع أو الثلث أو النصف.

أسعار أوراق بعض الشركات المقيدة في السوق فإنه يسارع إلى إصدار أمر لشركة الوساطة المالية التي يتعامل معها لبيع الأوراق المالية التي يتوقع هبوطها ولو لم يكن مالكًا لها ، على أمل أن يتمكن في غضون أيام قليلة من شراء ما باعه بسعر أقل ليحقق بذلك هامشًا من الربح يتمثل في الفرق بين سعري البيع والشراء . وهذا النوع من البيوع والذي يتيح للشخص الطبيعي أو الاعتباري أن يبيع ما لا يملكه من أظهر أنواع المضاربات والتي تتعرض للنقد العنيف رغم تباين الثقافات وتباين الحضارات ، ويعرف هذا النوع من البيوع اصطلاحًا بالبيع على المكشوف " short - sale " .

وكما أن المضارب على الهبوط قد لا يكون مالكًا للأوراق التي يبيعها ويقوم باقتراضها من شركة الوساطة المالية ، فإن المضارب على الصعود قد يقترض الأموال التي تمكنه من شراء الأوراق المالية التي يتوقع صعود أسعارها وهو ما يعرف بالشراء الهامشي Trading on Margin .

ويجري التعامل بهذا الأسلوب في معظم الأسواق الرأسمالية وهو يشبه البيع على المكشوف من حيث إن كلًّا منهما يقوم على القرض ، ووجه الخلاف بين هذين النوعين من البيوع يخلص في أن البائع على المكشوف يقترض من شركة الوساطة المالية التي يتعامل معها الأوراق المالية التي يصدر إليه الأمر ببيعها ، بينما المشتري بالحد أو (بالهامش) Margin ، يقترض من شركة الوساطة المالية الأموال التي تمكنه من شراء كمية بعينها من الأوراق التي يتوقع صعودها أو المزيد من الأوراق التي تحفزه شركة الوساطة على اقتنائها.

وصورة هذا البيع أن يقوم المشتري بدفع نسبة معينة من القيمة السوقية للأوراق التي يرغب في شرائها ، أما باقي الثمن فيعتبر قرضًا تقدمه شركة الوساطة المالية ، وتتقاضى عليه فائدة شهرية ، وتقوم برهن الأوراق المالية المشتراة لديها رهنا حيازيًا كضمان للقرض المقدم للعميل من جانبها.

وتختلف نسبة الحد "The Margin " باختلاف النظم الحاكمة للتعامل وذلك من جهة لأخرى ومن بلد لآخر ومن ورقة لأخرى .

ويعبر عادة عن الحد بأنه $\frac{\text{نسبة المال المملوك للمستثمر}}{\text{مجموع المال المستثمر}}$

وقد عرفت الموسوعة الأمريكية عمليات البيع على المكشوف بأنها بيع الشخص ما لا

يملكه.

A short sale occurs when a person sells shares that he does not yet own[1].

أما فردريك إيملنج "Fredrick Amling" فقد عرف البيع على المكشوف بقوله : هو بيع لأوراق مالية مقترضة على أمل أن ينخفض سعرها ، فإذا ما تحققت توقعات المضارب قام بشراء الأوراق المالية التي سبق له بيعها ليتم إعادتها إلى مالكها "[٢].

وعرف وبرت ويسيل Robert Wessel البيع على المكشوف بأنه عملية مضاربية تستهدف تمكين التجار من التربح من خلال انخفاض أسعار الأسهم.

A short sale is a speculative transaction designed to enable traders to profit from declining stock prices[3].

هذا فيما يتعلق بالمضاربة على الهبوط.

أما المضاربة على الصعود فهي على النقيض تمامًا مما تقدم . فإذا قيل: إن زيدًا من الناس مضارب على الصعود ، فإن ذلك يعني أنه يتوقع ارتفاع سعر ورقة مالية معينة أو أكثر ، فيسارع إلى إصدار أمر إلى شركة الوساطة المالية التي يتعامل معها لشراء الأوراق المالية التي يتوقع صعودها.

ومن غرائب الأمور ما كشفت عنه بعض الأسفار العلمية المتخصصة وهي بصدد عرض تاريخي للمضاربة ، حيث ذكرت أن عمليات المتاجرة بالهامش Trading on Margin بدأت في القرن السابع عشر ، حيث كان المضاربون يحصلون على قروض لشراء أسهم شركة الهند الشرقية. وقد بلغت قيمة القروض حينذاك أربعة أخماس القيمة السوقية للأوراق المشتراة والمقترض بضمانها.

"On the early seventeenth century the speculators could take out loans on shares of the East India Company at up to four fifth of their market value, what American letter called " Margins Loans "[4].

بل إن " إدوارد شانسلور " يرجع المضاربة إلى روما القديمة ويؤرخ لبعثها في العالم

(1) Encyclopedia Americana P.256
(2) Fredrick Amling, investment, ch. 18 p. 250
(3) Robert Wessel, Principles of Financial Analysis p. 219
(4) Edward Chancellor ,op., cit. P.6.

الحديث ، فهو يرى أن المضاربة بدأت من قِبل المضاربين المولعين بالمتاجرة في النباتات ذات الفصائل الزنبقية في هولندا عام ١٦٣٠ ثم تطورت إلى المضاربين في بورصة لندن من طائفة الـ Jobbers أو ما يطلق عليهم Stock-Jobbers وذلك في نهاية القرن السابع عشر[١]، وانتهاءً بأولئك المضاربين الذين يتعاملون إلكترونيًا من خلال شاشات الكمبيوتر والإنترنت (on line) في عصر المعلومات.

مضار المضاربة والآثار غير المرغوبة المترتبة عليها:

يعتبر المضارب في الفكر الغربي مجرد دائن عابر (Passant) لحملة الأسهم من المستثمرين والمؤسسين. فهو يشتري في يومه ليبيع في غده ، ولا يربط مصيره بمصير الشركة .

ولو أننا أطلقنا العنان لخيالنا لحظة وتصورنا أن جميع حملة الأسهم من المضاربين ، فإننا سوف نجد السؤال التالي يطرح نفسه على بساط البحث :

- من الذي سيراقب أداء شركات المساهمة ؟
- من الذي سيحضر اجتماعات الجمعية العامة العادية لمناقشة نتائج أعمالها أو حتى غير العادية لأمور هامة لها مساس بمستقبل الشركة ؟
- من الذي سيحاسب مجلس الإدارة إذا ما أخفقت الشركة في تحقيق أهدافها ، أو في حالة تخلف طرائق إنتاجها ، أو تراجع مبيعاتها ، أو تدهور ربحيتها ونتائج أعمالها ؟

بطبيعة الحال إنه ليس المضارب الذي يشتري في يومه ليبيع في غده ، أو الذي يبيع الأسهم التي لا يملكها ، أو يشتري أسهما وليس لديه المال الذي يبذله لاقتنائها ، ولكنه يقينًا هو المستثمر الذي يربط مصيره بمصير الشركة ويمثل فيها عنصر الاستقرار والديمومة ، وهو وحده الذي ينهض بتلك المهام وهو يرى في نماء الشركة نماء رأسماله وفي تعظيم ربحيتها وعوائد إنتاجها نموًا في حجم التدفقات النقدية التي سيكون بوسعه الحصول عليها سواء كانت في صورة نقدية أم عينية .

---

(١) نظام الجوبرز لم يعد له وجود في لندن حيث أُلغي هذا النظام تماما وكانت المملكة المتحدة هي الجهة الوحيدة في العالم التي تتعامل من خلال هذه الطائفة من المضاربين - ارجع إلى كتابنا " أسواق الأوراق المالية ودورها في تمويل التنمية الاقتصادية "- مطبوعات المعهد العالمي للفكر الإسلامي - توزيع مكتبة دار النهار بالقاهرة .

وقد تناولت الكاتبة Linda Davis في كتابها سيكولوجية المخاطرة "Psychology of Risk" الأضرار الناتجة عن المضاربة وذكرت أن المضاربين في سوق الصرف الأجنبي يساهمون بنسبة ٩٥ ٪ من حجم التعامل اليومي في هذه السوق .

The community of foreign exchange speculators contribute ninety five per cent to the daily FX turnover of three trillion dollars, that is three thousand billion dollars everyday (1).

والتقديرات المتقدمة ليست بعيدة عن أرض الواقع أو محل نزاع ، فالورقة المقدمة أيضا إلى Halifax Initiative Coalation والتي تصدت لمسألة المضاربة في أسواق الصرف الدولية تشير إلى أن حجم العمليات في سوق الصرف الأجنبي والتي ترتبط بالإنتاج تتراوح نسبتها ما بين ٣ ٪ إلى ١٨ ٪ من حجم التعامل اليومي.

It is very difficult for outsiders to assess how much of the foreign exchange transactions are tied to production, estimates range from 3 % to 18 % (2).

وتقر الكاتبة لندا دافيس أن الطبيعة البشرية لم تتغير ولكن مجال وفرص الدمار المالي قد تزايدت بصورة مثيرة مع تقدم وسائل التقنية الحديثة وتحرير أسواق المال وزيادة حجم المعاملات ، وقدوم أسواق المشتقات .

وتستطرد الكاتبة "إن أحدًا ليس بوسعه أن يتحصن من المضاربين ، ومن مخاطر الغش وكافة الدوافع البشرية التي تتسم بالشراهة والأنا الأعظم " .

Human nature hasn't changed

, but the scope for financial destruction had increased dramatically with technology led interdependence of financial markets, increasing transaction size and the advent of derivative markets (3).

بل إن واحدًا من أكبر القوى المؤثرة في مجال المال والأعمال في العالم وهو " جورج سوروس " يعتقد أن القوى المضاربية تهدد بأزمة مالية عالمية .

Some commentors, the billionaire financier George Soros among

---

(1) Linda Davies, Psychology of Risk, Speculation & Fraud. P.1.

(2) Jane Inch, Control Options for International Currency Speculation. Paper prepared for the Halifax initiative coalation.

(3) Ibid , P.2.

them believe that speculative forces threaten a global financial crisis [1].

ويرى صاحب "تاريخ المضاربة" أن ميل الأمريكيين إلى المضاربة إنما يرجع إلى شراسة المنافسة ، وشهية الأمريكيين للمخاطرة .

The American passion for speculation derives from the motion's fierce competitiveness and appetite for risk [2].

أما بنك التسويات الدولية ، فيكشف النقاب عن حقيقة مؤداها أن حمى المضاربة التي تنتقل عدواها من شخص لآخر في صورة تهافت على طلب عملة معينة في نظام يتبع نظام أسعار الصرف الثابت ، تسرع بانهيار العملة الوطنية "speed up the collapse of currency" ، بينما يؤكد صندوق النقد الدولي أن هذا التهافت والهجوم الوبائي على عملة ما يؤدي إلى استنفاذ احتياطياتها في ظل نظام سعر الصرف الثابت .

This attacks immediately depletes reserves and forces the authorities to abandon the parity [3].

وقد انخفض الاحتياطي الدولي لمصر من نحو ٢١ مليار قبل عامين إلى نحو ١٤ مليار دولار بسبب التهافت على طلب الدولار من قبل المضاربين الأمر الذي كان يضطر البنك المركزي إلى ضخ المزيد من الدولار الأمريكي إلى الأسواق مما تسبب في خسائر فادحة بغرض الحفاظ على سعر العملة المدار من قبل البنك المركزي .

أما الموسوعة الأمريكية فقد تعرضت لمخاطر المضاربة الناتجة عن عمليات البيع على المكشوف وذلك على الوجه التالـــي :

Clearly, short selling is risky, since the share prices could rise considerably and force the seller to cover at a great loss [4].

وهو يعني أنه من الواضح أن البيع على المكشوف محفوف بالمخاطر، ذلك أن الأسهم التي بِيعت على المكشوف قد ترتفع ارتفاعًا مؤثرًا الأمر الذي يضطر معه البائع إلى التغطية بخسائر فادحة .

ونفس المعنى أكده " جاك كلارك فرانسيس " بقوله: " إن الشخص الذي يشتري

---

(1) Edward Chancellor, op., cit. p1.
(2) Ibid , P. 3.
(3) IMF staff papers, vol. 45 No.1, March 98.
(4) Encyclopedia Americana, vol. 18, p 766.

من البائع على المكشوف قد يبتزه إذا ما ارتفعت الأسعار خلافًا لتوقعات البائع ويطالبه باستلام الأسهم، فيضطر البائع إلى أن يشتريها منه بأي ثمن ليحقق الطرف الآخر أرباحًا كبيرة على حساب المضارب البائع".

A manipulating speculator who obtains a corner on the market can squeeze short seller and profit from this action[1].

بل و إلى ما هو أبعد من ذلك وصف "Dice" البيع على المكشوف بأنه شر مستطير؛ لأن البائع يتصرف فيما يملكه الآخرون .

short selling is evil because seller is disposing of the property of other people[2].

ويتناول الدكتور مقبل جميعي صور الابتزاز التي يتعرض لها أيضًا البائعون على المكشوف من خلال جماعات الضغط فيما يعرف بخنق المكشوف cornering the shorts فيرى أن أحد مثالب المضاربة يتم من خلال حبس كافة البضائع أو الصكوك المتعاقد على شرائها بما يضمن السيطرة والهيمنة عليها والتحكم فيها . فالبائع على المكشوف يبيع وليس لديه حقيقة ما يبيعه ، فإذا حل موعد الوفاء فإنه يتعذر عليه تسليم البضاعة أو الصكوك محل التعاقد ، في حين تتشبث جماعات الضغط الاحتكارية باستلام البضاعة أو الصكوك محل التعاقد ، الأمر الذي يضطر معه البائعون على المكشوف إلى شراء ما قاموا سلفًا ببيعه بأي سعر تقرره جماعات الضغط . وقد حدث ذلك في مصر في أزمة ١٩١٧ وكان ذلك سببا في إفلاس العديد من التجار وكذا في موسم ١٩٤٩ / ١٩٥٠[٣].

وفي الولايات المتحدة الأمريكية كانت عمليات الإحراج corners أو ما يسمى بخنق المكشوف squeezing the shorts تمارس من خلال شركات تضامن غير رسمية

(1) Jack Clark Francis, op. Cit. Ch 15, p 1166

(2) Charles Amos Dice, Securities Markets, p 169.

(٣) في موسم ١٩٤٩/ ١٩٥٠ ارتفع سعر القطن متوسط التيلة إلى ما يقرب من ضعف ثمن القطن طويل التيلة ، إثر قيام بيتين كبيرين من بيوت التصدير بشراء كميات كبيرة من القطن متوسط التيلة في بورصة العقود والبضاعة الحاضرة ، وبذلك تمكنا من التحكم في السوق ، إذ كانت كميات القطن متوسطة التيلة محدودة في ذلك الوقت . وقد تأثر بذلك المضاربون الذين قاموا بالبيع على المكشوف ، وهم البائعون بعقود لا يقابلها أقطان حاضرة بارتفاع الأسعار مما اضطرهم إلى= =تصفية مراكزهم أو تغطية عملياتهم في سوق ضيقة، وتحملوا نتيجة ذلك خسائر جسيمة وفادحة.

وتعرف باسم Pools مصحوبة بمناورات سوقية ملتوية Devious market manipulation .

وعلى الرغم أن عمليات الإحراج في الولايات المتحدة كانت قديمة قدم البورصات ذاتها ، إلا أن هذه العمليات أضحت سمة أساسية من سمات المضاربة في الولايات المتحدة الأمريكية في القرن التاسع عشر .

ولأن الهدف من عمليات الإحراج من جانب المستثمرين هو تصعيد السعر قسرًا وجبرًا فكانت جماعات الضغط تقوم بشراء كميات كبيرة من الأسهم الأمر الذي يؤدي إلى تصعيد السعر من ناحية ، وإلى استحالة تسليم هذه الكميات للمشترين من ناحية أخرى ، الأمر الذي يضطر معه البائعون على المكشوف من دفع أي ثمن يقبله المشترون ، رغم أن البائعين على المكشوف يقومون بهذه العمليات وهم يتوقعون انخفاض السعر فيعاودون شراء ما سبق لهم أن باعوه.[1] ومن المعروف أن البائع في هذه الأسواق مضارب دائمًا على الهبوط والمشتري مضارب دائمًا على الصعود .

وقد استثارت هذه العمليات بعض الكتاب فتناولها أرباب الأدب الاقتصادي في عبارة وجيزة وبليغة :

He who sells what is not his'n, Must buy it back or go to prison [2].

ويثير الانتباه في هذا الصدد ما نشره مؤخرًا بنك التسويات الدولية التابع لصندوق النقد الدولي في شأن عمليات الابتزاز التي تمت من قبل بعض المشاركين في السوق للبائعين على المكشوف short-sellers وهم الذين يبيعون ما لا يملكون ويمارسون أشرس أنواع المضاربة في السوق فيما يعرف اصطلاحًا بأنه squeezing the shorts أي ابتزاز الذين يبيعون على المكشوف cornering the market أي إحراج السوق وخنق المكشوف.

فيذكر بنك التسويات الدولية أن النجاح الرائع لعقود سندات الحكومة الألمانية صاحبه عمليات ابتزاز على عقود (Bobl) خلال الربع الأول من عام ٢٠٠١. هذا ويطلق المصطلح (Bobl) على السندات الحكومية الألمانية التي تستحق بعد خمس

---

(1) Although "corners" were as old as the stock markets themselves, it was only in America in the nineteenth century that they became a hallmark of speculation.
The aim of the corner was to acquire a sufficient number of shares to force up the price and catch out the bears who had sold shares short in anticipation of buying it back cheaper at a latter date. (Edward Chancellor, op. cit, P 156.)
(2) Ibid, P.156.

سنوات .

وتفصيل ذلك أن استخدام عقود الخيارات والعقود المستقبلية على سندات الحكومة الألمانية قد توسع في النصف الثاني من التسعينات؛ حيث لقيت السندات الحكومية محل التعاقد قبولا متزايدًا كأداة متميزة للتحوط.

ونتيجة التوسع في استخدام هذه العقود أصبح المعروض منها أكبر بكثير من كمية السندات محل التعاقد بما سمح لبعض المضاربين بابتزاز squeezing المشاركين الآخر ينفي السوق [(١)]. ويحدث الابتزاز في الأسواق المستقبلية حينما لا يستطيع البائعون على المكشوف شراء أو اقتراض الأوراق المالية المطلوب تسليمها بمقتضى شروط العقد [(٢)]. وهو الأمر الذي لا يجد معه البائع محيصًا من شراء الأوراق المالية من الطرف الآخر المتعاقد معه بالسعر الذي يفرضه هذا الأخير في أعلى درجات الابتزاز .

وتشير البيانات التي نشرها بنك التسويات بالنسبة لعملية الابتزاز إلى أنه تم تحرير أكثر من ٥٦٥ ألف عقد حتى ٢٢ فبراير ٢٠٠١ على السندات الحكومية الألمانية بقيمة ٥٧بليون دولار وهذه القيمة تبلغ خمسة أضعاف حجم السندات [(٣)].

وقد ترتب على هذه التجربة المثيرة لعقد مارس ٢٠٠١ أن اضطر المضاربون إلى اتباع موقف دفاعي ، وذلك من خلال اكتناز الأوراق المالية القابلة للتسليم الخاصة بالسندات الحكومية الألمانية محل التعاقد حق يونيو وسبتمبر ٢٠٠١ الأمر الذي تترتب عليه حتمًا نتائج عكسية تؤثر على سيولة السوق [(٤)].

وإذا ما كانت المضاربة بمدلولها الاقتصادي تعني التوقع ، فإن اختلاف النتائج عن

---

(1) the use of futures and options on German government bonds expanded rapidly in the second half of 1990's as the underlying securities gained acceptance as benchmarks for hedging. As a result, the amount of exposure in these contracts has become substantially larger than that as the underlying security. That allowed some traders to squeeze other market participants.
(Bank for international settlements-BIS , quarterly review, June 2001 – international banking and financial market developments).

(2) In futures markets , squeezes occur when holders of short position cannot acquire or borrow the securities required for delivery under the terms of a contract .
(Ibid P.32.) BIS.

(3) The (bobl) future rose to over 565000 contracts by 22 Feb amounting to a notional amount of 57 billion . this was over five time the stock of notes (Ibid P.33).

(4) The experience with the March 2001 contract has led traders to adopt a defensive attitude..............(Ibid, P33).

التوقعات يشير إلى المخاطر التي قد يتعرض لها المضارب .

ويذكر Paul M. Warburg وهو أحد المصرفيين البارزين الذين كان لهم دورًا بارزًا في إنشاء نظام الاحتياطي الفيدرالي " Federal Reserve System " أن التاريخ يعيد نفسه بأسلوب أليم وقد علمنا أن الإفراط في المضاربة ينتهي إلى إفراط في التعاقدات وإلى الكوارث . وإذا كان الانغماس المفرط في المضاربة يسمح به كأمر مباح، فإن الانهيارات تصبح شيئا يقينيًا لا للتأثير على المضاربين أنفسهم فقط ولكن لجلب الكساد العام ليشمل المجتمع بأسره .

" History which has a painful way of repeating itself, has taught mankind that speculation over expansion invariably ends in over contraction and distress. If argues of speculation are permitted to spread too far, however the ultimate collapse is certain not only to affect the speculators themselves, but also to bring about a general depression involving the entire country "
[1]

وذهب جون ماينرد كينز إلى أن علاج شرور المضاربة يقتضي فرض ضريبة عقابية على الأرباح الرأسمالية الناتجة عن العمليات في سوق الأوراق المالية لإجبار هذه الفئة على الاستثمار طويل الأجل.

As a cure for the evil of speculation he suggested a punitive capital gains tax on stock market transactions in order to force to take long term-view [2].

ونعرض فيما يلي للخسائر الجسيمة التي مُنيت بها كبرى الشركات والبنوك العالمية بسبب المضاربة ، وما لم يُتح لنا الوقوف على تفاصيله أكثر من ذلك بكثير.

١) بلغت خسائر شركة Procter & Gamble وهي أحد أكبر الشركات الأمريكية العالمية المصنعة للسلع الاستهلاكية نحو ١٠٢ مليون دولار في أبريل ١٩٩٤، وذلك بسبب دخول هذه الشركة في عملية مراهنة على تحركات أسعار الفائدة .

2) مُنيت شركة كاشيما أويل اليابانية Kashima Oil بنحو ١,٥ مليار دولار بسبب المتاجرة في عقود سعر الصرف .

٣) بلغت خسائر شركة Metallgesell Schaft الألمانية ما يربو على ١,٤ مليار

(1) Edward Chancellor, op. cit. P.210
(2) Ibid, P. 222.

دولار بسبب المضاربة .

٤) بلغت خسائر شركة Paine Webber وهي إحدى الشركات المتخصصة في إدارة الأوراق المالية نحو ٢٦٨ مليون دولار بين شهري يونيو وسبتمبر ٩٤ .

٥) تجاوزت خسائر أحد بنوك الاستثمار الأمريكية وهو Kidder Peabody نحو ٤ ملايين دولار بسبب المتاجرة في المشتقات خلال أغسطس ٩٤ .

٦) تعرض بنك بارينجز وهو من أعرق البنوك التجارية البريطانية للإفلاس بسبب تعامله في المشتقات ، وإثر الإعلان عن ذلك تعرضت الأسواق المالية البريطانية والأسيوية والاسترالية لهزات عنيفة ، وأعلن بنك إنجلترا في ٢٧ فبراير ١٩٩٥ عن إخفاق البنوك البريطانية في إنقاذ البنك بسبب صعوبة تحديد حجم الخسائر الخاصة بالعقود الآجلة المعلقة ، وقدرت قيمة الخسارة إثر هبوط أسعار الأسهم والسندات في طوكيو بما يزيد على ٨٠٠ مليون جنيه إسترليني أو ما يعادل نحو ١,٥ مليار دولار ، وهو ما يتجاوز أصول الشركة القابضة المالكة للبنك.

وإذا كانت بعض المؤسسات سالفة الذكر قد تمكنت من الخروج من أزماتها إلا أن كارثة بنك بارينجز أودت به إلى الانهيار و إعلان إفلاسه [١] .

٧) منيت شركة Air Products and Chemicals بخسائر بلغت قيمتها نحو ٦٠ مليون دولار بسبب الدخول في عملية مراهنة على تحركات أسعار الفائدة .

٨) بنك " هانج لانج " (Hang Lang) تعرض للإعسار وعدم قدرته على الوفاء بالتزاماته بسبب المضاربات وأخطر حكومة هونج كونج لمحاولة إنقاذه [٢] .

٩) ولم يكن بنك Overseas Trust Bank أفضل حالًا من سابقه إذ أخطر الحكومة في ٦ يونيو ١٩٨٠ بأنه معسر insolvent بسبب المضاربات على العملة [٣] .

ومع هذا ذهب نفر من الكتاب إلى أن ما تعرضت له هذه المؤسسات المالية ذائعة الشهرة لم يكن بسبب المشتقات ولكن بسبب سوء إدارة المشتقات من جانب إدارتها .

وقد لمس القديس " توماس " حقيقة المضاربة منذ عدة قرون بقوله " إنه ليس من

(١) اتحاد المصارف العربية – الهندسة المالية وأهميتها بالنسبة للصناعة المصرفية (العربية) ٩٦ ص٢٠.
(2) Hong Kong Monetary Authority, bulletin, May 95 issue 3.
(3) Ibid , PP 11-12.

العدل ولا من الشرع أن تبيع الشيء أغلى مما يستحق أو أن تشتريه بثمن أرخص مما يستحق.

"Saint Thomas Aquinas declared " It was unlawful and unjust to sell dearer or buy cheaper than a thing is worth" (1).

وإذا كان البعض يرى أن المضاربة تؤدي إلى خلق سوق مستمرة continuous market ، وإلى خلق سوق ذات عمق deep market و إلى الحد من تقلبات الأسعار من خلال الدور الذي يقوم به صانعو الأسواق سواء كانوا من " الديلرز " Dealers وهم المتاجرون في الأوراق المالية لحسابهم الخاص الذين يباشرون أعمالهم داخل المقصورة أو من المتخصصين specialists وهم الذين يجمعون في أعمالهم بين الدور الذي يقوم به " الديلرز " والدور الذي يقوم به الوسطاء لحساب الغير ، غير أن نشاطهم مقصور في أغلب الحالات على التعامل في قطاع معين أو أسهم بعينها ، إلا أن هذه الطوائف لا تقوم بهذا الدور من أجل الحد من تقلبات الأسعار ، ولا لإعادة التوازن إلى السوق ، وإنما هم جماعة من المضاربين في السوق يعملون لحسابهم الخاص ، وغاية ما في الأمر أن دورهم يساعد حقيقة في الحد من تقلبات الأسعار ، وتضييق الفجوة بين سعري البيع والشراء فما إن يرتفع السعر قليلًا ولو ببضع (سنتات) حتى يبادر هؤلاء إلى البيع ، وما إن ينخفض قليلًا حتى يبادر هؤلاء إلى شراء ما سبق لهم أن باعوه . هذا الدور من شأنه بتلقائية شديدة الحد من تقلبات الأسعار. إلا أن المضاربين أيضًا هم الذين يبيعون على المكشوف مما يؤدي إلى إفساد وتشويه الأسعار وإلى ابتزازهم أيضا من قبيل المضاربين على الصعود والذين يقومون بشراء كل ما يعرض عليهم مع إدراكهم بعجز البائعين عن تسليمهم الأوراق المالية محل البيع. ولذلك فإن البيع على المكشوف يعد من أقبح وأخطر أنواع المضاربات في هذه الأسواق ، وهو سبب الكوارث التي تحيق بهذه المجتمعات التي تعشق بطبيعتها المضاربة وتميل إلى المقامرة وحب المخاطرة .

وقريب من هذا ما تناوله H. C. Emery عن المضاربة بقوله: " إنها جلبت الضرر، وكان ضررها أعظم من نفعها ، ونقلت الملكية من أيدي الكثرة إلى جيوب القلة" (٢).

---

(1) Edward Chancellor, op. cit. P.7

(2) It brought more harm than good and transformed property from the hands of many to the pockets of few. (Edward Chancellor, op. Cit. P.190.).

ثانيـًا : الاستثمار : **Investment**

يختلف مدلول الاستثمار في المفهوم الاقتصادي عن مفهوم الاستثمار المالي . فالاستثمار في المفهوم الاقتصادي Real Investment هو الزيادة الصافية في رأس المال الحقيقي للمجتمع ، وبمعنى آخر هو كل إضافة جديدة إلى الأصول الرأسمالية المملوكة للمجتمع كالآلات والمعدات والتجهيزات ووسائل النقل وكذا المخزون من السلع والخامات التي سوف يجري استخدامها في إنتاج سلع استهلاكية consumer's goods أو إنتاج سلع استثمارية investment goods ، فضلًا عن الإنفاق الاستثماري على أعمال الصيانة الجوهرية التي تؤدي إلى زيادة عمر الآلات والمعدات أو زيادة إنتاجيتها[١].

كما يعرف الاستثمار أيضًا بأنه عملية تكوين رأس المال The process of capital formation [٢].

و إذ تتعدد مصادر التكوين الرأسمالي في المجتمعات ، يعتبر الادخار بلا خلاف بين الاقتصاديين هو المرحلة الأولى في عملية تكوين رأس المال.

بينما تتحصل المرحلة التالية في تعبئة تلك المدخرات . أما المرحلة الثالثة فتخلص في عملية تحويل المدخرات إلى تجهيزات وسلع استثمارية .

أما الاستثمار بمفهومه المالي فيختلف عن الاستثمار بمفهومه الحقيقي.

الاستثمار المالي: Financial Investment

يعرف الاستثمار المالي بأنه شراء فرد أو مؤسسة لأحد الأصول الماليـة financial assets كالأسـهم أو السندات ، أو السـندات الأذنيـة Promissory Notes أو الكمبيـالات أو أذون الخزانـة Treasury Bills أو شهادات الإيداع Depository Certificates وهي التي تحمل عائـدًا Yield يتناسـب مـع حجـم المخـاطرة المفترضة خلال

---

(1) Investment in real assets, that is the creation of productive tools or inventories of goods and materials that will be used in the production of consumer's goods or other investment goods. (Charles N Henning, Financial , op. cit P.23.).

(2) Ibid, P.22. وأيضًا

Investment is goods and services needed for the good of the community (schools, hospitals, etc.) and not for financial gain

(J. H. Adam. Longman Dictionary, Business Eng.)

فترة الاستثمار [١].

بينما يعرفه البعض بقولهم : الاستثمار المالي يشير إلى التصرفات الخاصة بطلب الأصول المالية التي تمثل حقوقًا على أصل الثروة [٢].

والجمع بين التعريفين المتقدمين يقدم لنا تعريفًا جامعًا مانعًا .

فالتعريف الأول تعرض بقدر من التفصيل لأنواع الأصول المالية والعائد المتوقع الحصول عليه أو ما يعرف بمردود الاستثمار ومدى تناسبه مع المخاطرة المفترضة ، وأما التعريف الثاني فإنه أبرز ماهية هذه الأصول باعتبارها حقوقًا على أصل الثروة المملوكة للمنشأة أو للفرد .

وإذا أمعنا النظر فيما تناوله التعريف الثاني من حيث كون الأصول المالية تمثل حقوقًا على أصل الثروة ، فقد يكون من المفيد أن نتناول هذه العبارة بقدر من التفصيل.

لا يختلف اثنان على أن الأصول المالية لا تخرج عن كونها حقوقا للملكية كصكوك الأسهم ، أو صكوكا للمديونية على الشركة المصدرة لها كصكوك السندات .

وكافة الصكوك بمختلف أنواعها ليست أصولا مادية ملموسة ، وليس لها قيمة في ذاتها ، وإنما تمثل حقوقًا على مصدِّريها سواء كان المصدر شركة أم فردًا [٣].

فإن كانت الصكوك أسهما فإن كلمة السهم تعني الصك المثبت للملكية أو حق الشريك في الشركة.

ومن المعلوم أن حق الشريك في الشركة إنما يكون فيما تملكه من صافي الأصول المادية المملوكة لها أو ما يسمى بصافي حقوق أصحاب المشروع [٤].

ولذلك جرت التفرقة بين أسواق الأوراق المالية وغيرها من الأسواق السلعية على أساس أنه بينما يجري التعامل في الأسواق السلعية على الثروة ذاتها ، فإنه يجري التعامل في أسواق الأوراق المالية في حقوق على هذه الثروة وهي الأسهم التي في حوزة المساهمين.

---

(1)Investment may be defined as the purchase by an individual or institution of a financial asset that produces a yield that is proportional to the risk assumed over some future investment period. (Fredrick Amling, Investment. P.5).

(2)Charles N. Henning, op.cit.p.22.

(3)A financial asset is a claim on an economic unit such as a business or an individual.
(Don M. Chance, op. Cit. Ch.1 , P 21.)

(٤) د. مصطفى كمال طه – شركات الأموال وفقًا للقانون رقم ١٥٩ لسنة ١٩٨١ مطبعة دار الفكر .

ذلك أن حقوق أصحاب المشروع تتمثل في أصول يتعذر تصفيتها لحساب أحد المساهمين إذا ما رغب في الخروج من الشركة . ولذلك ظهرت هذه الأسواق حيث تباع الحقوق وتشترى دون مساس بأصل الثروة المتمثلة في أصول المشروع [١].

وجوه الخلاف بين المضاربة والاستثمار:

ذهب الاقتصادي النمساوي الشهير " شومبيتر" J.A. Schumpeter إلى أن "الفرق بين المضارب والمستثمر يمكن تحديده بحضور أو غياب نية المتاجرة ، بمعنى التربح من تقلبات أسعار الأوراق المالية ". و بمفهوم المخالفة فإنه يعني أنه إذا لم تتجه نية ومقاصد المتعاملين في البورصة إلى مجرد الاستفادة من تقلبات الأسعار في سوق الأوراق المالية فإننا نكون بصدد عملية استثمار مالي.

The difference between a speculator and an investor can be defined by the presence or absence of the intention to trade i.e, realise profits from fluctuations in security prices [2] .

بينما ذهب أحد خبراء بورصة وول ستريت (Nyse) وهو Fred Schewed في التفرقة بين المضاربة والاستثمار إلى أن الفرق بينهما يشبه ما نقوله لشاب مراهق: " إن الحب والعاطفة شيئان مختلفان" . فالهدف من الاستثمار هو المحافظة على رأس المال ، بينما الهدف الأساسي من المضاربة هو تعظيم الثروة.

The difference between investment and speculation was like explaining to the troubled adolescent that love and passion are two different things. The first aim of investment was the preservation of capital while the primary aim of speculation was the enhancement of fortune [3].

وقد تصدى Fredrick Amling صاحب كتاب investment لوجوه الاختلاف بين المضاربة والاستثمار على الوجه التالي [٤]:

تدور وجوه الخلاف بصفة أساسية حول ثلاث مسائل :

الأولى : مقدار العائد أو المكافأة المتوقع الحصول عليها The amount of yield or

(١) مرجعنا أسواق الأوراق المالية - المعهد العالمي للفكر الإسلامي - مطبعة دار النهار.

(2) Joseph A. Schumpeter, Business cycles, A theoretical, historical and statical analysis of the capitalist process (New York 1939 P 679).

(3) Edward Chancellor, op. cit P. XI.

(4) Fredrick Amling, investments, op. cit. P.9.

. reward expected

الثانية : درجة أو حجم المخاطرة المفترضة Assumed Risk .

الثالثة : طول فترة الحيازة . The length of the holding period .

وفيما يتعلق بالعائد ، فإن العائد المتوقع الحصول عليه من شراء ورقة مالية وحيدة (مضاربة على الصعود) أعظم من العائد المتوقع الحصول عليه من شراء ورقة مالية معينة بغرض الاستثمار .

وطالما أن المضارب يسعى إلى تحقيق عائد من المضاربة يتفوق على عائد الاستثمار ، فإن أحد المبادئ الهامة التي تحكمه والتي لا يمكن تجاهلها تخلص في الآتي :

كلما كان العائد المتوقع مرتفعا ارتفعت درجة المخاطرة

" The higher the expected yield, the higher the risk".

ومن المعلوم أن المضاربين لا يعترفون بمنهج مدرسة الأصوليين "fundamentalists" فهم يرون أن السوق لها حياتها الخاصة مستقلة تماما عن كل قواعد وأصول الاستثمار ، بينما المستثمرون لا يُقبلون على الاستثمار في ورقة مالية معينة خاصة بإحدى الشركات أو البنوك قبل التحقق من أصول وقواعد الاستثمار التي يتشبث بها الأصوليون ومنها :

- مدى قوة المركز المالي للمنشأة .

- سلامة الهيكل المالي و التمويلي للمنشأة .

- قدرة الشركة على الوفاء بالتزاماتها طويلة وقصيرة الأجل في مواعيد استحقاقها وعدم تعرضها بالتالي لاحتمالات الإعسار الفني Technical insolvency أو المالي Financial insolvency .

- قدرة الشركة على تحقيق الأرباح ونموها واستقرارها وتعظيم ثروة المساهمين.

وبين المضاربة والاستثمار درجات متفاوتة ، فما بين مضاربة شرسة Wildcat speculation ومضاربة أقل مخاطرة Less-risk speculation ، واستثمارات ليست بمنأى عن المخاطرة واستثمارات أكثر مخاطرة More risky investments .

وأعلى درجات الاستثمار الكفء هو الذي يحقق أعلى عائد بأقل تكلفة أو أدنى مخاطرة للحصول على عائد معين .

وإذا ما كانت المخاطرة متناسبة مع العائد proportional to the yield، فإن المستثمر أو المضارب يصبح لديه اختيار واضح بين عائد مرتفع يقابله مخاطرة عالية أو عائد منخفض يقابله مخاطرة منخفضة.

أما من حيث الفترة الزمنية، فالمضاربة دائمًا لفترة أقصر زمنيًا من الاستثمار . وتمتد من أسبوع إلى عدة أشهر ، بينما الاستثمار يمتد من ٣ سنوات إلى ما هو أكثر. ولذلك فالمضارب يسعى دائمًا للحصول على مكاسب رأسمالية capital gains بينما يصرف اهتمامه عن الفائدة أو العائد الموزع(١).

ومن غرائب الأمور أن تم تعديل بعض النصوص لقانون التجارة المصري لإباحة المضاربات على وجه لا يقبل الدحض ولا يداخله لبس حيث نصت المادة ٤٦ المعدَّلة لنص المادة ٧٣ من قانون التجارة على الآتي :

" تكون العمليات المضافة إلى أجل صحيحة ولو قصد المتعاملون منها أن تُؤوَّل إلى مجرد التزام بدفع فروق الأسعار، بشرط أن تعقد العملية في سوق أوراق مالية وأن تتعلق بصكوك مدرجة في جداول أسعار هذا السوق"(٢).

وما يزيد الأمر غرابة أن مثل هذه العمليات تدخل في دائرة قانون القمار في هونج كونج "المفتوحة على العالم"، فما يعتبره المشرع المصري من قبيل المسائل المشروعة يعتبر في هونج كونج غير مشروع ، ففروق الأسعار التي تعقد من أجلها تلك العمليات في هذه الأسواق لا يبيحها القانون في هونج كونج لأنها لا تتعلق بعمليات تتصل أو تمس حاجة تلك المؤسسات ولا ترتبط بالإنتاج ، ومن ثم تعين إدراجها ضمن المسائل غير المشروعة

---

(1) Fredrick Amling ., op. cit., PP.9-11

(٢) تم تعديل النص المتقدم رغم الدراسات التي أعدت من قبل الهيئة العامة لسوق المال والبنك المركزي وبعض المؤسسات الدولية ، و مشروع تنمية سوق رأس المال والتي انتهت جميعها إلى أن السوق في مصر سوق مضاربة وليست سوقًا للاستثمار وطالبت بإعادة صياغة وتصحيح المفاهيم التي ترسبت في وجدان المتعاملين الذين اصطبغت معاملاتهم بصبغة مضاربية مطلقة من خلال التعامل قصير الأجل. (مقالنا بمجلة البورصة الصفحة الأخيرة تحت عنوان "سوق للمضاربة" العدد ٢٦٠ بتاريخ ٦ مايو ٢٠٠٢).

التي لا تدعو إليها حاجة ولا تُلجِئ إليها ضرورة، وتعد من جنس القمار.

* * *

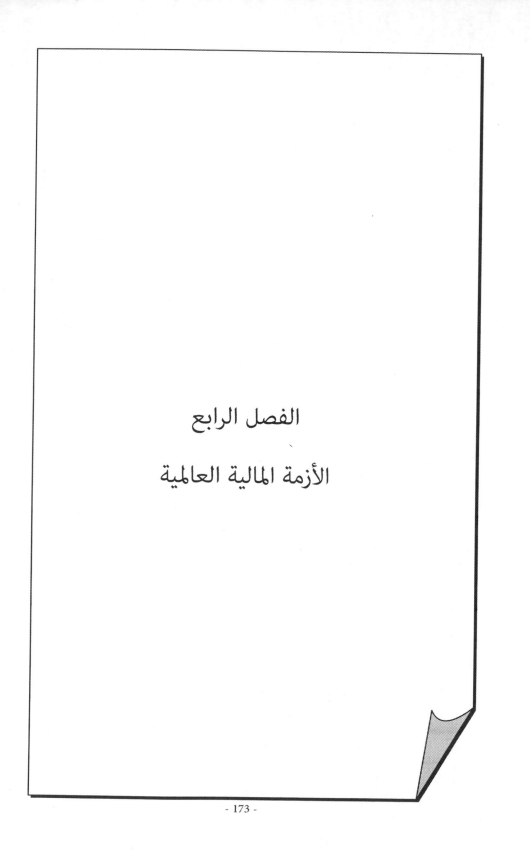

الفصل الرابع

الأزمة المالية العالمية

الفصل الرابع

الأزمات المالية المزمنة لأسواق المال العالمية

تكشف عن الوجه الحقيقي للنظام الرأسمالي

وزيف آلياته التي قام عليها

الأزمة الطاحنة التي يعيشها العالم الآن والتي بدأت في الولايات المتحدة الأمريكية عام ٢٠٠٧م واندلعت نيرانها في سبتمبر ٢٠٠٨م، وانتقلت عدواها إلى كافة الأسواق العالمية، وبات علاجها أمرًا عسيرًا، لم تجد الولايات المتحدة زعيمة النظام الرأسمالي معها بدًّا من استجداء دول العالم ومن جملتها - وإن شئت فقل: في صدارتها - يقينا الدول النفطية التي تربطها بالولايات المتحدة مصالح اقتصادية، وذلك إن كانت تخشى على استثماراتها، وفوائضها النفطية التي تراكمت لدى البنوك الأمريكية وبددتها في مضاربات ومقامرات في وول ستريت وكافة الأسواق العالمية.

والحقيقة أن هذه الأزمة ليست وليدة اليوم، وإنما فجرتها أزمة الرهونات العقارية، كما أنها ليست الأولى، ولن تكون الأخيرة.

لقد عادت هذه الأزمة بذاكرة الشعوب إلى الوراء، فالعالم كله مازال يذكر أحداث الكساد الكبير في الثلاثينات، والتي شهدت إفلاس تسعة آلاف بنك منها ٧٤٤ بنكًا في الولايات المتحدة وحدها، تساقطت مثل قطع الدومينو الواحدة تلو الأخرى، ولم يفلح المودعون ولا صغار المدخرين في سحب ولو جزء يسير من مدخراتهم لمواجهة أعباء الحياة في ظل إعسار البنوك العقارية والمتخصصة والتجارية وعدم قدرتها على مواجهة طلبات السحب وأوامر الدفع، ففقد المودعون ما قيمته ١٤٠ بليون دولار، وارتفع معدل البطالة إلى ما يزيد على ٢٥% مع بداية عام ١٩٣٣ ليصل عدد العاطلين إلى نحو ١٣ مليون عاطل، وانخفضت أسعار السلع بنسبة تتراوح ما بين ٢٠ إلى ٢٥ %، بينما بقيت الديون على ما هي عليه. وانخفض الإنتاج الصناعي بنحو ٤٥% في ما بين عامي ١٩٢٩، ١٩٣٢.

وكانت الضربة القاصمة للمزارعين حين أدى انهيار الصادرات الزراعية؛ كالقمح والقطن والدخان

إلى توقف المزارعين الأمريكيين عن سداد ما عليهم من قروض، مما

أدى إلى اشتداد أزمة الإعسار المالي financial insolvency لدى البنوك والمؤسسات التي تقوم بعمليات الإقراض.

أما العقارات فلا يبالغ في القول من يذكر انعدام الإقبال عليها وعلى بنائها، حيث تراجعت عمليات البناء بنسبة ٨٠% فيما بين عامي ١٩٢٩، ١٩٣٢.

وهذا كله إنما يشير إلى إصابة الاقتصاد الأمريكي بالشلل، في ظل نظام اقتصادي متوحش، يـزداد توحشا من حين لآخر، ومع هذا تنتقل آلياته، وصيغ معاملاته، وفلسفته التي تقوم على إزالة جميع القيود، سواء كانت أخلاقية أو قانونية أو عقدية تحت عباءة التحرر الاقتصادي deregulation أو مـا يسمى بتحرير الأسواق، وتنتقل هـذه جميعًا إلى المجتمعـات الأخرى كوسيلة مـن وسـائل الاختراق، وتحت عباءة الدعوة إلى زيادة الارتباط المتبادل بين المجتمعـات الإنسانية، ومن خـلال انتقال رءوس الأموال والأيدلوجيات والدعوة إلى القرية الكونية (العولمة) والتي لا تخرج عن كونها إمبريالية ثقافيـة تسعى إلى تهجين العالم وتجريده من خصوصياته وفرض النموذج الثقافي الغربي على شعوب المنطقة.

وإذا انتقلنا إلى أحداث الانهيار العظيم الذي اجتاح الأسواق العالميـة في ١٩ أكتـوبر ١٩٨٧ وأثـار الذعر والرعب، والتي انتابت جميع المتعاملين وأخذتهم الصيحة وهم ينظرون، فكـان بمثابة الزلـزال الذي أتى البنيان الرأسمالي من قواعده، أثبت هذا الانهيار زيف آليات السوق، وعجزهـا عـن تصحيح الاختلالات التي تشهدها هذه الأسواق، وأنها ليست اختلالاتٍ وقتية لقوى العرض والطلب، وإنما هـي اختلالات هيكلية لأنها تتعلق باقتصاديات السوق التي يقوم عليها النظام الرأسمالي برمته.

لقد وُصفت هذه الأزمة من قِبل الاقتصاديين بأنها الأسوأ في تاريخ الأزمات والانهيارات التي اجتاحت هذه الأسواق. ليس هذا فحسب، بل وقالوا: إن الأسوأ لم يأتِ بعد. ففي حين انخفض مؤشر داو جونز بمقدار ٣٨ نقطة في اليوم الأول من أحداث الكساد الكبير عام ١٩٢٩، وبنسبة ١٣%، فقامت الدنيا ولم تقعد، انخفض ذات المؤشر في اليوم الأول لأحداث الانهيار الذي اجتاح الأسواق العالمية في ١٩ أكتوبر ١٩٨٧ بمقدار ٥٠٨ نقاط، انخفضت معها أسعار أسهم الشركات بنسبة ٢٢%، وخسر أصحاب هذه الأسهم خلال الساعات السبعة الأولى ٥٦٠ بليون دولار.

ولم تكن الأسواق العالمية الأخرى أفضل حالًا، حيث انخفضت أسعار الأسهم في المملكة المتحدة بنسبة ٢٦,٤% وفي هونج كونج بنسبة ٤٥,٨%، وكندا بنسبة ٢٢,٥% واستراليا بنسبة ٣١% .

ولإيقاف النزيف الذي مُني به المتعاملون في هذه الأسواق من الأفراد والمؤسسات المالية، والبنوك، وصناديق التوفير، وصناديق الاستثمار, أغلقت البورصات العالمية في الولايات المتحدة، واليابان, وهونج كونج, وعدد آخر من الأسواق، ساعاتها وقف الرئيس ريجان مذهولًا وقد انتابته الحيرة والدهشة وهو يتساءل عن أسباب انهيار الاقتصاد الأمريكي بين ليلة وضحاها.

تدفقت أوامر البيع في كافة الأسواق كالسيل العارم الذي لا سبيل إلى إيقافه أو حتى الحد منه، تجنبًا للآثار التي ستترتب عليه.

أجراس الكنائس قرعت في كل مكان معلنة الحداد فيما اصطلحوا على تسميته بالإثنين الأسود Black Monday. كشف هذا الانهيار عن عجز آليات السوق عن تصحيح أية اختلالات تتعلق بالعلاقات الدالية بين العرض والطلب، وإخفاق جهاز الثمن، وفي كشف زيف الدور الذي تقوم به آليات السوق وأن هذا الدور إنما نجده في بطون الكتب وليس في قاعات التداول، وأن اليد الخفية The invisible hand التي بشر بها آدم سميث لم تكن سوى أكذوبة لا تجلب نفعًا ولا تدفع ضرًا.

إن شبح الانهيار الذي زلزل أركان وول ستريت في ١٩ أكتوبر ١٩٨٧ كان ومازال ماثلًا في الأذهان، والتاريخ يعيد نفسه، لذلك لم يكن مستغربا أن يشهد العالم كله انهيار سبتمبر ٢٠٠٨ والذي كشف عن سوءة النظام الرأسمالي وزيف آلياته.

وقبل أن نستعرض ونتوغل في تناول الأسباب التي أدت إلى انهيار سبتمبر ٢٠٠٨، نتناول مقدمات هذا الانهيار، وهي أزمة الرهونات العقارية والتي فجرت الأزمة المالية الأخيرة.

الأنباء التي تناقلتها الصحف الاقتصادية العالمية ووكالات الأنباء تؤكد أن أحد أهداف السياسة الأمريكية الحالية هو تمليك كل فرد أمريكي أو يتمتع بالجنسية الأمريكية عقارًا ولو لم يكن قادرًا على السداد وقت تملكه له.

أقبل الأمريكيون أفرادًا وشركات على شراء العقارات بهدف السُّكنى أو الاستثمار أو حتى المضاربة، توسعت المصارف والمؤسسات العقارية وشركات المقاولات والبنوك العقارية والمتخصصة في منح القروض حتى للأفراد غير القادرين على الوفاء بالتزاماتهم وسداد ديونهم بسبب ضعف دخولهم.

كان يتم منح كل فرد في الولايات المتحدة ما يصل إلى مليون دولار، وبلغت حجم القروض العقارية نحو ٧٠٠ بليون دولار.

ونتيجة لتوسع البنوك في عمليات منح الائتمان، وبالتالي زيادة المعروض النقدي، واتساع نسبة السيولة، وتهافت الأفراد والمؤسسات على شراء العقارات، ارتفعت أثمانها، وأثمان كافة السلع وارتفعت بالتالي معدلات التضخم.

قام بنك الاحتياطي الفيدرالي الأمريكي برفع سعر الفائدة لامتصاص فائض السيولة، وتخفيض معدل التضخم وتحجيم قدرة البنوك على منح الائتمان.

إلا أن هذا المسلك أيضًا والذي أراد به بنك الاحتياطي الفيدرالي أن يتدارك به الخطأ في زيادة المعروض النقدي والسيولة المحلية بما يضر بمعامل الاستقرار النقدي، ترتبت عليه آثار لا تقل ضررًا عن تهاونه أو تراخيه في إحكام السياسة النقدية تحت وهم التحرر من القيود deregulation.

ترتب على رفع سعر الفائدة عجز الكثرة من مالكي العقارات عن سداد قيمة الأقساط وفوائدها بعد ارتفاع أسعارها.

ووفقا للنظام المتبع فإنه يتم رهن العقارات التي تم تمليكها للأفراد، ويتم استردادها منهم في حالة التوقف عن الدفع.

الأموال التي ضخت من قِبل البنوك لم تتمكن من استردادها، وبلغ حجم القروض المتعثرة للأفراد نحو مائة مليار دولار.

لا تتوقف مشكلة تحصيل الديون عند البنوك بل تتعداها إلى غيرها , حيث تقوم أغلب هذه البنوك ببيع مديونيات عملائها لإحدى شركات التوريق المتخصصة، والتي تقوم بدورها بطرح سندات في سوق رأس المال بقيمة المديونيات التي قامت بشرائها , ويستمر انتقال الدَّين من يد لأخرى عن طريق التداول في أسواق الأوراق المالية .

وبسبب تشبع السوق , وارتفاع أسعار العقارات وارتفاع سعر الفائدة , وإحجام الطلب, انخفضت أسعار العقارات , وتم التوقف عن سداد أقساط القروض وفوائدها . ولا تنتهي مخاطر التوقف عن السداد على البنوك والشركات التي تقوم بعمليات التوريق, بل تتعداها إلى غيرها أيضا حيث تشترط البنوك على كل من يشتري عقارا أن يقوم بالتأمين لدى إحدى الشركات على سداد المديونيات مقابل الأقساط التي يقوم بسدادها . وهو ما يعني التزام شركات التأمين بالوفاء بقيمة هذه المديونيات ومن ثم تعرضها للإعسار أو الإفلاس , ويترتب على ذلك أن تتنازع ملكية هذه العقارات جميع هذه الجهات , كما تتعرض جميع هذه الجهات للإفلاس والتواري تماما عن الأنظار.

وقد عرف الفقه الفرنسي عمليات التوريق هذه بأنها " أسلوب مفاده السماح للمؤسسات الائتمانية بشكل عام بأن تطرح في أسواق رأس المال مديونيات عملائها وذلك من خلال منشأة متخصصة في توظيف واستثمار هذه المديونيات " . وينظر الفقه الفرنسي إلى عمليات التوريق على أنها أداة لإدارة الموارد المالية , تمنح البنوك مصدرا للسيولة , وتضمن لها سهولة التخلص من مخاطر عدم استيفاء قيمة قروضها , وهو ما أثبت الواقع خلافه واجه ما يربو على مليون إلى ثلاثة ملايين أمريكي خطر فقدان مساكنهم، وأخليت قرى ومدن بأسرها بعد استرداد البنوك والمؤسسات المالية والعقارية لتلك العقارات، فتردت أسعارها وهبطت هبوطًا حادًّا، فبدأت البنوك والمؤسسات المالية وبيوت الرهونات العقارية تعاني تداعيات هذه القروض المتراكمة.

وعلى أثر ذلك أعلن بنك ليمان Lyman Brothers وهو رابع أكبر مصرف استثماري في الولايات المتحدة إفلاسه، وطلب من الجهات المختصة اتخاذ إجراءات طارئة لحمايته من الانهيار التام وسط تصاعد حدة الأزمة المالية.

ليس هذا فحسب، بل ووافق أيضًا ميرل لينش، الذي كان يئِنُّ أيضًا تحت وطأة أزمة الرهونات العقارية على بيعه لبنك أوف أمريكا بمبلغ ٥٠ مليار دولار أمريكي.

جمدت جميع البنوك الأوروبية صناديقها العاملة في المجال العقاري في الولايات المتحدة.

أما في بريطانيا فقد اختلف الأمر نسبيًّا فيما يتعلق بتوجهات الأفراد؛ إذ من الثابت أن المؤسسات المقرضة للمساكن قد استردت نحو ١٤ ألف مسكن في عام ٢٠٠٧ بزيادة

قدرها ٣٠% عن العام السابق خلافًا لـ١٢٥ ألف عقار تأخر أصحابها في دفع أقساط القروض.

وقد لجأ أصحاب العقارات إلى بعض الترتيبات خشية استرداد عقاراتهم عند التوقف عن السداد، فقاموا ببيع تلك العقارات لبعض الشركات العقارية الخاصة بقيمة قد تصل إلى ٥٠% فقط من قيمة العقار على أن تقوم هذه الشركات بتأجير تلك العقارات لهم، وإن كان في الغالب لمدة لا تزيد على ستة أشهر إلا أن هذا المسلك ليس مألوفًا في الولايات المتحدة.

أما عن الأسباب الحقيقية التي أدت وسوف تؤدي من حين لآخر لمثل هذه الانهيارات فنجملها فيما يلي وبقدر ما تسمح به صفحات هذا البحث:

أولاً: البيع الآجل:

أولًا نقصد بالبيع الآجل ما تأجل فيه الثمن والمثمن، أي ما يتأجل فيه العوضان محل التعاقد ولا نقصد به بيع النسيئة أو البيع بالأجل On Credit.

لقد نما القطاع غير المنتج وازداد وزنه النسبي في الاقتصاد الرأسمالي على حساب القطاع المنتج، فحل صنع النقود Money making "التربح" محل صنع السلع وحلت الفائدة محل الربح، وبرزت المضاربة بمدلولها الاقتصادي بوصفها نشاطًا جوهريًا في النظم الرأسمالية لا يتحرك بهدف خدمة قضية الإنتاج ولكن بغرض تحقيق المزيد من المكاسب والمغانم.

إن أخطر ما يجري الآن في أسواق النقد وأسواق رأس المال أن صارت الآلية الأساسية هي آلية القرض أو الدين، حيث جرى التحول من القرض للإنتاج إلى القرض للقرض.

وليس هناك ما هو أدل على أن صناعة النقود قد حلت محل صناعة السلع من البيانات المنشورة لبنك التسوية الدولية BIS التابع لصندوق النقد الدولي، وكذا تقرير البنك الدولي في أغسطس ٢٠٠٠م ، واللذان يجعلان الرأس تدور من فرط الدهشة، وهي أن قيمة العقود الآجلة في العالم فد قفزت إلى ٣٩٠,١ تريليون دولار في نهاية عام ١٩٩٨، بينما تشير البيانات الإحصائية لتقرير البنك الدولي عن نفس الفترة إلى أن حجم التجارة الدولية لم يتجاوز ٦,٨ تريليون دولار.

لقد انتهى الفكر المالي في النظام الرأسمالي إلى أن التمويل بالدين Debt financing هو أحد الخصائص الجوهرية للنظام الرأسمالي، وهو ما ذكره Dong Noland عن "منسكي" Minsky أحد قادة الفكر الاقتصادي المعاصر.

Debt financing is an essential characteristic of a capital economy.

ولذلك فعلماء التمويل والاستثمار في المجتمع الرأسمالي يرون أن أفضل أنواع التمويل هو التمويل بالدين Debt financing، فإذا ما كنت بصدد تأسيس شركة فإنهم يرون أن الهيكل التمويلي الأمثل Optimal Capital Structure كما يزعم "موديجلياني وميلر" هو الذي يقوم افتراضًا على الاقتراض بنسبة ١٠٠٪, وأن ذلك مؤداه نقل المخاطرة من أصحاب المشروع إلى الدائنين من خلال المتاجرة بأموال الغير، بينما الشركة في الأصل تقتضي تعدد الشركاء وتعدد أنصبة رءوس الأموال، بينما يرى المعتدلون منهم أن الهيكل التمويلي الأمثل يقوم على مزيج من أسهم رأس المال والقرض (Debt + equity) وأن هذا من شأنه تقليل تكلفة رأس المال Cost of Capital وهي الفائدة المدفوعة للممولين، بينما أغلب الاقتصاديين وعلماء التمويل في الغرب ومن نهج نهجهم وسار على دربهم في الشرق يرون أن التمويل بالدين هو أرخص من التمويل عن طريق زيادة رأس المال.

وهذا التوجه تؤيده نظرية الرافعة المالية financial leverage ويطلق عليها الأمريكان "gearing". وهذا التوجه يقرر ما انتهى إليه "منسكي" أن القرض يمثل أحد الخصائص الجوهرية للنظام الرأسمالي. وتعرف الرافعة المالية بأنها استخدام أموال ذات تكلفة ثابتة بهدف زيادة ربحية السهم.

وتفصيل ذلك أنه إذا ما كانت إحدى المنشآت ترغب في التوسع والتطوير، أو عمليات إحلال وتجديد، و تمويل بعض الأصول الرأسمالية، وترغب في زيادة رأس المال، فقد انتهى الفكر المالي في النظام الرأسمالي إلى أنه من الأفضل لتلك الشركة ألا تلجأ لزيادة رأس المال؛ لأن ذلك وفقًا لتحليلهم مؤداه خفض ربحية السهم، وأن أفضل سبل التمويل لزيادة رأس المال هو الاقتراض. لا تتاجر بأموالك وإنما بأموال الآخرين، ويرون أن تكلفة الاقتراض وهي الفائدة المدفوعة إنما هي Tax deductible ، أي أنه يتم خصمها من الوعاء الضريبي الأمر الذي يمثل مزية عنه في حالة زيادة رأس المال. مع أن علماء التمويل المنصفين أثبتوا أن الرافعة المالية سيف ذو حدين وأن المؤيدين للاقتراض إنما

يتجاهلون المخاطرة والتي قد تؤدي إلى إفلاس المشروع Financial leverage is a two edged sword

.

ولأن "منسكي" استشعر خطر التوسع في عمليات الإقراض والاقتراض فلم يُخفِ خشيته من الإفراط في هذه الظاهرة التي تفشت في المجتمع الرأسمالي من مرحلة لأخرى، فكشف عن هذه الظاهرة بقوله: " لقد صاحب الاقتصاد الأمريكي تطورًا خطيرًا خلال تاريخه، ففي عصر الرأسمالية التجارية استُخدم التمويل الخارجي External Debt لتسهيل التجارة أو عمليات الترانزيت، أما الآن، فعلى النقيض من ذلك، صارت الهيمنة والسيطرة للأسواق المالية التي تهيمن عليها المؤسسات المالية ومديرو الاستثمار".

ويؤكد حقيقة أن هذه الأزمات وما يترتب عليها من مضار لا تؤخذ في الاعتبار، فما أن يتأكد المقرضون والمستقرضون من احتواء الآثار التي تمخض عنها عدم استقرار ما يترقبونه من فوائض أو أرباح، إلا وتبع ذلك استئناف البنوك وأصحاب الأعمال لعمليات التمويل بالدين والتوسع في النشاط الإقراضي.

Once borrowers and lenders recognize that the down side of instability of profits has decreased, there will be an increase in the willingness and ability of business to debt- finance.

وأكد منسكي ذلك في موضع آخر بقوله: " إن الرأسمالية يلازمها عدم الاستقرار، فكل أزمة يتم احتواؤها بنجاح تشجع على المزيد من المخاطرة بالمضاربة والمزيد من مخاطر الإقراض والاقتراض".

As Minsky observed, Capitalism is inherently unstable. as each crisis is successfully contained, it encourages grater speculation and risk taking in borrowing and lending.

ومن صور التعامل بالدين أيضًا الشراء الهامشي:

ثانيا: الشراء الهامشي: **Trading on Margin**

ويعتبر الكثير من الاقتصاديين وخبراء أسواق المال في الولايات المتحدة الأمريكية وغيرها أن الشراء الهامشي كان أحد الأسباب الرئيسية لانهيار الأسواق العالمية في الثلاثينات، والتي واكبت أحداث الكساد الكبير عام ١٩٢٩ وكذا في أكتوبر ١٩٨٧، ومن الواضح أن هذه المضاربات المفرطة تؤدي إلى أضرار بالغة في شتى جوانب الحياة بالبلاد.

Many economists believe that excessive margin trading was one of the factors that caused securities prices to rise as high as they did in the late 1920 and then decline to the depths which they did in the early 1930's. It would seem that excessive speculation was bad for the country as a whole.[Charles Amos Dice, stock market, p.163]

وهذه المعاملة في حقيقتها تجمع بين الربا والقمار.

أما عن صورتها:

يتوجه العميل الذي ينشد الاستفادة من تقلبات الأسعار إلى إحدى شركات الوساطة المالية، ويعرب عن رغبته في استثمار ٥٠,٠٠٠ دولار أمريكي في شركة IBM الأمريكية.

يحاول الوسيط إغراء العميل باستثمار المزيد في أسهم هذه الشركة، ويقنعه بأن شراء المزيد من أسهم هذه الشركة سيحقق له من المال والثراء ما لم يَدُر في خلده في يوم من الأيام.

ولأن المبلغ الذي يرغب العميل في استثماره هو كل ما يمتلكه من سيولة فائضة، تعرض عليه شركة الوساطة المالية أن تقرضه مبلغًا مماثلًا وبسعر الفائدة السائد في السوق لتصل جملة المبلغ المستثمر إلى ١٠٠ ألف دولار أمريكي، وهذا القرض يعدل ٥٠% من جملة رأس المال المستثمر.

ومن الطبيعي أن يقع العميل أسيرًا لهذا العرض المغري دون أن يفطن إلى إمكانية حدوث نزول في السعر يضاعف من خسارته، ذلك أن المشتري مضارب على الصعود دائمًا بينما البائع مضارب على الهبوط. المشتري يأمل أن يصعد السعر ويحقق ربحًا وفيرًا ويرد قيمة القرض إلى الوسيط، بينما لو هبط السعر فسوف تكون الكارثة حيث تمكن الوسيط من السيطرة على تفكير العميل واستغرق تمامًا في احتمالات الربح، فإذا حقق كسبًا انفتحت شهيته للمزيد من الشراء.

وإذا جاءت الريح تغير ما تشتهي السفن فانخفضت الأسعار، وقعت الكارثة وفقد كل ما يمتلك.

الوسيط الذي يقوم بإقراض العميل سوف يقوم بشراء أسهم شركة IBM وسوف يحتفظ لديه بالأسهم لحين سداد المقترض لديونه، ويحصل على عمولة مقابل تنفيذ الأمر، وكذا على فائدة مقابل القرض، وقد يقوم من جانبه بالاقتراض من أحد البنوك بضمان تلك الأسهم وبسعر فائدة يقل عن السعر الذي قام بالاقتراض به.

إذا افترضنا أن سعر السهم قد انخفض على خلاف توقعات العميل والوسيط ماذا يحدث؟! سوف

يطلب الوسيط من العميل مبلغًا من المال بقيمة فارق السعر بين الهامش المدفوع وهو:

$$\frac{رأس المال المدفوع}{رأس المال المستثمر}$$ وبين القيمة السوقية

ويمكننا والأمر كذلك أن نتصور ما حدث تمامًا في أزمة الكساد الكبير، وكذا انهيار ١٩ أكتوبر

١٩٨٧، وما قد يكون قد حدث أيضًا في انهيار سبتمبر ٢٠٠٨.

الشركات العقارية تمتلك أصولًا مادية ملموسة وهي العقارات، وفي ذات الوقت فإنه يجري

التعامل على أسهمها في أسواق الأوراق المالية، فإذا انهارت أسعار العقارات في السوق العقاري انهارت

أسعار أسهمها في أسواق الأوراق المالية.

ونفترض أن المتعاملين في هذه السوق قد أفرطوا وهو ما يحدث دائمًا في عمليات الشراء الهامشي،

انخفضت قيمة العقارات، فانخفضت أسعار الأسهم.

شركات الوساطة المالية سوف تطالب المقترضين بدفع فارق السعر، العميل ليس لديه ما يقوم

بسداده. يقوم الوسيط ببيع جزء مما لديه من الأسهم محافظة منه على نسبة الهامش، فتنخفض

الأسعار مع زيادة عمليات البيع، فيطالبه بسداد الفرق مرة أخرى فلا يجد، فيبيع فتنخفض الأسعار

وهكذا تستمر هذه الحلقة المفرغة في هذه الدائرة الخبيثة فتنهار الأسعار وتتعاظم الخسائر وتتدفق

أوامر البيع على السوق لتعلن عن انهياره وهذا ما حدث في عام ١٩٢٩، وفي عام ١٩٨٧ حيث انهمرت

البيوع على السوق كالسيل المتدفق بما لا سبيل إلى إيقافه.

ثالثًا: البيع على المكشوف Short Sale:

عرّفته الموسوعة الأمريكية بأنه الذي يحدث عندما يبيع شخص ما لم يملكه بعد. وهذا البيع في

جوهره هو بيع لأوراق مالية مقترضة، فالمقترض (بفتح الراء) هنا ليس نقودًا وإنما الأوراق المالية التي

يصدر المضارب الأمر ببيعها على أمل أن ينخفض السعر، فإذا ما انخفض السعر قام المتاجرون في

الأوراق المالية بشراء الأوراق التي باعوها قبل أن يتملكوها وإعادتها إلى شركة الوساطة المالية التي

قامت بإقراضها للعميل. وقد يتساءل البعض: وهل تمتلك شركة الوساطة المالية الأوراق التي تقوم

بإقراضها للعملاء، نقول: لا، هي أوراق مالية مودعة بخزائنها تخص عملاء آخرين، حيث تقوم شركة

الوساطة هنا بالتصرف فيما لا تملك، أي أنها تقوم بدور الفضولي وهو من لم يكن أصيلًا ولا وكيلًا ولا

وليًا ولا وصيًا.

أما عن صورة هذا البيع، فإن مفاده توجه العميل إلى إحدى شركات الوساطة المالية ويصدر لها أمرًا ببيع عدد معين من أسهم إحدى الشركات، وطالما أنه بائع، فهو ما يعني أنه مضارب على الهبوط، أي يتوقع هبوط أسعار تلك الورقة ويبتغي التربح منها ولو لم تكن في ملكه ولا في حيازته، وقادر بنفسه على تسليمها لغيره.

حينئذ يتوجه إليه الوسيط أو مساعدوه بالسؤال التالي: هل لديك الأوراق التي تنوي بيعها، فيجيب: لا. فيجيب الوسيط: إذن نقرضك هذه الأوراق. وتقوم شركة الوساطة المالية في السوق ببيع الورقة بسعر مائة دولار مثلا، على أمل أن ينخفض سعرها في السوق خلال ساعات أو أيام قليلة، فيقوم العميل بشراء ما باعه قبل أن يتملكه ويعيد تلك الأوراق لشركة الوساطة المالية. ولو افترضنا أن صادفت توقعات العميل توقعات السوق وانخفض سعر الورقة إلى ٩٠$ فقط، وبفرض أنه قام ببيع ١٠٠٠ ورقة مالية فيكون قد حقق كسبًا قدره ١٠,٠٠٠$ يستقطع منها قيمة العمولة التي حصلت عليها شركة الوساطة المالية. ولو افترضنا أن وحدث عكس ذلك وقعت الكارثة حيث يضطر العميل إلى شراء الأوراق التي سبق له بيعها، فيشتري السهم بسعر ١٢٠دولار وهو الذي سبق بيعه بسعر مائة بخسارة ٢٠ دولار للسهم، ولو كان الأمر بيع ١٠,٠٠٠ سهم لبلغت خسارته ٢٠٠ ألف دولار، وما حدث في مصر ليس ببعيد جدًا عن الأذهان.

ففي موسم ١٩٥٠/٤٩ ارتفع سعر القطن متوسط التيلة إلى ما يقرب عن ضعف ثمن القطن طويل التيلة، إثر قيام بيتين كبيرين من بيوت التصدير بشراء كميات كبيرة من القطن متوسط التيلة في بورصة العقود والبضاعة، بينما كانت الكميات المتاحة في السوق محدودة، فاضطر البائعون على المكشوف إلى إعادة شراء الكميات التي باعوها بعقود صورية بأي ثمن يفرض عليهم، حتى يتمكنوا من تسليم الكميات المتعاقد عليها التي قاموا ببيعها على المكشوف.

وهذه العمليات يطلق عليها Squeezing the shorts، فتمثل أعلى درجات الابتزاز من قبل المشترين لطائفة لا تقل سوءًا عنها وهم البائعون على المكشوف الذين يبيعون ما لا يملكون، حتى لقد ذهب بعض الكتاب الغربيين إلى القول:

" Short selling is an evil because the seller is disposing of the property of others".

فهؤلاء يرون أن هذا البيع شر مستطير؛ لأن البائع يتصرف بالبيع فيما لا يملكه. بل وذهب بنك التسويات الدولية إلى فرض العديد من القيود والتي تستهدف الحد من البيع على المكشوف ما لم يكن ذلك من خلال استخدام المشتقات المالية.

ومع هذا ذهبت بعض الدول العربية إلى إشعال حمى المضاربة في أسواقها بزعم تنشيط السوق باستخدام الأدوات التي ثبت أنها ساهمت في انهيار الأسواق العالمية، ومنها الشراء الهامشي والبيع على المكشوف، ولسنا هنا في حاجة إلى تعليق.

وإذا انتقلنا بسرعة الريح من الأسواق الحاضرة Spot Markets إلى أسواق العقود الآجلة والمستقبلية والدور المدمر الذي تلعبه أدوات المشتقات المالية وما تمخض عنه الفكر الغربي من خلال ما أسموه بالهندسة المالية Financial Engineering لنلتقط صورًا لبعض المعاملات بالقدر الذي يسمح به هنا البحث وصولًا إلى الأسباب التي أدت إلى هذه الانهيارات.

البيع الآجل كما ذكرنا ليس هو بيع النسيئة، بمعنى تأجيل الثمن ولكنه البيع الذي يتأجل فيه تمليك العوضين محل التعاقد، فلا البائع يملك البيع إلى المشتري ولا المشتري يملك الثمن للبائع، وكلاهما مؤجل إلى تاريخ لاحق متفق عليه، وفي أغلب الحالات لا يمتلك البائع ما يبيعه ولا المشتري يمتلك المال الذي يبذله في الشراء، وتنتهي غالبًا هذه المعاملات بدفع فروق الأسعار.

وقد جرى تعريف العقد الآجل بأنه "اتفاقية بين طرفين أحدهما مشتر والآخر بائع لشراء أو بيع سلعة أو عملة أو ورقة مالية في تاريخ مستقبلي لاحق وبسعر متفق عليه عند إنشاء العقد".

ووجه الخلاف الرئيسي بين العقود الآجلة Forward Contracts والعقود المستقبلية Futures Contracts، أنه بينما يتم إنشاء العقود الآجلة في الأسواق غير الرسمية، فإن العقود المستقبلية تتم من خلال السوق الرسمية "بورصة العقود".

العقود في السوق الآجلة يتم تفصيلها وفقًا لرغبة المتعاقدين، أما العقود المستقبلية فهي عقود نمطية في كمياتها وأسلوب التعامل عليها.

في تاريخ التسوية يحقق المشتري أو البائع في العقود الآجلة ربحًا أو خسارة يتمثل في الفرق بين السعر المتعاقد عليه عند إنشاء العقد والسعر يوم التصفية، أما في العقود المستقبلية فتتم التسوية يوميًا وحتى يوم التصفية بالإضافة أو الخصم وفقًا لمتوسط أسعار السوق.

وما يعنينا في هذا الصدد أن هذه البيوع تنطوي على بيع الدين بالدين أو الكالئ بالكالئ المحرم في الشريعة الإسلامية، فلا تمليك ولا تملك ولا تسليم ولا تسلم، وكلا العوضين محل التعاقد مؤجلان ليوم التصفية.

رابعا : المضاربة:

قبل أن أشرع في تناول موضوع المضاربة بمدلولها الاقتصادي Speculation أود أن أنبه ابتداء إلى أن المضاربة في اللغة وعند فقهاء المسلمين تختلف عن مدلولها عند الاقتصاديين.

فالمضاربة لغة وشرعًا هي اشتراك أصحاب الأموال مع أصحاب الخبرات في عمل معين على أن يقتسما الربح بينهما بنسبة شائعة كالربع أو الثلث أو النصف ...إلخ.

فكثير من الناس يمتلك المال ولكنه لا يمتلك الخبرة في توظيف هذه الأموال، وقد يمتلك الخبرة ولكن لا يسعفه الوقت، بينما أصحاب الخبرات والأعمال لديهم الخبرة وليس لديهم المال الذي يوظفونه في تلك الأعمال. والمضاربة بهذا المعنى مأخوذة من الضرب، وهي السعي، واقرأ إن شئت قوله تعالى: ﴿ وآخرون يضربون في الأرض يبتغون من فضل الله ﴾ [المزمل: ٢٠]، وقد عرّفها الفقهاء بأنها عقد على الشركة في الربح بين رب المال الذي يقدم ماله وبين المضارب الذي يقدم عمله، فيد المضارب على المال يد أمانة، وتصرفه في هذا المال تصرف الوكيل، فإذا ما تحقق ربح فالمضارب شريك في هذا الربح مع رب المال وفقًا لشروط العقد، وإذا لم يتحقق ربح فلا شيء للمضارب، وإذا خسرت الشركة فالخسارة على رب المال، أما المضارب والذي يعمل في المال فحسبه أنه لم يأخذ أجرًا على عمله.

هذا في الأصل هو مفهوم المضاربة، إلا أنهم استخدموا كلمة المضاربة في الغرب بمعنى المخاطرة، فقالوا: إن الحياة كلها مضاربة، وإن روح المخاطرة ولدت مع الإنسان منذ بدء الخليقة. وقد عرف بعضهم المضاربة بأنها تقدير فرص الكسب لاغتنامها واحتمالات الخسارة لتجنبها.

وقد عرفها معجم أكسفورد بأنها من المقامرات التجارية وأن جميع الشرور المتولدة من المغامرة تسمى مضاربة.

Speculation: adventurous dealings or rather commercials gamblings. The evils produced by gambling is called speculation.

ومن التعريفات التي تتسم بقدر كبير من الواقعية وتكشف عن التحول في النظام الرأسمالي الذي ساد فيه الاقتصاد الرمزي وتفوق رأس المال النقدي على رأس المال الإنتاجي وحلت فيه صناعة النقود محل صناعة السلع - ما ذكره corcapino في صحيفة Daily life : " "إن المضاربة كانت دماء الحياة للنظام الاقتصادي، حيث فقد الإنتاج أرضيته وميدانه يومًا بيوم وغزت الرأسمالية التجارية كل شيء".

Speculation was the life- blood of an economic system where production was losing ground day by day and mercantilism was invading every thing.

بل ويذكر Paul M. warburg وهو أحد المصرفيين البارزين الذين كان لهم دور بارز في إنشاء الاحتياطي الفيدرالي: "إن التاريخ يعيد نفسه، وقد تعلم البشر منه أن المضاربة المفرطة تنتهي إلى الكوارث وإلى الانكماش، وإذا ما سمح بالإفراط في المضاربة، فإن الانهيارات تصبح أمرًا يقينيًا، لا للتأثير على المضاربين فقط ولكن لجلب الكساد ليحل في كل شبر من البلاد.

History which has a painful way of repeating itself, has taught mankind that speculation over expansion invariably end in over contraction and distress. If argues of speculation are permitted to spread too far, however the ultimate collapse is certain not only to affect the speculators them selves, but also to bring a bout a general depression involving the entire country.

(Edward Chancellor. Devil takes the hindmost, p.210).

ويرى صاحب تاريخ المضاربة: أن مَيل الأمريكيين للمضاربة إنما يرجع إلى شراهة المنافسة وشهية الأمريكيين للمخاطرة. بل إن جورج سوروس وهو واحد من أكبر القوى المؤثرة في مجال المال والأعمال في العالم يعتقد أن المضاربة تهدد بأزمات مالية عالمية.

وبينما ذهب جون ماينرد كينز إلى أن علاج شرور المضاربة يقتضي فرض ضريبة عقابية على الأرباح الرأسمالية الناتجة عن عمليات البيع والشراء في سوق الأوراق المالية، لإجبار هذه الفئة على الاستثمار طويل الأجل، نجد على النقيض من ذلك أن بعض الدول العربية ومنها مصر قررت بمقتضى القانون إعفاء الأرباح الرأسمالية Capital gains الناتجة عن عمليات المضاربة في السوق من الضرائب كلية بزعم تنشيط السوق.

As a cure for the evil of speculation he suggested a punitive capital gains tax on stock market transactions in order to force to take long term view.

ولسنا في حاجة هنا أن نعرض لحجم الخسائر التي تعرضت لها البنوك والشركات في العالم أجمع، وحسبنا أن تشير إلى أن بنك بارينجز وهو من أعرق البنوك التجارية

البريطانية قد تعرض للإفلاس بسبب المضاربة من خلال أدوات المشتقات، وإثر ذلك تعرضت الأسواق المالية البريطانية والأسيوية والاسترالية لهزة عنيفة، وأعلن بنك إنجلترا عام ١٩٩٥ عن إخفاق البنوك البريطانية في إنقاذ البنك بسبب صعوبة تحديد حجم الخسائر الخاصة بالعقود الآجلة.

إن المتعاملين في أسواق الأوراق المالية، لا أقول في الغرب وحده بل وفي جميع الدول العربية، قلما تجد من بينهم مستثمرًا واحدًا، فالغالبية من هؤلاء المتعاملين يشترون في يومهم ليبيعون في غدهم وأحيانًا يصدر أحدهم أمرين أحدهما بالشراء والآخر بالبيع في نفس الوقت.

والأصل أن المساهم شريك في الشركة، أي أنه من أصحابها، كما أن الأصل في الشركة هو الاستمرار والاستثناء هو انقضاء الشركة أو خروج أحد الشركاء.

الشخص الذي يمتلك الأسهم باعتباره شريكًا فيها إنما يربط مصيره بمصير الشركة ويترقب أرباحها ويساهم في إنمائها، ولو أننا أطلقنا العنان لخيالنا فإننا سوف نجد السؤال التالي يطرح نفسه على بساط البحث: إذا ما كان المضارب يشتري في يومه ليبيع في غده، فمن الذي سيراقب أداء هذه الشركة وكافة الشركات المساهمة التي تمثل قوى الإنتاج؟

من الذي سيحضر اجتماعات الجمعيات العامة لمناقشة نتائج أعمال الشركات ولمناقشة المشكلات التي لها مساس بمستقبل الشركة؟

من الذي سيحاسب مجلس الإدارة إذا ما أخفقت الشركة في تحقيق أهدافها أو في حالة تخلف طرائق إنتاجها أو تدهور ربحيتها ونتائج أعمالها؟

ولأن المتعاملين في هذه الأسواق لا يترقبون نتائج أعمال تلك الشركات، ولا ما تحققه من فوائض مالية، وأن كل همهم هو الحصول على أرباح رأسمالية تمثل الفرق بين الشراء والبيع تعيَّن القول بأنها شركات بلا أصحاب.

ولو كان المقام يتسع هنا لأثبتُّ أن أغلب أوراق الشركات في سوق الأوراق المالية في مصر والتي يتهافت عليها المتعاملون تتراوح عوائدها بنسبة ١ : ٣ % نتيجة ارتفاع قيمتها السوقية بما لا يتناسب مع عوائدها، وهذه ليست موضع نظر ولا اعتبار من قبل هؤلاء المضاربين.

فإذا انهارت هذه الشركات لأنها شركات بلا أصحاب فلماذا تثور الدهشة وتطرح التساؤلات وقد أثبتنا أن عمليات البيع على المكشوف في السوق الحاضرة وكذا الشراء الهامشي فيها يمثلان أعلى درجة من المضاربات على مستوى العالم؟

وقبل أن نتطرق لنماذج من أدوات المشتقات ودورها المدمر في أسواق المال العالمية، فقد يكون من المفيد أن نعرض لدور الهندسة المالية في صناعة المشتقات.

إن التطور المذهل والسريع في تقنية المعلومات وثورة الاتصالات والتحول من اقتصاديات تعتمد مع كثافة العمل إلى اقتصاديات تعتمد على كثافة المعرفة ترك بصماته على أساليب التمويل للحكومات والشركات، وعلى التمويل المصرفي، وقد صاحب هذا التطور ظهور الشركات متعددة الجنسيات، كما اقترن به خلق آليات جديدة كصناديق الاستثمار، وبطاقات الائتمان، وشهادات الإيداع، وأسهم الخزانة، ولعل أهم تلك الأدوات قاطبة التي اقتحمت أسواق المال أجملها البعض في العقود الآجلة، والعقود المستقبلية، وعقود المبادلات وعقود تثبيت أسعار الفائدة وعقود تثبيت أسعار الصرف، وقد ساعد على ابتكار هذه الأدوات.

١- انهيار اتفاقية بريتون وودز، وهو الأمر الذي ترتب عليه تقلبات عنيفة في سعر الصرف.

٢- انهيارات الأسواق العالمية، الأمر الذي دفع إلى محاولة خلق أدوات للتحوط ضد مخاطر تقلب الأسعار.

٣- المنافسة الشرسة فيما بين المؤسسات المالية والمصرفية في سياقها المحموم دفع تلك المؤسسات إلى استنفار دوائر البحث والابتكار إلى خلق أدوات مالية جديدة لإدارة المخاطر وتقديم الحلول لمشاكل التمويل.

وعلى الرغم من أن الهندسة المالية قدمت العديد من الابتكارات تلبية لحاجة المؤسسات المالية والمصرفية في صورة أدوات وآليات جديدة، إلا أن ما كان بالأمس يمثل حلولًا إبداعية لمشكلات التمويل والتحوط ضد مخاطر تقلب أسعار الصرف والفائدة وتقلب أسعار السلع لم يعد موائمًا لظروف العصر.

وقد عرف فينتري الهندسة المالية بأنها التصميم والتطوير لأدوات وآليات مبتكرة والصياغة لحلول إبداعية لمشكلات التمويل.

ثم تعالوا نستعرض معًا صورًا لبعض أدوات المشتقات لاستحالة تناولها جميعًا.

قد يتساءل البعض عن ماهية المشتقات، ونبادر إلى القول: إن المشتقات المالية ليست أصولًا مالية financial assets كما أنها ليست أصولًا عينية real assets ، وإنما هي عقود كسائر أنواع العقود، ويطلق عليها أدوات تعاقدية يعتمد أداؤها على أداء أصول أو أدوات أخرى.

وأهم التعريفات التي وقع اختيارنا عليها هو تعريف بنك التسويات الدولية التابع لصندوق النقد الدولي international monetary fund:

المشتقات المالية هي عقود تتوقف قيمتها على أسعار الأصول المالية محل التعاقد، ولكنها لا تقتضي أو تتطلب استثمارًا لأصل المال في هذه الأصول، لذلك فإن أي انتقال لملكية الأصل محل التعاقد، وما يقابله من تدفقات نقدية يصبح أمرًا غير ضروري.

خامسا: أدوات المشتقات جميعها يعدونها من أدوات التحوط ضد المخاطر المالية، مع أن هذه الأدوات في ذاتها تحمل من المخاطر ما لا تحمله الأدوات محل التحوط.

من المعلوم أيضًا أن المخاطر لا يمكن درءها من خلال هذه العقود وإنما تعمل هذه الأدوات على نقل المخاطرة من الجهة أو الشخص الذي لا يرغب في تحملها Risk averse إلى الجهة التي تسعى في تحملها نيابة عنه مقابل دفع ثمن تحمل المخاطرة، شأنه في ذلك شأن سائر عقود التأمين، وجميعها من العقود الاحتمالية probable contracts التي تقع تارة، وتارة لا تقع، فهي من عقود الغرر، والغرر من القمار.

ونلقي الآن نظرة عابرة على بعض هذه الأدوات.

أولاً: عقود الخيار :   Option contracts

عرّف ستيف كرول عقد الخيار option contracts : "أنه عقد بين بائع ومشترٍ يعطي للمشتري حقًّا في أن يبيع أو أن يشتري أصلًا معينًا بسعر محدد سلفًا خلال فترة زمنية محددة مسبقًا، ويلزم البائع بمقتضى هذا العقد تنفيذه إذا طلب إليه ذلك، بينما يمارس المشتري حقه في طلب تنفيذ العقد أو فسخه دون أي التزام من جانبه اتجاه الطرف الآخر باستثناء ما يدفعه للبائع عند العقد كثمن لحق الخيار option price.

ما هو ثمن الخيار : Option price

هو الثمن المبذول من قبل المشتري لحق الخيار في مقابل أن يكون له الحق في مطالبة بائع الخيار في أي وقت خلال فترة العقد في أن يشتري منه أو أن يبيع له الأصل محل التعاقد.

قد يكون ذهبًا أو ماسًا أو محصولًا زراعيًا أو عملة من العملات الرئيسية أو ورقة مالية أو سلعة معينة.

وهذا لا يخرج عن كونه مراهنة على محض اتجاهات الأسعار، فإذا كان للمشتري حق الخيار في شراء عملة معينة خلال ثلاثة أشهر أو فسخ العقد، فإنه سيظل يراقب الأسعار فإذا ارتفع السعر إلى القدر الذي يرغبه طالب البائع بالتنفيذ، وقد يضطر البائع لشراء الأصل بسعر ١٠٠$ لبيعه لمشتري حق الخيار بسعر ٥٠$ وفقًا للسعر المتعاقد عليه - فهو مقامرة مع اتجاهات الأسعار، وله الحق في أن يبيع حق الخيار إلى غيره.

وقد يشترط مشتري العقد أن يكون له الحق في مضاعفة الكمية، وذلك إذا ما رأى أن الأسعار تتجه في صالحه، في هذه الحالة سوف يكون ثمن الخيار مضاعفًا، وإن شئت فقل: أضعافًا مضاعفة. بسبب ارتفاع نسبة المخاطرة.

وقد يكون الخيار مزدوجًا فيكون لمشتري عقد الخيار الحق في أن يكون مشتريًا أو بائعًا وفقًا لاتجاهات السوق، ونظرًا لتعاظم درجة المخاطرة هنا فحدِّث هنا عن ثمن الخيار ولا حرج .

وليس هناك ما هو أعظم غررًا من ألا يعرف المتعاقد إن كان بائعًا أم مشتريًا، والخيار بهذا المعنى يختلف تمامًا عن الخيار في الشريعة الإسلامية، والخيار في اللغة هو الاسم من الاختيار وهو طلب خير الأمرين بإمضاء البيع أو فسخه، وقد شرع لكي يكون وسيلة لدفع الغبن والتغرير والأمن من الانخداع.

أما في أسواق المال فهو مراهنة على محض اتجاهات الأسعار. والأمر أعظم من أن نتناوله تفصيلًا على هذه الصفحات.

وهذه العقود تتعارض فيها مصلحة العاقدين تعارضًا واضحًا وبينًا، فما كان مظنة منفعة لأمر الأطراف يمثل مضرة للطرف الآخر، لذلك كانت أرباح مشتري عقد الخيار تمثل خسارة بائع حق الخيار، وهو ما عبر عنه صاحب كتاب

Management of investment The profit for the put buyer are the losses for the writer of the put and vice- versa.

وعبر عن ذلك في موضوع آخر بقوله:

" Since one party's gains are the other party's losses.... Etc".

وهو ما يعني أن بيع طرف ما يمثل خسارة الطرف الآخر وهذا لا يحدث إلا في عقود القمار.

ولذلك ذهب Elton Gruber إلى القول: إن العقود المستقبلية وعقود الاختيارات إنما تمثل جانب الرهان على أداء ورقة مالية أو حزمة من هذه الأوراق.

وأكد علماء الاستثمار أن أسواق العقود المستقبلية والاختيارات قد لعبت دورًا مدمرًا في أحداث الانهيار الذي اجتاح الأسواق العالمية في ١٩ أكتوبر ١٩٨٧ والذي كان أشد سوءًا من الانهيار الذي اجتاح هذه الأسواق عام ١٩٢٩ .

(The Paribas derivative Handbook, p.13)

بل ذهب "Chance" صاحب موسوعة المشتقات إلى أنه لـن يكون بالوسـع الإفلات مـن النقـد الموجه إلى عقود الخيار والعقود المستقبلية أنها تسهم في رعاية القمار المقنن.

Futures and options markets will never escape the criticism that they foster legalized gambling.

بل إن اتحاد المصارف العربية ذهب إلى القول -رغم تحفظه-: " إن عمليات الخيار من قبيل الرهان والقمار الحقيقي وهو علم له أصوله وفنونه ولاعبوه ونتائجه، (اتحاد المصارف العربية – الهندسة المالية, ص١٣٥) والأمر على هذا النحو ليس في حاجة إلى إضافة أو تعليق.

ثانيًا: عقود تثبيت سعر الفائدة: Caps, Floors & Collars

كثيرًا ما تلجأ المنشآت إلى الاقتراض من البنوك أو عن طريق طرح سندات في السوق الأولية primary market، أما الفائدة التي تتحملها هذه المنشآت كثمن الاقتراض فليست دائمًا ثابتة، ذلك أن أسعار الفائدة المعومة floating صارت أكثر جاذبية في التعامل. ونظرًا لتقلب سعر الفائدة ورغبة في التحوط Hedging ضد ارتفاعها من قبل المقترضين أو التحوط من انخفاضها من قبل المقرضين يتم التحوط بهذه العقود ضد مخاطر تقلب الأسعار.

فإذا ما وقع اختيار المنشأة على إنشاء عقد الحد الأقصى "Cap" وكانت قد اقترضت مليون دولار أمريكي، تقوم بعقد اتفاقية مع طرف آخر وليكن بنك ميدلاند على أساس أن أي ارتفاع لسعر الفائدة عن سعر التعاقد وهو مثلًا ٧% يتحمله هذا البنك، وفي مقابل ذلك فإنه يحصل عند التعاقد على عوض مقابل تحمله هذه المخاطرة أو على ثمن المخاطرة وليكن مائة ألف دولار، فإذا ارتفع السعر تحمل البنك ما زاد على سعر التعاقد، وإن لم

يرتفع فقد ربح البنك وخسر المتحوط ضد مخاطر تقلب سعر الفائدة ١٠٠ ألف دولار. وهذا العقد أيضًا يجمع بين الربا والقمار الصريح.

ولذا عرف ميرتون عقد الحد الأقصى لسعر الفائدة، بأنه عقد بين طرفين يوافق من خلاله بائع العقد على أن يدفع لمشتري العقد الفرق بين سعر الفائدة المتعاقد عليها والسعر المعوم طوال مدة العقد وعند كل تسوية، وفي المقابل فإن مشتري العقد يدفع إلى البائع تعويضًا عند إنشاء العقد.

قِس على هذا أنواعًا كثيرة من عقود الخيار، وكذا عقود الصرف عندما ترغب منشأة في تثبيت سعر الصرف أو أنها تخشى من تغلب سعر الصرف. وهناك أيضًا:

مبادلات سعر فائدة ثابت بسعر فائدة متغير Swaps، وجميعها أمور تتعلق بالدين والربا وبالفائدة وتنبني على المخاطرة وبالتالي على المقامرة.

لذلك لم يكن مستغربًا أن يتناول أحد الكتاب الغربيين تلك الحقائق المؤلمة لما يجري في هذه الأسواق في مؤلَّفه القيِّم "العولمة والمجتمع الغربي" بقوله:

"لقد أصبح النظام المالي المعولم ناديًا عملاقًا للقمار، يقامر من خلاله اللاعبون بحثًا عن مكاسب فورية لا علاقة لها بالمساهمات الإنتاجية".

ويذكر ايلتون، وجروبر في مؤلَّفهما القيِّم عن محفظة الأوراق المالية وتحليل الاستثمار قوله: "إن العقود المستقبلية وعقود الاختيارات هي أوراق مالية تمثل جانب الرهان على أداء ورقة مالية معينة أو حزمة من الأوراق".

بل وصرح شانس صاحب موسوعة المشتقات، بأنه لن يكون بالوسع الإفلات من النقد الموجه إلى عقود الخيار والعقود المستقبلية بأنها تسهم في رعاية القمار المقنن.

وذهب صندوق النقد الدولي فيما يعد وثيقة دامغة دافعة للمعاندين إلى القول: جميع المشتقات المالية قد جرى تصميمها بغرض المضاربة، أو المتاجرة في مخاطر السوق.

وأعلن سوروس في لجنة البنوك الأمريكية أن بعض أدوات المشتقات قد تم تصميمها لتمكين المؤسسات الاستثمارية من المقامرة ولم يكن بوسع هذه المؤسسات ممارستها قبل السماح لها بذلك.

وذهب ألفريد ستينر إلى وصف المشتقات بأنها وحش المالية المفترس the wild beast of finance وأنها ديناميت الأزمات المالية.

أما بيتر دراكر الاقتصادي الأمريكي النمساوي الأصل قد تناول في مقال مثير في الصحف الأمريكية موضوع المشتقات والهندسة المالية بقوله:

"إن المشتقات المالية التي كانت من أبرز الأدوات التي تمحص عنها الفكر المالي، ووصفت بأنها علمية، لم تكن أكثر علمية من أدوات القمار التي يجري التعامل عليها في مونت كارلو ولاس فيجاس".

بل وذهب شانس إلى القول: "إن بورصة وول ستريت كانت تحاول استغباء العالم ومخادعته بمبتكرات رياضية لا تجلب نفعا ولا تدفع ضرًا".

ثم بعد ذلك يتساءل البعض عن سبب انهيارات الأسواق؟

لن نتحدث عن الخسائر والذعر الجماعي الذي انتاب العالم ويكفي الإشارة إلى السعودية، فقد خسرت ١٤٠ مليار ريال في ثلاثة أيام، والبورصة المصرية خسرت ٧٢ مليار جنيه في النصف الثاني من سبتمبر، وصناديق المعاشات في الولايات المتحدة خسرت ٢ ترليون دولار في ثمانية أشهر. ووصل العجز في الموازنة الأمريكية للعام الحالي إلى ٤٣٨ مليار دولار فضلًا عن أن الولايات المتحدة تعتبر من أكبر الدول المدينة في العالم.

نظام يقوم على الدين والقمار	Debt Financing and Gambling
الرهونات العقارية	Mortgage Debt
البيع الآجل	Forward Contracts
العقود المستقبلية	Futures Contracts
الشراء الهامشي	Trading on Margin
البيع على المكشوف	Short Sale
عقود تثبيت أسعار الفائدة	Caps, Floors & Collars
عقود تثبيت أسعار الصرف والمبادلات	Currency Swaps
البنوك التقليدية والفوائد الربوية	Conventional Banks & Usury
المضاربة والمقامرة	Speculation and gambling

ثم يتساءلون عن سر هذه الأزمة وما سبقها من أزمات!!

إن آليات السوق عجزت عن القيام بدورها في إحداث التوازن الاقتصادي في ظل نظام يعتبر الدين أهم خصائصه الجوهرية ويفضي إلى الربا والقمار وأكل أموال الغير بالباطل وتحول الأسواق إلى نادٍ عملاق لممارسة القمار.

إن إلقاء نظرة على الوضع الاقتصادي الأمريكي لأكبر دولة في العالم يصيب المرء بالذهول.

١- لقد بلغ العجز في الميزان التجاري الأمريكي ٧٥٨ مليار دولار ويعود السبب في ذلك إلى تحول رءوس الأموال من القطاع المنتج إلى القطاع غير المنتج رغبة في تحقيق كسب البيع السريع.

٢- بلغ حجم المديونية عام ٢٠٠٨ أربعة مليارات دولار.

٣- بلغ حجم المديونية ٨٫٩ تريليون دولار عام ٢٠٠٧ تمثل ٦٤% من الناتج المحلي الإجمالي.

٤- بلغ حجم ديون الأفراد ٩٫٢ تريليون دولار منها ٦٫٦ تريليون دولار تمثل ديون عقارية، أما ديون الشركات فتحتل المرتبة الأولى من حيث حجمها حيث بلغت ١٨٫٤ تريليون دولار.

وبذلك فإن حجم مديونية الحكومة والشركات والأفراد يبلغ ٣٦ تريليون دولار. ثم بعد ذلك يتساءلون عن أسباب هذه الأزمة !

الحل على المدى القصير.

١- استخدام عمليات الحقن بالإبر المصرفية لزيادة نسبة السيولة في ظل حالة الركود والانكماش التي تهيمن حاليًا على النشاط الاقتصادي في الدول الرأسمالية وخاصة الولايات المتحدة والمملكة المتحدة.

٢- رقابة صارمة من جانب البنوك المركزية على شتى الوحدات المصرفية لرقابة أدائها واتباع سياسات من شأنها المحافظة على معامل الاستقرار النقدي.

٣- استخدام البنوك المركزية لأدوات السياسة النقدية والتي من خلالها يتم تحجيم قدرة البنوك على منح الائتمان سواء كانت تجارية أم استثمارية، تلافيًا للأزمات المالية المتعاقبة التي يعاني منها النظام الرأسمالي.

٤- الحد من المضاربات في الأسواق المالية والتي تضر بشتى وجوه النشاط الاقتصادي، وفرض ضرائب عقابية على الأرباح الرأسمالية للتخلص من شرور المضاربة

كما دعا إلى ذلك كنز، ووضع القيود اللازمة من خلال اللوائح والقوانين المنظمة للأسواق المالية للحد من تلك المضاربات وتشجيع رءوس الأموال على التوجه إلى قطاع الإنتاج للتربح من خلال عمليات حقيقية منتجة وليس من خلال القيم المختلقة Fabricated Values التي تمثل الفوائض المالية والأرباح في الأسواق المالية.

٥- شطب مصطلح Deregulation من القاموس الاقتصادي والذي يعني: تحرير الأسواق وإزالة جميع القيود القانونية والأخلاقية والعقدية، وهي التي تم فرضها على كافة دول العالم من قبل الولايات المتحدة.

الحل على المدى الطويل: **Long Term Solution**

أما الحل الذي من شأنه تخلص المجتمع الرأسمالي من دورات الكساد وأزمات الركود المالي وغيرها فليس بمستعصٍ، وليقرأ مَن شاء قوله تعالى:

﴿ الذين يأكلون الربا لا يقومون إلا كما يقوم الذي يتخبطه الشيطان من المس ذلك بأنهم قالوا إنما البيع مثل الربا وأحل اللـه البيع وحرم الربا فمن جاءه موعظة من ربه فانتهى فله ما سلف وأمره إلى اللـه ومن عاد فأولئك أصحاب النار هم فيها خالدون﴾ [البقرة].

الحل في قوله تعالى: **﴿ فمن جاءه موعظة من ربه فانتهى فله ما سلف وأمره إلى اللـه ﴾** [البقرة: ٢٧٥].

أما أية حلول أخرى فهي مسكنات لا تلبث أن يزول مفعولها قبل أن تبدأ دورات الكساد والأزمات المالية التي تعاني منها هذه الأسواق من جديد.

قال ابن عباس رضي اللـه عنه: من كان مقيمًا على الربا لا ينزِع عنه، فحق على إمام المسلمين أن يستتيبه، فإن نزع وإلا ضرب عنقه.

وقال ابن خويزمنداد المالكي: ولو أن أهل بلد اصطلحوا على الربا استحلالا كانوا مرتدين، والحكم فيهم كالحكم في أهل الردة، وإن لم يكن ذلك منهم استحلالا جاز للإمام محاربتهم.

و اللـه من وراء القصد ,,,,,,

* * *

خاتمة وتوصيات

لقد كشفت الأزمة المالية العالمية الأخيرة عن زيف آليات السوق , وأن اليد الخفية التي بشر بها آدم سميث إنما كانت أكذوبة كبرى غير قادرة على إحداث التوازن

The myth of the invisible hand

وإذا كانت آليات هي الركيزة الرئيسية التي يقوم عليها النظام الرأسمالي , واقتصاديات السوق هي أهم خصائص هذا النظام , فإن بوسعنا أن نقطع أن النظام الرأسمالي يعاني من خلل اقتصادي مزمن يعرضه للأزمات من حين لآخر.

وإذا كانت دورات الكساد هي جزء من الاختلال القائم بين العرض والطلب، أي أنه اختلال مؤقت وليس خللا هيكليا مزمنا – كما يزعم بعض الاقتصاديين - فإن الجدل مازال محتدما بين الاقتصاديين حول تحول دورات الكساد إلى كساد عظيم . حتى أولئك الذين كانوا يتشبثون بميكانيزم السوق ودورها في إحداث التوازن التلقائي بين العرض والطلب راحوا يتساءلون بعد الأزمة الأخيرة , أين كانت آليات السوق حينما وقعت أزمة الكساد الكبير ؟ وأين كانت آليات السوق حينما أُغلقت أسواق الأوراق المالية العالمية - بفرامانات حكومية- في ١٩ أكتوبر ١٩٨٧ ، والذي أطلقوا عليه الإثنين الأسود Black Monday ؟ وأين كانت آليات السوق حينما وقعت الأزمة المالية الأخيرة ؟

ليس هناك من شك أن اليد الخفية التي بشر بها آدم سميث وبدورها المزعوم في تحقيق التوازن قد أصابها الشلل الذي أصاب هذه الأسواق والنظام الرأسمالي برمته.

لقد بدأ العالم يستعيد ذاكرة أحداث الكساد الكبير والذي يرى كثير من الاقتصاديين أنه كان نتاج خلل هيكلي في الاقتصاد الرأسمالي , ولكن أقطاب هذا النظام أخذتهم العزة بالإثم فأنكروا وكابروا . ونحن مع الذين قالوا: إنه خلل هيكلي . ولو لم يكن كذلك , وكان خللا مؤقتا , لاستعادت هذه الأسواق توازنها وما أطاحت بها الأزمات الواحدة تلو الأخرى.

بدأ بعض الاقتصاديين الرأسماليين يتساءلون اليوم مرة أخرى وهم بصدد إعادة النظر في مثالب النظام الرأسمالي , هل هذه الأزمات تشير إلى إخفاق حرية السوق ، وتحرير الأسواق Free market and deregulation of Markets أم بسبب المعروض النقدي Money supply حيث يرى أغلب الاقتصاديين ومعهم صندوق النقد الدولي أن معامل الاستقرار النقدي هو المسئول عن إحداث التوازن المالي والاقتصادي, أما المدرسة النمساوية بقيادة فردريك هايك Fredrick Hayek فكانت ترى أن الانتعاش الذي سبق أزمة الكساد الكبير في العشرينات كان بسبب التوسع في المعروض النقدي , وبمعنى آخر أنه كان انتعاشا بقوة دفع الائتمان يمتد لفترة قصيرة، لذا فهو أشبه بالمسكنات Unsustainable credit driven boom ولذا يرى أصحاب هذه المدرسة أن الاتحاد الفيدرالي الذي أنشئ عام ١٩١٣ يتحمل كثيرا من اللوم.

وكينز لا يختلف عن غيره في تصوره لملازمة الكساد وأحداث الانهيار له من حين لآخر فهو يرى أن :

" الرخاء يتوقف على الاستثمار لأنه ما لم يتم توظيف المدخرات فإن مؤدى ذلك حدوث انكماش. ويرى أن الاستثمار ليس دافعا للاقتصاد يمكن الاعتماد عليه , فهو مهدد على الدوام بالتشبع , والتشبع يولد الانكماش" .

أما النظريات الهيكلية، وأهمها قاطبة الكينزية ومعها الاقتصاديات المؤسسية فقد بررت الكساد بإفراط في الاستثمار، وبالتالي وفرة في الإنتاج يقابلها على الجانب الآخر انخفاض في الطلب الكلي على السلع والخدمات (اقتصاديات الفقاقيع).

There are structural theories most importantly Keynesian , but also including those of institutional economics , that point to underconsumption and overinvestment (economic bubble) malfeasance by Bankers and industrialists

وأكد هذا المعنى وهو الأقرب إلى الواقع من وجهة نظري ما كتبه الفيدرالي Mariner S Eccles who served as Franklin .Roosevelt's Chairman of the Fedral Reserve from November 1934 to Feb.1948 :

مؤكدا على سوء توزيع الثروة في المجتمع الرأسمالي:

" As Mass production has to be accompanied by mass consumption , mass consumption , in turn implies a distribution of wealth - not of existing wealth , but of wealth as it is currently produced to provide people with buying power equal to the amount of goods and services offered by the nation's economic machinery. Instead of achieving that kind of distribution , a giant suction pump had by 1929-30 drawn into a few hands an increasing portion of currently produced wealth . By taking purchasing power out of the hands of mass consumers, the savers denied to themselves the kind of effective demand for their products.

في حين يرى النقديون بما فيهم ميلتون فريدمان Melton Friedman أن أهم أسباب الكسـاد هـو انكـماش المعـروض النقـدي , وسـوء إدارة الاحتياطي النقـدي واستمرار الأزمة في الجهـاز المصرفي . فالاتحاد الفيدرالي وضع حدودًا للائتمان، وصاحب ذلك انخفـاض في كميـة الـذهب إلى القـدر الـذي اعتبرت معه الملكية الخاصة للذهب غير مشروعة.

The private ownership of gold was declared illegal for reducing the pressure on Federal reserve gold .

وإذا تحدثنا عن صيغ المعاملات التـي يجري التعامل عليهـا في أسواق المـال بمفهومهـا الشامل وخاصة أدوات المتاجرة في المشتقات المالية التي تتسم بأعلى قدر من المخاطرة ولا يمثل التعامل عليها تداولا إنتاجيًّا يؤدي إلى تولد منافع حقيقية للمجتمع وإنما يؤدي إلى تحول الثروة إلى الفئة التي تمتلك مقومات الصمود في صالات الرهان وموائد القمار, وقد وصفت بعض هـذه الأدوات مـن قبـل اتحاد المصارف العربية بأنها قمار حقيقي له فنونه ولاعبوه , بينما وصفها بيتـر درا كـر الاقتصادي الأمريكي الشهير بقوله: " إنها من الأدوات التي زعموا أنها علمية وهـي ليسـت أكثـر علميـة مـن أدوات القمـار التي يجري التعامل عليها في مونت كارلو ولاس فيجاس.

وأما عن تحرير الأسواق Deregulation of Markets فأعفي نفسي من الإطالة في ذيـول الكـلام، بل وحتى من الإيجاز بعد أن اعترف الأمريكيون والأوربيـون الـذين فرضـوا هـذه السياسـة عـلى كافـة الدول النامية والمتخلفة أيضا بأنها كانت أحد أسباب الأزمة المالية الأخيرة .

وإذا ما تحدثنا عن اليد الخفية التي بشر بها آدم سـميث والـذي ينظر إليـه الغـرب باعتباره مؤسس علم الاقتصاد متجاهلا الإسهامات العظيمة لابن خلدون في هذا المجال قبل آدم سـميث بنحـو ٤٠٠ عام، لا لشيء إلا لأنه عربي أو لأنه لا ينتسب إلى العالم الغربي , فيكفينا أن نشـير في عجالـة إلى أن آدم سميث كان يعاني من ازدواج في الشخصية, أو أنه استسلم أخيرا لفكر التجاريين تحت وطأة الرغبة العارمة التي اجتاحت الدول الغربية في تملك الثروة واكتنـاز الـذهب وضم المزيد مـن المستعمرات , ففي عام ١٧٥٩ أصدر كتابه

الأول عن نظرية المشاعر الأخلاقية , وصف من خلاله الإنسان بأنه أناني ومحب لذاته وأقرب إلى الحيوانات الدنيئة منه إلى البشر , أما في كتابه الثاني ذي الشهرة الواسعة الذي صدر عام ١٧٧٦ أي بعد سبعة عشر عاما من كتابه الأول فقد دعا فيه كل إنسان ألا يحب إلا ذاته ولا يرعى إلا مصلحته، ثم أقدم على أسطورته التي كانت موضع سخرية من كثير من الاقتصاديين وهي اليد الخفية التي توفق بين مصلحة الفرع ومصلحة المجموع .

إنني لا أغامر حينما أزعم أن الرأسمالية المتوحشة الحالية هي صورة مطابقة لفكر التجاريين، والفارق الوحيد أنها تزخرف الإفك وتزين الباطل .

التجاريون قديما قالوا:

With wealth one could finance armies and navies hire foreign mercenaries, bribe potential enemies, and subsidize allies. Power could be exercised to acquire colonies , to win access to new markets ....

والفكر المتقدم يجعل الثروة هدفا لتمويل الجيوش وإعدادها واستئجار المرتزقة الأجانب , ورشوة الأعداء , ودعم الحلفاء , وأن القوة يمكن أن تستخدم في طلب المستعمرات , والنفاذ إلى الأسواق ......

على الرغم من كل ما تقدم نجد أن الدول العربية جرت وراء هذا السراب المخادع للرأسمالية المتوحشة بزعم ملاحقة التقدم الذي حققته الدول الرأسمالية، فقلت: صدق رسول الله صلى الله عليه وسلم وقد قال: " لتتبعن سنن من قبلكم شبرا بشبر وذراعا بذراع، حتى لو دخلوا جحر ضب لسلكتموه ".

إن مطلبا أساسيًا الآن يفرض نفسه على الدول العربية والإسلامية وهو إقامة سوق مال إسلامية، وإنني أوصي بدعم هذا التوجه ليكن حقيقة، وحلما يتحقق بعد هذا الكابوس الذي خنق آمال العالم الرأسمالي والنامي وهو الأزمة المالية العالمية .

وقد قدمت من خلال هذا الكتاب موجزا لأسواق الأوراق المالية الحاضرة، ولمن شاء المزيد يمكنه الرجوع إلى كتابي عن أسواق الأوراق المالية ودورها في تمويل التنمية الاقتصادية - دراسة مقارنة بين النظم الوضعية وأحكام الشريعة الإسلامية - والآخر عن المشتقات المالية ودورها في إدارة المخاطر ودور الهندسة المالية في صناعة أدواتها - دراسة مقارنة بين النظم الوضعية وأحكام الشريعة الإسلامية .

* * *

التوصيات

أوصي بإنشاء سوق أوراق مالية إسلامية تتداول من خلالها أوراق الشركات المصدرة في جميـع الدول العربية والإسلامية والتي لا تتعارض أنشطتها مع أحكام الشريعة الإسلامية , على أن يتبنى هـذا المقترح مجمع الفقه الإسلامي التابع لمنظمة مؤتمر العالم الإسلامي.

وآخر دعوانا أن الحمد لله رب العالمين

* * *

المراجع العربية

١ – د. محمد يحيى عويس، التحليل الاقتصادي الكلي (الكلاسيكي – الكينزي – المعاصر).

٢ – د. عبد الحميد الغزالي، مقدمة في الاقتصاديات الكلية- النقود والبنوك، دار النهضة.

٣ – د . عبد الحميد الغزالي، أساسيات الاقتصاديات النقدية وضعيا وإسلاميا مع الإشارة إلى الأزمة المالية العالمية، دار النشر للجامعات، ٢٠٠٩.

٤- د.أحمد جامع النظرية الاقتصادية، التحليل الاقتصادي الكلي، دار النهضة .

٥- زكريا مهران باشا، موجز النقود والسياسة النقدية، مطبعة مصر، ١٩٤٤.

٦-   د.جمال الدين محمد سعيد، النظرية العامة لكينز.

٧-   د.كامل فهمي بشاي، دور الجهاز المصري في التوازن المالي.

٨-   د.محمد زكي شافعي، مقدمة في النقود والبنوك، ١٩٨٣.

٩-   د.أحمد جامع ، الرأسمالية الناشئة، دار المعارف.

١٠- د.فؤاد مرسي، الرأسمالية تجدد نفسها ، عالم المعرفة .

١١- د.عباس رشدي، إدارة الأزمات في عالم متغير، مركز الأهرام.

١٢- روبرت هيلبرونر، قادة الفكر الاقتصادي.

١٣- د. حسين فتحي عثمان، التوريق المصرفي للديون.

١٤- فرنسيس مورلابيه، صناعة الجوع (خرافة الندرة)، ترجمة أحمد حسان.

١٥- ألكسندر كوكبرن، التحالف الأسود، ترجمة أحمد محمود، ٢٠٠٣.

١٦- د.سمير عبد الحميد رضوان ، أسواق الأوراق المالية ودورها في تمويل التنمية الاقتصادية، القاهرة .

١٧- د.سمير عبد الحميد رضوان، المشتقات المالية ودورها في إدارة المخاطر ودور الهندسة المالية في صناعة أدواتها - دراسة مقارنة بأحكام الشريعة الإسلامية.

*   *   *

Foreign references

1- George Dalton, Economic Systems & Society,

    Political economy ,1975-kingsport press Inc. U.S

2- Paul Samuelson , William D. Nord haus ,

    Published by Irwin Graw Hill

3- Prof. S. M. Nikitin , Inflation under Capitalism

4- R. F. Harrod, The life of John Maynard Keynes

5- Joseph A. Schumpeter , Business Cycles A

    theoretical analysis of the capitalist process ,

    New York , London , Graw Hill .

6- William , Economic stability in a changing world

7- Lawrence S Ritter, William L. Silber, Money , Banking

    & Financial Markets

8- A. H. Hansen , Monetary Theory and Fiscal Policy.

9- Fredric Amling , Investment , Prentice Hall.

10- Charles Amos Dice , The Stock Market , New York

    Toronto, London, Mack Graw Hill book Company.

11- Issues of measurement related to market size and

    macro prudential risks in derivatives Markets- Basle

    Feb. 1995

12- William T. Thornhill , Effective risk management

    for financial organizations , Published by Bank

    Administration Institute.

13- Madura , Financial Markets and institutions, West

    Publishing Company , New York.

14- Linda Davis , Psychology of risk speculation and

    Fraud.

*   *   *